W0075026

Das Verhältnis der Öffentlichkeit, aber auch vieler Katholiken zu ihrer Kirche schwankt zwischen Euphorie und Depression.

Der Theologe und Journalist Joachim Frank sucht in ›Wie kurieren wir die Kirche?‹ nach Antworten auf die Krise. Sein Ziel: eine vitale katholische Kirche des 21. Jahrhunderts. Welchen Veränderungsbedarf hat die Kirche wirklich? Welche Chancen und auch welche Risiken liegen in kommenden Reformen? Frank identifiziert Themen, die für das katholische Leben in Deutschland künftig von zentraler Bedeutung sein werden. Und er lässt prominente Kirchenvertreter und engagierte Christen zu Wort kommen. Sie alle plädieren für einen Wandel, für eine offene und aufrichtige Kirche, die Vielfalt als Bereicherung betrachtet und nicht ausgrenzt.

Der Herausgeber: *Alfred Neven DuMont,* geboren 1927 in Köln, studierte Philosophie, Geschichte und Literatur in München sowie Journalismus in Chicago. 1953 trat er in den Verlag M. DuMont Schauberg ein. Er gründete 1964 die Kölner Boulevardzeitung Express und ist seit 1960 Herausgeber des Kölner Stadt-Anzeiger, seit der Wende auch der Mitteldeutschen Zeitung und seit 2009 Verleger der Berliner Zeitung. Alfred Neven DuMont wurde 2001 zum Ehrenbürger der Stadt Köln und zum Honorarprofessor der Martin-Luther-Universität Halle-Wittenberg ernannt. In den letzten Jahren schrieb er eine Reihe von Romanen, u.a. 2009 ›Reise zu Lena‹.

Der Autor: *Joachim Frank,* geboren 1965 in Ulm, studierte Theologie, Philosophie und Kunstgeschichte in Münster, München und Rom. Er wurde im berühmten Päpstlichen Collegium Germanicum ausgebildet und zum Priester geweiht. Nach mehreren Jahren im kirchlichen Dienst wandte er sich dem Journalismus zu. Er war stv. Chefredakteur des Kölner Stadt-Anzeiger und Chefredakteur der Frankfurter Rundschau, seit 2011 ist er Chefkorrespondent der DuMont Mediengruppe.

WIE KURIEREN WIR DIE KIRCHE?

KATHOLISCH SEIN IM 21. JAHRHUNDERT

**HERAUSGEGEBEN VON
ALFRED NEVEN DUMONT**

**AUFGEZEICHNET
VON JOACHIM FRANK**

*Für Andrea
mit guten Wünschen*

Alfred

DUMONT

Würzburg, 30.03.19

Februar 2015
DuMont Buchverlag, Köln
Alle Rechte vorbehalten
© 2013 DuMont Buchverlag, Köln
Umschlag: Lübbeke Naumann Thoben, Köln
Gesetzt aus der Haarlemmer und der Helvetica
Gedruckt aus säurefreiem und chlorfrei gebleichtem Papier
Druck und Verarbeitung: CPI books GmbH, Leck
Printed in Germany
ISBN 978-3-8321-6302-0

www.dumont-buchverlag.de

Inhalt

Vorwort

Nach den letzten Jahren im Pontifikat Benedikts XVI., die mir als eine Phase der Beharrung, ja manchen als eine Rückwärtsbewegung erschienen, ist mit der Wahl von Papst Franziskus ein Gefühl des Aufbruchs aufgekommen. Wir dürfen hoffen! Die Bescheidenheit des Pontifex Maximus hat bereits breite Schichten der Bevölkerung und des Klerus' beeindruckt und Erwartungen geweckt. Aber wie wird das Zentrum der Macht – der Vatikan, die Kurie – darauf reagieren? Nach den Umtrieben, von denen wir erst vor Kurzem durch »Vatileaks« und das von Benedikt in Auftrag gegebene Dossier dreier Kardinäle erfahren haben. Wird Franziskus die Probleme meistern können? Wer den Kern einer Krankheit nicht erfasst, wird am Schluss bei allem guten Willen scheitern. Noch wissen wir nur einiges darüber, was Franziskus vorhat. Aber ich denke, gerade jetzt können die Katholiken, denen an der Zukunft ihrer Kirche liegt, jede Form von Rückhalt und Rückenwind gebrauchen.

Jedes Leben kann nur überdauern durch einen neuen Keimling. Die katholische Kirche hat sich in vielen Aspekten auf ihr großes Erbe besonnen. Aber wenn sie nicht fähig ist, erneut einen Sprung nach vorne in die Gegenwart und Zukunft zu machen, werden wir erleben, dass sie an ihren Gliedern erstarrt. Wir brauchen keine neue Kirche, wir brauchen eine jüngere Kirche, und wir spüren, wie die Zeit uns davonläuft. Die Erneuerung kann nur durch die Menschen in der Kirche kommen. Sie muss von uns kommen. Aber wir sollten von vorne anfangen. Die zentrale Frage nach Gott: Braucht der westliche Mensch Gott? Hat er ihn nicht schon verloren? Und: Braucht die Kirche Gott? Aber dann auch die Frage: Braucht der Mensch die Kirche?

Am nächsten sind wir Jesus Christus, dem Erlöser. Das Neue Testament ist die Grundlage. Es stellt uns Jesus in Wort und Tat vor. Wir finden ihn wieder in jeder heiligen Messe, in der Liturgie. Aber Gott, von dem Friedrich Nietzsche gesagt hat, dass er tot sei? Das ist etwas anderes, darüber hinaus. Gott ist der Allmächtige, der, wenn wir glauben, unser Leben bestimmt. Und in dessen Hand wir uns – wenn wir glauben dürfen – begeben.

Die Fragen nach Anfang und Ende stellen sich im Licht des Glaubens anders. Dann aber das Unbehagen: Gibt die heutige Kirche diesen unbedingten Fragen der Menschheit spürbar und deutlich genug Raum – etwa in ihren Ritualen? Ich frage mich, ob sie es sich nicht zu leicht macht. Wann vernahm man zuletzt den Donnerhall, den Blitz, der die Menschen zutiefst erschüttert? Haben wir uns nicht mit der Kirche, ob nun in ihr aktiv oder nicht, zu wohlig eingerichtet? Muss erst eine äußere Bedrohung, eine Menschheitskatastrophe wie der Zweite Weltkrieg kommen, dass wir in unserem Grundgefüge zutiefst erschüttert werden? Diese Frage bleibt für mich die entscheidende. Der Mensch kann guten Gewissens sagen: »Ich brauche keinen Gott.« Er wird deshalb kein schlechter Mensch, nicht einmal ein schlechterer Mensch, verglichen mit einem Gläubigen. Aber denjenigen, der Gott sucht, darf man ihn auf seinem Wege allein lassen?

Damit stellen sich eine Reihe von Fragen. Eine davon gilt dem Zölibat. Das Thema wird von den Kirchenoberen mehr hinter vorgehaltener Hand diskutiert. In der Öffentlichkeit der Kirche spielt es eine viel größere Rolle, als manche uns glauben machen. Aber ich wage es auszusprechen, dass die Mehrheit der Menschen eine Aufhebung der Zölibatspflicht begrüßen würde. Damit würde den heutigen Geistlichen die Möglichkeit eröffnet, frei zu entscheiden, ob sie allein leben möchten oder mit Familie. Ist dieser Sprung in die Zukunft nicht überfällig? Warum stürzen wir viele junge Geistliche in Gewissensnöte, die nicht selten zum Austritt aus dem Priesteramt führen? Sollten wir nicht die Hürden zum Priesteramt niedriger legen, um mehr jungen Menschen den Zugang zu erleichtern – in einer Zeit, wo wir unter akutem Priestermangel weltweit leiden? Sollte sich die Kirche nicht jetzt zu einer Reform verstehen, statt erst in hundert Jahren, wenn es zu spät ist?

Die Kirche tut sich heute sehr schwer damit, Menschen für das geistliche Amt an sich zu ziehen. Gesellschaft und Kultur haben sich in den 2000 Jahren seit dem Anfang des Christentums unendlich verwandelt, der Mensch ist vielfach durch ein Nadelöhr geschlüpft. In der Moderne – zumindest in der westlichen Welt, aber ähnlich doch auch in der Zweiten und Dritten Welt – ist er sich nach Karl Marx und Sigmund Freud seiner Eigenschaften und seines Wesens bis in die letzten Poren seiner Natur bewusst geworden. Warum sollte ein katholischer Priester heute seine Männlichkeit, seine Sexualität nicht leben dürfen? Durch den Missbrauchsskandal haben wir noch einmal neu die Gefahren erkannt, die aus einem aufgestauten Umgang mit der Sexualität, aus Verdrängung, Unterdrückung und Tabuisierung rühren. Jedes Kind, jeder Jugendliche, an dem sich ein Geistlicher vergangen hat, ist hier eine lebendige Anklage gegen die Kirche.

Die katholische Kirche scheint gefangen zu sein im geschichtlichen Rahmen ihrer Entstehung: der Zeit des Neuen Testamtens, als Palästina unter römischer Besatzung stand, wo allerorten in der Hierarchie das Patriarchat herrschte. Selbstverständlich, vor diesem Hintergrund scharte Jesus damals zwölf Jünger um sich. Aber Maria? War sie nur für die Mutterliebe da? Und was war mit Maria Magdalena? Würde in der heutigen Gesellschaft Jesus wieder Jünger um sich scharen wie damals seine engsten zwölf Gefolgsleute, würden sie sich heute nicht ganz selbstverständlich zusammenfinden aus Männern und aus Frauen?

Ein anderes grundlegendes Problem ist der Ausschluss der Frauen vom Priesteramt in der katholischen Kirche. Auch diese Frage bewegt seit Langem die Gemüter. Die Rolle der Frau hat sich gesellschaftlich in den vergangenen hundert Jahren bahnbrechend verändert. Ja, Emanzipation und Gleichberechtigung haben, so kann man ohne Übertreibung sagen, die Gesellschaft auf den Kopf gestellt. Frauen standen und stehen führenden Nationen vor, ob in Brasilien, Argentinien, Australien, Indien, Großbritannien oder Deutschland. Alle nehmen das für selbstverständlich, niemand lehnt sich dagegen auf. Im öffentlichen Leben drängen Frauen allerorten nach oben. Und in den Ländern und Kulturen, in denen die bestimmende Rolle der Frau noch auf das Privatleben beschränkt und sie dort für das wichtigste Gut – die Familie und die Kinder – verantwortlich ist, bricht die matriarchale Struktur von innen nach außen, zur Öffentlichkeit, auf.

Warum sollte die Kirche hier abseits stehen? Wie sollen das junge Menschen von heute noch verstehen? Katholische Priesterinnen wären ein unglaublich kraftvolles Signal der Kirche in die Welt. Und vor allem würden sie junge Menschen wieder in die Kirchen ziehen und Personenschichten ansprechen, die heute abseits stehen. Mir fällt bei der Gelegenheit Mutter Teresa ein. Ein Verwandter meiner Frau, ein Geistlicher, war lange Zeit Sekretär der Nonne aus Kalkutta. Er begleitete sie regelmäßig auf ihren Besuchen im Vatikan, wo sie mit dem Papst auf Augenhöhe verkehrte. Dieser Geistliche hat mir einmal gesagt, es mute ihn merkwürdig an, dass diese heilige Frau, ein leuchtendes Vorbild im Glauben und im christlichen Dienst der Nächstenliebe, eines kleinen Priesters bedurfte, um die Messe zu feiern und die Kommunion zu spenden, während sie selbst zurückstehen musste, nur weil sie eine Frau war. Eine groteske Situation.

Papst Franziskus hat uns die Augen dafür geöffnet, dass unsere Kirche nicht nur in der westlichen Welt beheimatet ist, sondern dass sie eine Weltkirche ist, die nicht nur neue Impulse gesetzt, sondern weite Bevölkerungsschichten der Kirche zugeführt hat. Wir sollten lernen, wie sehr die römisch-katholische Kirche aus ihren Gliedern sich zu kräftigen vermag. Und Paulus sagt: Es gibt nicht mehr Sklaven und Freie, Juden und Griechen, Mann und Frau, sondern alle sind eins in Christus in ihrer Würde.

Noch mehr ist zu tun. Die vom Konzil vorgenommene Öffnung zu den anderen Religionen und zur säkularen Welt gilt es neu zu beleben. Der Dienst an den Armen, den Papst Franziskus so beeindruckend predigt, sollte nicht nur ein Markenzeichen der Kirche von morgen sein, sondern auch Vorbild für uns alle. Der Schutz der Frau vor Diskriminierung, Gewalt und Krankheiten, vor allem in den unterentwickelten Ländern, muss mit allen Möglichkeiten betrieben werden. Die Liste lässt sich fortsetzen.

Wie vielfältig sich die Fragen nach der Zukunft für die katholische Kirche stellen, dafür möchte dieses Buch Darstellung und Hinweis sein. Mit einem Bild aus dem Neuen Testament betrachtet es die Kirche als ein »geistiges Haus aus lebendigen Steinen« (1. Petrusbrief 2,5). Und wie auf jeder Baustelle gibt es für die verschiedenen Gewerke am Zukunftsbau Kirche ausgewiesene, kundige Handwerker. Wir haben zwei Dutzend Frauen und Männer versammelt, die im Raum der katholischen Kirche tätig oder ihr in eigener Weise verbunden sind. Sie sind gleichsam unsere lebendigen Steine. Auf sie kann unsere Kirche bauen. Jeder steht für Zukunftsthemen: Bischöfe und Ordensleute, Priester und Laien, Professoren und Praktiker, Politiker, Künstler und Journalisten. Sie geben in persönlichen Interviews Auskunft über ihre Erfahrungen und entwickeln Vorschläge für die Zukunft. In seinen Beiträgen greift der Autor ihre Ausführungen auf, und so lässt dieses Buch – wie wir hoffen – aus der Fülle der Perspektiven einen facettenreichen Bauplan für die mögliche Kirche von morgen entstehen.

Nichts kann über Nacht geschehen. Aber wir sollten erkennen, was zu tun ist, um morgen zu handeln.

Alfred Neven DuMont

Teil I:

**Kirche aus lebendigen Steinen –
Das Mauerwerk sanieren**

Die Kirche und die Frauen

Auf dem nationalen Eucharistischen Kongress in Köln Anfang Juni 2013 sprach der emeritierte Kurienkardinal Walter Kasper vor mehreren Hundert Geistlichen über die Kirche in der Krise. Er unterschied dabei »Wesentliches, Zentrales und Fundamentales« von Nebenfragen und »Nebenkriegsschauplätzen«. Zu ihnen zählte Kasper die »Fragen, an denen man sich derzeit in der öffentlichen Diskussion oft festbeißt«.

Kasper variierte eine These, die dem Leser in diesem Buch ausführlicher im Kapitel über Gebet und Spiritualität begegnen wird: Die Kirchenkrise ist eine Gotteskrise. Genau darum bedürfe es dringend eines Themenwechsels. Zur Illustration bediente sich der Kardinal aus Rom einer bemerkenswert martialischen Sprache: »Von außen gesehen und nach der öffentlichen Wirkung beurteilt, ist die gegenwärtige kirchliche Landschaft ein ideologischer Drahtverhau mit vielen Grabenkämpfen, ein Stellungskrieg, in dem sich nur wenig bewegt.«

Auf den ersten Blick scheint Kaspers Beobachtung zu stimmen. Ob einer katholisch ist und bleibt, das entscheidet sich nicht an diesem oder jenem Papst, an Bischofsernennungen, liturgischen Details »und auch nicht an Diakoninnen«. Aber Kasper bedient sich hier des immer gleichen Tricks, der für innerkirchliche Diskussionen allzu typisch geworden ist: Er spielt den Glauben an Gott und Jesus Christus aus gegen das Erscheinungsbild der Glaubensgemeinschaft. Er bezieht selbst Stellungen in dem Grabenkrieg, den er doch eigentlich beklagt.

Entsprechend gefährlich ist es, den Kopf aus dem Schützengraben herauszuheben. Aber auf keinem anderen Themenfeld wäre das für die katholische Kirche so wichtig wie in der Frage nach ihrem künftigen Umgang mit den Frauen.

Die Dringlichkeit haben die deutschen Bischöfe durchaus erkannt. Schon 2005 ließen sie erheben, welchen Anteil Frauen an leitenden Ämtern in den Generalvikariaten und Ordinariaten haben, den Herzkammern der kirchlichen Verwaltung: Im Topmanagement auf der oberen Ebene – direkt unterhalb des Bischofs angesiedelt und mit umfangreichen Befugnissen ausgestattet – waren es damals ganze fünf Prozent, in der darunterliegenden mittleren Leitungsebene 13 Prozent. Das hat sich in den folgenden acht Jahren erkennbar geändert: Auf der oberen Leitungsebene hat sich der Frauenanteil mehr als verdoppelt: Im Jahr 2013 waren von 220 Stellen 28 (knapp 13 Prozent) weiblich besetzt. Auf der mittleren Ebene nahmen Frauen 85 von 442 Stellen (gut 19 Prozent) ein. Das ist der Wert, den die Bischöfe besonders gern nennen, wenn sie auf die mangelnde Repräsentation der weiblichen Gläubigen in den kirchlichen Strukturen angesprochen werden.

Im Vergleich mit der deutschen Wirtschaft etwa steht die katholische Kirche auch gar nicht so schlecht da: Nach einer BDI-Umfrage lag der Anteil der Frauen in den 30 wichtigsten börsennotierten Unternehmen im Juni 2013 bei 7,4 Prozent. 19 der 30 Dax-Firmen hatten keinen einzigen weiblichen Vorstand vorzuweisen. Immerhin hat sich der Frauenanteil in den Chefetagen in nur gut zwei Jahren mehr als verdreifacht. Und in den Aufsichtsräten der Konzerne ist inzwischen jedes fünfte Mitglied eine Frau.

Doch ist in der katholischen Kirche das Gefälle größer, weil die zentralen Führungspositionen Klerikern vorbehalten sind. Frauen sind es, die das kirchliche Leben in Gemeinden und Verbänden tragen. Sie geben der Kirche ein weibliches Gesicht – auch nach außen. Wenn es aber ans Entscheiden und Bestimmen geht, dann tritt die Männerkirche hervor, genauer gesagt: die Klerikerkirche. Jeder Kirchenbesuch, jede Gottesdienstübertragung im Fernsehen vermittelt dieses Bild: Es sind Männer, die das Sagen haben. Erst kommen die Bischöfe, die Priester – und dann kommt lange nichts. Die Zahlenverhältnisse in den Bistumsverwaltungen spiegeln diesen Eindruck aus der Liturgie wider. Von den schon genannten 220 wichtigsten Führungsstellen, in denen Bischöfe und Generalvikare als die eigentlichen Chefs noch nicht einmal enthalten sind, war fast die Hälfte (108) mit Priestern besetzt, ein gutes weiteres Drittel dann mit männlichen Laien.

»Die Kirche kann es sich nicht leisten, auf die Kompetenzen und Charismen von Frauen zu verzichten«, stellen die deutschen Bischöfe fest. Sie erkennen auch die »positiven Folgen für Leben und Dienst der Kirche« an, wenn sie verstärkt Frauen in die Leitung holt. Und sie sprechen von Enttäuschungen kirchlich engagierter Frauen, dass das immer noch zu wenig geschieht. Als Folge davon haben sich die Bischöfe zu einem Fünf-Jahres-Programm verpflichtet, mit dem sie den Anteil von Frauen in Leitungsämtern »deutlich erhöhen« wollen.

Einen ersten kleinen Boom habe es schon 2011/2012 gegeben – zeitgleich mit dem Bemühen um die Aufarbeitung des Missbrauchsskandals und den »Gesprächs- und Dialogprozessen«, die seitdem auf Bundesebene sowie in vielen deutschen Bistümern in Gang gekommen sind. Dieses Zusammentreffen ist kein Zufall. Denn auf die Frage, was sich in der Kirche ändern muss, bekommen die Bischöfe regelmäßig, und oftmals ganz und gar unkriegerisch, zu hören: die Rolle der Frau.

In der Wir-haben-verstanden-Rhetorik, die von Wertschätzung, Anerkennung und Dankbarkeit für das Engagement von Katholikinnen in ihrer Kirche nur so sprudelt, gibt es freilich einen kleinen Halbsatz, an dem das eigentliche Problem hängt. Die Selbstverpflichtung, den Frauenanteil zu erhöhen, bezieht sich nur auf Leitungspositionen, »die die Weihe nicht voraussetzen«.

Damit bleibt die Initiative der Bischöfe auf halber Strecke stecken. Der Vorbehalt der geistlichen Ämter – Bischof, Priester, Diakon – bleibt unangetastet. Der Mut oder der gemeinsame Wille reichen nicht einmal bis zu einem Prüfauftrag, ob die Weihe den Frauen wirklich ein für alle Mal versagt bleiben müsse, wie es Johannes Paul II. im Apostolischen Schreiben »Ordinatio sacerdotalis« verfügte. Der Papst rückte 1994 die zentrale Aussage, dass die Kirche nicht befugt sei, von einer auf Jesus und die Urkirche zurückgehenden Praxis abzuweichen, haarscharf in die Nähe einer unfehlbaren Entscheidung des päpstlichen Lehramts, ohne freilich den letzten Schritt einer feierlichen Dogmatisierung zu gehen. Verbindlich, aber nicht letztverbindlich. So ist das letzte Wort nicht gesprochen. Wie es überhaupt als seltsamer Anachronismus erscheint, allein die bloße Diskussion über eine strittige Frage par ordre du mufti unterbinden zu wollen.

Trotzdem hat die autoritative Entscheidung aus Rom Folgen bis heute. Jungen Theologen, die dem Ausschluss der Frauen von den Weiheämtern widersprechen, kann der Knick ihrer akademischen Karriere drohen, bevor diese recht begonnen hat. »Wie hältst du's mit der Priesterin?« – diese katholische Gretchenfrage ist zur Stolperfalle für vermeintliche Irrlehrer geworden.

Darum wundert es nicht, dass die deutschen Bischöfe nicht an dieses Thema rühren. Frauen fördern und in die Verantwortung nehmen – das wollen sie schon. Ihnen aber die geistliche Ausstattung und die sakramentale Kompetenz zugestehen – das auf keinen Fall.

Als Ausflucht aus diesem Dilemma zeichnen sich Versuche ab, für Frauen ein eigenes Dienstamt zu konzipieren: ein »Gemeinde-Diakonat« ohne Weihe, aber doch mit Beauftragung und eigener Segnung. Für einen solchen Weg hat sich nun ausgerechnet Kardinal Kasper starkgemacht, der – entgegen seiner Kölner Brandrede wider die leidigen »Nebenfragen« – die Stellung der Frau samt ihrer amtlichen Repräsentation sehr wohl als eine zentrale Herausforderung für die Kirche zu charakterisieren weiß.

Das Ziel ist klar: Aus frühkirchlichen Vorbildern gewonnen und damit »in der Tradition« stehend, soll ein Amt sui generis beidem Genüge tun: die Frauen in der Kirche aufzuwerten – und zugleich an ihrem Ausschluss von den Weiheämtern festzuhalten. Doch ein »Zwischen-Zwischenzustand« für die Frauen, wie die Kirchenrechtlerin Sabine Demel das vorgeschlagene Amt einer katholischen Diakonisse oder Gemeindediakonin süffisant nennt, geht an der eigentlichen Aufgabe vorbei, vor der die katholische Kirche steht.

Wieder und entscheidend geht es um ihre Glaubwürdigkeit. Sie muss in Lehre und Praxis zeigen, dass ihre Botschaft es wert ist, vernommen und angenommen zu werden. Die Bibel spricht an zentralen Stellen über die gottgewollte gleiche Würde der Geschlechter. Das Beispiel Jesu setzt die Maßstäbe, die kirchliche Lehre und Praxis aus Prinzip nicht unterschreiten dürfen. Die Kirche aber macht mit ihrer Theologie der Gottesebenbildlichkeit und der Gleichwertigkeit von Mann und Frau ausgerechnet dort nicht ernst, wo unmittelbar ihr inneres Gefüge betroffen ist.

Es gab Zeiten, in denen die Kirche für Frauen emanzipatorische Kraft hatte. Kirchliche Schulen waren für Mädchen oft die einzige Möglichkeit, überhaupt etwas zu lernen. Aber inzwischen ist die katholische Kirche ins Hintertreffen geraten. Ihre Praxis nach innen widerspricht ihrer Botschaft nach außen: Gleichwertigkeit der Geschlechter aufgrund des Glaubens. Sie zieht sich dabei hinter fragwürdige Argumente zurück.

Sollte nur ein männlicher Priester an Christi statt handeln können, weil Christus ein Mann war? In einer Logik, die das Geschlechtsmerkmal »männlich« absolut setzt, müsste das auch für viele prägende Umstände im Leben Jesu gelten: für die Herkunft aus dem Judentum etwa mit allen praktischen Folgen, angefangen bei der Beschneidung. Doch schon die Urkirche erklärte, dass die Beschneidung keine Voraussetzung für die Nachfolge Christi sei, sondern dass auch die »Unbeschnittenen« – in biblischer Sprache: die »Heiden« – Christen werden können.

Sollte die Kirche Frauen nicht weihen dürfen, weil sie das niemals getan habe? Die neuere historische Forschung liefert eine Fülle von Gegenindizien. So kannte das Konzil von Chalcedon (451) den Stand der Diakonin, für die das Ordinationsalter auf 40 Jahre heraufgesetzt wurde.*

Verbirgt sich endlich hinter dem Ruf nach gleichberechtigtem Zugang der Frauen zu den kirchlichen Ämtern vielleicht doch eine Frage von Macht, weil christlicher Dienst nicht die Weihe voraussetzt? Dies ist der wohl verräterischste aller Einwände. Redet die Männerkirche über die Weihe, heißt es, das Priestertum sei keine Frage der Macht, sondern des Dienstes. Sagen Frauen, sie wollten Priesterin werden, um sich so in Dienst nehmen zu lassen, wird ihnen Machtstreben unterstellt. Diese Doppelbödigkeit trägt nicht. Sie entlarvt. Und wenn Katholikinnen wie Elisabeth Rathgeb »in kritischer Loyalität« zu ihrer Kirche die Stimme erheben, dann setzt ihre Kritik genau hier an.

Bleibt der Seitenblick auf christliche Konfessionen, die einen anderen Weg gehen als die katholische. Kardinal Walter Kasper ließ sich den Vergleich nicht entgehen, als er in Köln die wichtigen Themen von den unwichtigen schied – unter letzteren auch der Zugang von Katholikinnen zu den Weiheämtern: Wären diese »gängigen«, seit 40 Jahren bekannten Postulate so entscheidend für die Zukunft der Kirche, wie sie dargestellt werden, dann müsste es den evangelischen Freunden prächtig gehen«. Das sei aber erkennbar nicht der Fall. Wiederum stimmt der Befund des Kardi-

---

* Kanon 15 lautet in lateinischer Fassung: »Diaconissam non ordinandam ante annum quadragesimum …«. Außerdem wird ihr eine Eheschließung nach Empfang der Ordination bei Androhung des Ausschlusses aus der Kirche untersagt.

nals – und geht doch fehl. Denn er erfasst nur einen Teil der kirchlichen Wirklichkeit. Alle christlichen Kirchen haben die gleiche Aufgabe: Menschen dazu zu befähigen und zu ermutigen, den Glauben und die Spiritualität des Christentums als persönlichen Schatz zu erkennen, aus dem Glauben an Gott zu leben und diesen Glauben weiterzugeben. Was wäre dies anderes als die von Kasper aufgerufene »Gottesfrage«? Auch die gesellschaftspolitischen und sozialen Themen sind für alle Konfessionen gleich: Wie positionieren sich Christen in der Gesellschaft? Wie verschaffen sie ihren Überzeugungen Gehör und Verständnis? Das ist schwierig genug. Die katholische Kirche aber behindert sich zusätzlich, indem sie die Zeichen der Zeit innerkirchlich nur ungenügend beachtet.

Papst Johannes XXIII. rechnete die »Teilnahme der Frau am öffentlichen Leben« schon 1963 zu den wesentlichen Signaturen der Gegenwart. Seine Enzyklika »Pacem in terris« atmet den Geist des Fortschritts und des Optimismus. Der Papst sieht die christlich geprägten Gesellschaften in einer Vorreiterrolle für die Emanzipation. Sollte es für die katholische Kirche tatsächlich bedeutungslos sein, wenn sie selbst sich 50 Jahre später Errungenschaften verschließt, die anderswo längst Gültigkeit haben?

Gewiss, die »Zeichen der Zeit« müssen nicht nur erkannt, sondern auch verstanden und verinnerlicht werden. Ob Frauen am Altar von den katholischen Ortskirchen weltweit gleichermaßen begrüßt würden, ist fraglich. In Teilen Afrikas etwa dürften es Diakoninnen oder Priesterinnen aufgrund der soziokulturellen Stellung der Frau insgesamt schwer haben. Sich auf solche Widerstände zu berufen, nur um nichts ändern zu müssen, wäre falsch. Warum sollte die katholische Kirche nicht in einem guten Sinne Avantgarde sein?

Freilich gehört es auch zur Weisheit katholischer Inkulturation, die Menschen nicht zu überfordern. Sinnvoll sind darum regionale Unterschiede. Dafür gibt es ein Modell in der Ämterstruktur der Kirche selbst. Bei der Neueinführung des ständigen Diakonats auf dem Zweiten Vatikanischen Konzil blieb es den Ortskirchen überlassen, ob sie Männer – unverheiratete und verheiratete – für diesen Dienst weihen. Nur in Amerika und Europa machten die regionalen Bischofskonferenzen von dieser Möglichkeit Gebrauch. Der Anteil ihrer ständigen Diakone lag 2011 im Weltmaßstab bei mehr als 97 Prozent. Die Gesamtzahl ist in zehn Jahren von 29 000 auf 41 000 gestiegen – wiederum vor allem in Europa und Amerika, während ständige Diakone auf den anderen Kontinenten eine kaum wahrnehmbare Gruppe geblieben sind.

Es hat die Einheit der Kirche nicht gefährdet, dass es in der einen Region ganz offiziell verheiratete katholische Geistliche gibt, in der anderen nicht. Auf dieser Erfahrung kann die Kirche auch mit Blick auf Frauen in den Ämtern aufbauen. Eine »Kirche der unterschiedlichen Geschwindigkeiten« ist ein attraktiver Gedanke. Sie muss es nur wollen.

»Der Verlust der Frauen ist eine Katastrophe«

Elisabeth Rathgeb leitet das Seelsorgeamt der Diözese Innsbruck

Frau Rathgeb, Ihr Bischof, Manfred Scheuer, hat sie 2004 mit der Leitung des Seelsorgeamtes in der Diözese betraut. Sie waren damit in Österreich die erste Frau in einem solchen Leitungsjob. Erst seit 2010 haben Sie eine Kollegin in Wien. Böse gefragt: Gab es für Ihren Job denn in ganz Innsbruck keinen Priester mehr?
So böse ist das gar nicht, sondern ziemlich genau das Argument des Bischofs, als er mit der Idee zu mir kam, ich könnte das Amt übernehmen: »Wenn ich einen Priester nehme, reiße ich ein Loch in der Gemeindeleitung.«

Wer sagt, dass das nicht böse ist? Willkommen im Lückenbüßerinnen-Dasein!

Klar, ich hätte das aus der Defizit-Perspektive betrachten und mich ärgern können. Ich habe damals aber beschlossen zu sagen: »So ist die Lage. Sie ist deine Chance. Lass sie nicht verstreichen!« Hätte ich abgesagt, hätte ich nie wieder etwas Kritisches über die Rolle der Frau in der Kirche sagen können. Dabei weiß ich: Ausgerechnet dazu die nächsten 30 Jahre meines Berufslebens schweigen zu müssen, nein, das hätte ich nicht ausgehalten. Also bin ich das Risiko eingegangen! Das klare Bekenntnis des Bischofs zu einer Frau in Führungsfunktion hat mir sehr geholfen. Aber sicher, ich geriet alsbald in Situationen, dass ein männlicher Kollege in einer Sitzung sinnierte: »Das ist schon komisch, dass wir jetzt nicht mehr unter uns sind.« – »Ja«, habe ich da zu ihm gesagt, »für mich ist es auch komisch, dass ich jetzt unter euch bin. Aber dann klären wir das, und heute Abend trinken wir alle zusammen ein Glas Wein.«

Es ist doch typisch, Frauen dort einzusetzen, wo kein männliches Personal – und in der katholischen Kirche noch spezifischer: kein Priester – mehr verfügbar ist, ohne Grundlegendes ändern zu wollen. Lassen sich Frauen darauf ein, tragen sie zur Aufrechterhaltung tradierter Strukturen bei.

Wenn ich als Frau Gleichberechtigung erreichen will, muss ich hineingehen in vorgegebene Strukturen, die natürlich bislang von Männern geprägt waren. Wie sollten sie auch anders geprägt sein? Es gab ja eben keine Frauen. Nur so aber verändere ich Rollen und kann einen neuen Stil prägen. Von den Erkenntnissen der Organisationsentwicklung her bin ich überzeugt: Ich kann von innen mehr verändern als durch Zurufe von außen, wo mir keine Struktur und keine Statuten helfen, wo ich keinen Sitzungsverlauf und keine Abstimmung durch Mitreden beeinflussen kann. Damit sage ich nichts gegen den kritischen Blick von außen. Aber ich selbst gehe lieber den praktischen Weg, den »Marsch durch die Institutionen«. Und nach 25 Jahren Erfahrung in Politik und Kirche kann ich sagen: Es verändert sich tatsächlich etwas, wenn Frauen in Leitungsgremien einziehen.

Was denn?

Vor allem die Beziehungs- und Kommunikationskultur. Meine größte Stolperfalle war die Idee, es gehe in der Zusammenarbeit um partnerschaftliches Miteinander und um den Erfolg des großen Ganzen. Ich habe aber erleben müssen, dass Männer ganz, ganz anders gepolt sind, auch solche, die sehr reflektiert und diskussionsfähig sind. Wenn es hart auf hart geht, treten auf einmal Revierdenken, Selbstbehauptungs- und Eroberungsstrategien zutage. Ganz knallhart. Komme ich da mit meinem Ansatz von Partnerschaft, Beziehung, Miteinander daher, finde ich mich schnell marginalisiert und vereinnahmt wieder – weil mein Verhalten offensichtlich als Unterlegenheit und Schwäche interpretiert wird. Das hat mich viel vorsichtiger gemacht im Bezug auf Angebote zu Miteinander und Kooperation. In meiner Arbeit als Organisationsentwicklerin habe ich einmal Erfahrungen aus Papua-Neuguinea analysiert, einer ausgesprochen männerdominierten Gesellschaft. Die Männer dort saßen den ganzen Tag am Straßenrand. Was sie denn dort täten, habe ich gefragt. Die Antwort, auf Pidgin-Englisch, lautete: »Talk-talk!« Das heißt: Palaver! Die Männer reden, und die Frauen machen inzwischen die Arbeit. Das lässt sich auf Gremien übertragen: Männer definieren ihr Revier über Redezeit, »Talk-Talk« – egal, ob sie etwas zu sagen haben oder nicht. Und redet einer weniger als die anderen, gilt das als Mangel an Rang oder Kompetenz. Also achte ich als einzige Frau in Runden mit lauter Männern auf deren durchschnittliche Redezeit – und rede dann genauso lang. So etwas mag banal wirken. Es gehört aber zur Prägung von Strukturen. Strukturen, die ich allerdings für veränderbar halte.

Was Sie beschreiben, hätten Sie in der Führung jedes x-beliebigen Unternehmens erleben können. Gibt es auch katholische Spezialitäten?

Vieles läuft in der Kirche tatsächlich wie im Firmenmanagement. Allerdings gibt es nirgends sonst die Decke aus Panzerglas namens »Priesterweihe«, die keine Frau auf ihrem Karriereweg durchstoßen kann. Da ist in der Leitungsverantwortung eine absolute Grenze, nicht nur eine relative. Keine Selbstverpflichtung, keine Quote dieser Welt kann daran derzeit etwas ändern. Das wirkt mental enorm zurück auf die Beziehung von Männern und Frauen in kirchlichen Leitungsämtern.

Wären Sie geweiht, wenn das in der katholischen Kirche möglich wäre?

Das habe ich für mich nie in dieser Weise durchgespielt. Weil ich mir in meinen Lebens- und Berufsentscheidungen die »Existenz aus dem Defizit« ersparen wollte: »Wenn ich könnte, dann wäre ich gern ... Aber ich kann ja nicht.« Nein, ich suche Orte, an denen ich meine Fähigkeiten einbringen und entfalten kann. Wenn die Weihe für Frauen möglich werden sollte, dann – ja, dann würde ich es mir ernsthaft überlegen.

Sie erwarten das noch für die verbleibende Zeitspanne Ihrer eigenen Berufstätigkeit?

Vor zehn, zwanzig Jahren hätte ich Ihre Frage optimistischer beantwortet als heute. 1989, am Ende meines Studiums, sind wir mit unserem Geschichtsprofessor in die DDR gefahren. Im Juli war das. Überall hingen die Jubelplakate zum 40-jährigen Bestehen der Republik. Und alle, die sich getraut haben, mit uns zu sprechen, waren überzeugt: Wenn sich hier überhaupt etwas ändert, dann nur mit einem furchtbaren Blutzoll. Vier Monate später ist die Mauer gefallen, ohne einen einzigen Schuss. Diese Kontrasterfahrung hat mich ungeheuer fasziniert und mit Hoffnung für die Kirche erfüllt. Heute sage ich mir: Die Zyklen in der Kirche dauern eben doch nicht 40 Jahre wie in der DDR. Darum habe ich mich schon in der Endphase des Pontifikates von Johannes Paul II. und erst recht in den acht Jahren unter Benedikt XVI. damit abgefunden, dass sich die Frage nach der Weihe für Frauen in meinem Berufsleben nicht mehr stellen wird. Vielleicht kann ich es ja noch als Pensionistin im Schaukelstuhl verfolgen *(lacht)*.

Sie haben sich mit den Verhältnissen arrangiert?
Für mich persönlich. Aber ich sehe mich in der Verantwortung für andere Frauen meines Alters, die sich zu einem geistlichen Amt in der Kirche berufen fühlen, und auch für die Jüngeren nach mir. Ich kenne solche Frauen und weiß, wie sehr sie darunter leiden, ihrer Berufung nicht folgen zu können. Nicht zuletzt für sie muss ich Partei nehmen und das Wort ergreifen – als engagierte Katholikin wie als Leiterin des Seelsorgeamtes.

Was sagen Sie, wenn Sie das Wort ergreifen?
Dass der Ausschluss der Frauen von den Weiheämtern eine gravierende Ungerechtigkeit ist, die beseitigt werden muss. Nicht weil das »Gender-Mainstreaming« es so will, sondern weil es die ureigenste Botschaft unseres Glaubens betrifft.

Das kirchliche Lehramt sieht das bekanntlich anders. Papst Franziskus hat Ende Juli 2013 ja noch einmal bekräftigt, dass Johannes Paul II. »diese Tür geschlossen« hat.
Ich weiß. Nun ist die päpstliche Entscheidung von 1994 zwar eine »verbindliche«, aber keine »letztverbindliche«. Dafür hat sie auch zu viele dogmatische Fehler. Die Kirche täte gut daran, die ganze Frage neu zu diskutieren und dabei alles an biblischen und theologischen Befunden aufzunehmen, was die vergangenen 30 Jahre Forschungsarbeit ergeben haben.

Wer das in Deutschland sagt, der kann in bestimmten Bistümern einen Job als Religionslehrer, als Professor abschreiben oder sogar – wie der Kölner Theologe Georg Schwikart – die eigene Zulassung zur Weihe vergessen. Ist der Heilige Geist in Österreich ein milderes Lüftchen?

Auch bei uns sind die Adressen im Vatikan bekannt, an die man Beschwerdebriefe richten kann. Aber es hilft ja nichts: Ich kann dort nicht schweigen, wo ich die Zukunft der Kirche und die Weitergabe ihrer Botschaft gefährdet sehe. Das gehört für mich zu jener »kritischen Loyalität«, von der Karl Rahner spricht. Dafür kann ich mich auch auf geltendes kirchliches Recht berufen.

Sie meinen Canon 212, Paragraf 3 des kirchlichen Gesetzbuches CIC, wo es heißt, die Gläubigen hätten »das Recht und bisweilen sogar die Pflicht, ihre Meinung in dem, was das Wohl der Kirche angeht, den geistlichen Hirten mitzuteilen«.

Meine Meinung zum Weiheamt für Frauen steht zweifellos in Spannung zu aktuellen Positionen des Lehramtes. Aber die Kirchengeschichte zeigt, wie viele »letztverbindliche und unabänderliche« Lehrentscheidungen bereits revidiert worden sind. Das Zweite Vatikanische Konzil spricht vom »sensus fidelium«, dem gemeinsamen Glaubenssinn der Getauften, der in kirchliches Handeln und Entscheiden einzubeziehen ist. Nimmt man das ernst, können auch lehramtliche Entscheidungen zur Disposition stehen, ohne dass deshalb in der Kirche »alles über den Haufen geworfen« werden müsste. Die Kirche ist jedenfalls gut beraten, die Stimme der Gläubigen zu hören und nicht sofort mit Sanktionen zu reagieren, sondern nach den theologischen und gesellschaftlichen Dringlichkeiten zu fragen, die hier sichtbar werden. Denn wegen der ablehnenden Haltung der Kirche zur Weihe von Diakoninnen und Priesterinnen höre ich gerade von jungen Frauen, sogar schon von Schülerinnen: »Eine solche Institution ist für mich nicht akzeptabel, und ich will mich erst recht nicht in ihr engagieren oder gar beruflich für sie tätig sein.«

Das kommt in einer Studie des Wiener Pastoraltheologen Paul Zu-
lehner über den Glauben der Frauen sehr deutlich zum Ausdruck:
Die katholische Kirche verliert insbesondere die jungen, gebildeten
Frauen unter vierzig.

In Österreich ist bereits jede Dritte dieser Gruppe aus der Kirche
ausgetreten. Ein zweites Drittel steht davor, ist – wie Zulehner das
formuliert – im »Austritts-Standby«. Somit ist überhaupt nur
noch ein Drittel dieser Frauen für die Kirche erreichbar. Das ist
ein alarmierender Befund. Verliert die Kirche nämlich die Frauen,
die einerseits gesellschaftlich und politisch in Führungspositionen kommen und die andererseits in der Familie entscheidend verantwortlich sind für die religiöse Sozialisation der Kinder – dann
ist das eine mindestens so große Katastrophe wie der Verlust der
Arbeiterschaft im 19. Jahrhundert. Wenn nicht die größere Katastrophe. Eine Kirchenleitung aber, die in solch einer Lage dasitzt,
mit den Schultern zuckt und sagt, »nix zu machen«, hat ein wesentliches Zeichen der Zeit nicht erkannt.

Sie fungieren durch ihr Amt selbst als die denkbar beste Argumenta-
tionshilfe der Bischöfe, die sagen: »Bitteschön, wir sind doch dabei,
Frauen in die Führung der Kirche zu holen und ihnen Verantwortung
zu geben. Das geht offenkundig auch ohne Weihe.«

Die Gefahr, als Feigenblatt herhalten zu müssen, ist mir bewusst.
Mir wird es auch bisweilen vorgeworfen, dass ich eine Art nützli-
cher Idiotin sei. Ich kann das noch nicht einmal komplett von der
Hand weisen. Wenn die Amtskirche nur auf der Schiene führe,
Frauen zu befördern und damit die Weihefrage von der Agenda zu
nehmen, dann wäre es fatal, auch für mich und mein Wirken. Aber
wiederum glaube ich, dass sich die Gesamtdiskussion verändern
wird. In dem Maße nämlich, in dem Frauen in Führungsgremien
mitreden und dort die Argumente gegen die Zulassung von Frau-
en zu den Ämtern hinterfragen.

Sie meinen, irgendwas davon wird schon hängen bleiben?
Ich glaube, dass es einfach auch die persönliche Bewusstseinsbildung braucht, damit Männer in kirchlichen Führungsetagen erkennen oder wenigstens ahnen: Wir können so nicht mehr weitermachen. Was heute jede Studentin im ersten Semester als offenkundig unterkomplex oder gar falsch erkennt, das können wir nicht länger unverdrossen wiederholen oder es gar stur bis in die Höhen lehramtlicher Dokumente transportieren. Wenn ich höre, Jesus habe eben nur Männer zu Aposteln berufen, ist das biblisch und historisch einfach nur Schwachsinn. Maria Magdalena ist nach den Zeugnissen der Schrift und der Urkirche »Apostola apostolorum«: Sie ist Zeugin von Leben, Tod und Auferstehung Jesu, was klassisch die Definition des Apostels ist. Noch schlimmer wird es, wenn der Zwölferkreis mit den »zwölf Aposteln« gleichgesetzt wird, die Jesus um sich versammelt habe und die ja nun sämtlich Männer gewesen seien. Wo bleibt da zum Beispiel der Apostel Paulus? Also, das passt alles hinten und vorn nicht. Darüber können Sie heute in jedem einigermaßen aufgeweckten Pfarrgemeinderat diskutieren. Die Menschen wissen das. Am meisten aber wird sich die Diskussion verändern, wenn Frauen in Führungsrollen akzeptiert werden und durch Kompetenz punkten können. Denn dann wird vielen dämmern: »Oh, das geht ja!« Manchmal finde ich es geradezu belustigend, dass einige Argumente gegen die Weihe von Frauen bis aufs i-Tüpfelchen dieselben sind, die vor 100 Jahren gegen das Wahlrecht der Frauen eingewandt wurden und die im Schweizer Kanton Appenzell bis 1986 getragen haben. Was war das für ein Bewusstseinswandel! Ich begrüße sehr die Vorstöße des Osnabrücker Bischofs Franz-Josef Bode, in einem ersten Schritt das Diakonenamt für Frauen zu öffnen. Zumindest von ihm habe ich bislang nicht gehört, dass es dafür wieder bestimmte Einschränkungen oder ein anders definiertes Amt geben müsse.

Eigentlich bestätigen Sie jetzt aber die Sorge, dass mit der Öffnung des Diakonenamts für Frauen die Dämme brächen, die dann noch gegen eine Zulassung zur Priesterweihe stünden.

Genau das gilt es ja offenzulegen: die Ängste, die hinter den Versuchen stehen, die Priesterweihe der Frauen zu einem Ding der Unmöglichkeit zu erklären. Wenn wir über diese Ängste sprechen, können wir uns die theologischen Finten und Umwege sparen, die immer schräg bis hanebüchen bleiben. Auf die Frage, was die Gegner der Weihe für Frauen sagen, wenn sie unter sich sind, hat mir ein guter Bekannter – selbst geweihter Priester und habilitierter Theologe – einmal geantwortet: »Aber wo kommen wir denn dann hin? Dann geht es so wie bei den Ministrantinnen, und es gibt bald überhaupt keine Männer mehr im Priesterberuf.« Aus solchen Sätzen spricht die große Sorge, sich selbst behaupten zu können, die Angst vor Konkurrenz. Alles sehr menschlich, sehr verständlich. Aber doch kein hinreichendes Argument, Dinge aufrechtzuerhalten, die nach 2000 Jahren Kirchengeschichte dringend zu verändern sind.

Welche heilsame Wirkung für die Kirche versprechen Sie sich davon?

Jeder von uns weiß, wenn er nach einer Krankheit auf Kur geht, geht es um zweierlei: die Folgen einer körperlichen Beeinträchtigung zu beheben oder wenigstens zu mindern; das ist das eine. Das andere ist aber für den Kurerfolg genauso wichtig: die Pflege der Seele. Das Gleiche gilt auch für die Kirche: Sie braucht die Kur an Körper und Seele. Mit »Körper« meine ich das Organisationsgefüge der Kirche, ihre Strukturen. Dahin gehört für mich die Frauenfrage. Mit »Seele« meine ich Spiritualität, Leben aus der Kraft des Glaubens. Und eine »seelische Kur« ist genauso wichtig: Wie gelingt es uns, den Schatz an Erfahrungen unserer spirituellen Tradition neu zu heben und zum Leuchten zu bringen? Auch da lässt die Kirche viel Potenzial ungenutzt, das Frauen einzubringen hätten. In existenziellen Krisen und Notsituationen wie etwa einem Schwangerschaftskonflikt fällt es Frauen einfach schwerer, sich Männern anzuvertrauen. Eine männerdominierte Kirche hinterlässt in der Seelsorge für Frauen, aber auch für Männer große Brachlandschaften.

Die Kirche und die Jugend

Frühjahr 2013. Anruf im Düsseldorfer Jugendhaus, dem Sitz des »Bunds der Deutschen Katholischen Jugend« BDKJ. In ihm sind 16 Organisationen zusammengeschlossen, die gemeinsam auf 660 000 Mitglieder im Alter von 7 bis 28 Jahren kommen. Ob sich in solch einem Reservoir wohl welche finden, die schon einen prominenten Namen haben? Bekannte junge Katholiken, die für ein Buch über die Zukunft der Kirche von ihrem Glauben sprechen möchten, ihrem Bild von der Kirche heute und von Wunschbildern für die Zukunft? »Tja«, sagt BDKJ-Sprecher Michael Kreuzfelder, »da muss ich mal nachdenken. Das ist gar nicht so einfach. Auf Anhieb fällt mir nicht gleich ein passender Name ein.« Weil der Sprecher aber ausnehmend hilfsbereit ist, dauert es mit dem Rückruf nicht allzu lange: »Also, es gibt da ein Geschwisterpaar aus Aachen, Jasmin und René Schwiers, beide um die dreißig. Sie ist Schauspielerin, er Musiker. Beide sind seit Ewigkeiten aktiv im Vorstand der J-GCL Aachen. Ich glaube, die würden gut passen.«

J-GCL? Das Abkürzungsungetüm steht für einen noch sperrigeren Namen: die »Jugendverbände der Gemeinschaft Christlichen Lebens GCL«, eine Gründung der Jesuiten mit mehr als 450-jähriger Tradition, früher bekannt als »Marianische Congregation«. Auch kein Titel mit jugendlichem Fluidum.

Nachfrage also bei den J-GCL Aachen. Jasmin und René Schwiers? Ja, klar, die arbeiten hier mit. Kurze Zeit später nimmt die Managerin der beiden Kontakt auf. Und: Der freundliche BDKJ-Sprecher hatte recht. Jasmin und René Schwiers sind interessiert an einem Gespräch, ihnen gefällt die Idee des Buchs. Aber, druckst die Managerin herum, es gebe da eine Sache, über die sich die beiden wunderten und die sie zögern lasse: »Die sind doch überhaupt nicht katholisch.« Übrigens auch nie gewesen. »Deshalb fragen sich Jasmin und René schon, ob sie trotzdem in Frage kommen.«

Gerade deshalb. In einer Zeit, in der die katholische Kirche – wie es im Kommentar des BDKJ zur Sinus-Jugendstudie 2012 heißt – für Jugendliche immer seltener eine Rolle spielt, sind junge Erwachsene in der Kirche aktiv, die ihr noch nicht einmal angehören. Wie kommen sie dazu? Vorstand in einem Verband zu sein, das bedeutet: Sitzungen, Tagesordnungen, Protokolle, Diskussionen übers Geld. Lange Abende, die sich unterhaltsamer gestalten ließen. Auf dem klassischen Weg katholischer Sozialisation können Jasmin und René Schwiers nicht dorthin gelangt sein: Sie haben nie an der Vorbereitung auf Erstkommunion und Firmung teilgenommen, waren keine Messdiener oder Pfarrjugendleiter, sind auch nicht durch den charismatischen Kaplan ihrer Gemeinde – wenn diese denn noch einen gehabt hätte – fürs Engagement in der Kirche »angefixt« worden.

Aber sie haben trotzdem eine prägende Erfahrung mit der Kirche gemacht: die Teilnahme an den »Werkwochen«, einem musisch-kreativen Feriengebot in der Bleiberger Fabrik in Aachen, das auf den 1996 verstorbenen Jesuitenpater Erich Lennartz zurückgeht und seit 1965 existiert. Seit 1997 liegt die kirchliche Trägerschaft bei den J-GCL. Die Internet-Seiten (www.werkwochen.de) überfallen den Besucher nicht damit. Aber sie verschweigen oder verstecken es auch nicht. Ein auf Erich Lennartz zurückgehender programmatischer Text über den »spielenden Menschen« zum Beispiel steht an zentraler Stelle. »Wir Menschen sind in christlicher Sicht nicht nur zum Arbeiten, sondern Spielen erschaffen worden«, heißt es da. Freude, Muße, Spielen machten den Sinn des Lebens aus. »Wir sind immer weniger Ebenbilder Gottes, weil wir nur selten oder überhaupt nicht spielen.« »Erst die Arbeit, dann das Spiel«, das beschreibe die vom Menschen verdorbene, unheile Welt. Darum gelte es, die Reihenfolge umzudrehen: »Erst das Spiel als Sinndeutung unseres Lebens und dann die soweit notwendige Arbeit.«

Seltsam, wie solche Gedanken – ganz im emotional-erregten Geist und Tonfall der 60er Jahre gehalten – nach fünf Jahrzehnten unter veränderten Bedingungen wieder den Nerv einer jungen Generation »pragmatischer Egotaktiker« (Shell-Jugendstudie) treffen: Sie wachsen mit straff durchgetakteten Bildungsgängen auf. Sie wissen, dass sie effizient und gut organisiert sein müssen, um etwas zu erreichen – und sie wollen auch etwas erreichen, sind leistungsbereit und zupackend. Zu den Standard-Erfahrungen dieser Generation gehört auch, dass angestammte Sicherheiten wenig wert sind; dass sie sich – anders als ihre Eltern – immer wieder neu erfinden müssen. Milieu-Untersuchungen wie die Sinus-Jugendstudie zeichnen das Bild einer grundsätzlich optimistischen Jugend, die bereit ist, diese Herausforderungen anzunehmen und das eigene Leben aktiv zu gestalten. Bedrohlich wirkt demgegenüber die Vorstellung, »abzurutschen« und den Boden unter den Füßen zu verlieren. Für die mehr als zwei Millionen junger Menschen unter 18 Jahren, die von Armut bedroht sind, ist das nicht nur ein Szenario, sondern tägliche Realität.

Es ist Aufgabe und Chance der Kirche, sich dieser Generation als verlässliche und zugleich diskrete Begleiterin anzubieten. In den Sozialformen einer auf Liturgie und Gottesdienst hin zentrierten Kleriker-Kirche wird das aber nicht gelingen, weil die Jugendlichen hier immer seltener und in immer geringerer Zahl anzutreffen sind. Demoskopen liefern den Befund, dass nur noch etwa fünf Prozent der 16- bis 29-Jährigen sich selbst als »kirchentreu« bezeichnen. Weniger als zehn Prozent der katholischen Jugendlichen sagen, sie fühlten sich ihrer Kirche eng verbunden. Da »Verbundenheit« zumindest traditionell mit Kirchgang und Gottesdienstbesuch assoziiert wird, genügt am Sonntagmorgen ein Blick in die Bänke einer normalen deutschen Pfarrkirche, um die Selbstbeschreibung der Jugendlichen bestätigt zu finden.

Entgegen mancher kirchlicher Selbstbeschwichtigung, es komme nicht auf Quantität, sondern auf Qualität an, spielen Zahlen gerade für junge Menschen sehr wohl eine Rolle: Sie fühlen sich dort wohl, wo sie nicht allein sind, wo sie auf Gleichgesinnte treffen. Weltjugendtage funktionieren übrigens genau nach diesem Grundsatz. Nirgends war das so deutlich spürbar wie auf dem Weltjugendtag 2005. Die Begeisterung für Papst Johannes Paul II., der vier Monate vor dem Kölner Event gestorben war, übertrug sich bruchlos auf seinen Nachfolger Benedikt XVI. Schon das ist ein sprechendes Indiz für einen Kollektiv-Mechanismus, der abgelöst von der Person greift.

Was der Papst den 400 000 Jugendlichen zu sagen hatte, die in der Nacht vor dem Abschlussgottesdienst auf freiem Feld campierten, waren schöne und wohlgesetzte Worte über die Anbetung, das Vorbild der Heiligen und das Geheimnis der Eucharistie. Aber sie verhallten buchstäblich auf der riesigen Fläche dieses katholischen Zeltlagers. Ergriffen waren die Teilnehmer von der Atmosphäre, vom Kerzenschein, vom gemeinsamen Gesang, auch von der Präsenz des »Heiligen Vaters« auf dem taghell erleuchteten Altarhügel. Und vielleicht auch davon, wie wenig Benedikt ihnen in all den Tagen seines Aufenthaltes in Köln auferlegt hatte. Keine Verbote, keine Moralpredigt. Stattdessen der offene, werbende Gestus der Einladung: »Seid völlig überzeugt davon: Christus nimmt nichts weg von dem, was ihr an Schönem und Großem in euch habt, sondern zur Ehre Gottes, zum Glück der Menschen und zum Heil der Welt führt er alles zur Vollendung.«*

* Ansprache des Papstes auf dem Rheinschiff bei der Willkommensfeier mit Jugendlichen am 18. August 2005.

Mit dieser Überzeugung, von der Benedikt XVI. spricht, müsste die Kirche zuallererst für sich selbst ernst machen. Religionssoziologen beschreiben die Hauptschwierigkeit kirchlichen Bemühens um die junge Generation weniger als Inhaltsproblem. Nicht Abstoßung und aggressive Abgrenzung gegenüber der Kirche überwiegen. Vielmehr ist sie in der Wahrnehmung der Jugendlichen als Lebensraum nicht existent. Die wenigsten kennen überhaupt noch etwas von der katholischen Kirche, was für sie nicht museal, folkloristisch oder verschroben konnotiert wäre. Mit Gott, Religion und Glaube dagegen kann ein überraschend hoher Prozentsatz der Jugendlichen etwas anfangen, und selbst der Kirche als solcher gilt großes Wohlwollen – allerdings nur einer idealtypisch denkbaren, für die Jugendlichen aber so nicht erlebbaren Kirche. Zwei Drittel sagen, die Kirche habe keine Antwort auf die Fragen, die sie bewegen. Der Religionspädagoge Matthias Sellmann schließt daraus, Jugendliche könnten eine Kirche gut finden, obwohl sie am jugendlichen Leben vorbeiagiert.

Die erste Empfehlung, um in der Wahrnehmung junger Menschen nicht nur als Ahnung, als bloße Möglichkeit aufzutauchen, klingt paradox: Die Kirche muss sich zurücknehmen. Sie muss sich von der irrigen Vorstellung verabschieden, das bestimmende Moment im Leben der Menschen zu sein. Es sei der größte Fehler der katholischen Kirche, sagte jüngst eine deutsche Spitzenpolitikerin, »immer noch so zu tun, als gäbe es nur sie«. Das Christentum ist eine Zugabe im Leben, ein Ferment. Wo die Kirche mehr sein wollte, hat sie von jeher ihr Guthabenkonto überzogen. Das »Soll« im Seelenhaushalt der Menschen konnte sie sich über Jahrhunderte nur leisten, weil sie es mit ihren Gnadenmitteln, den Sakramenten, auszugleichen versprach. Heute wollen die Menschen aber keine Dauerschuldner mehr sein. Sie wollen ihr Lebenskonto ins »Haben« bringen – und der Gnadenschatz der Kirche scheint ihnen dafür nicht mehr notwendig zu sein.

Das gilt besonders für junge Menschen, die sich bei den unterschiedlichsten Anbietern bedienen und mit deren Warenkörben experimentieren. Nicht unverbindlich, aber punktuell. Nicht gleichgültig, aber freibleibend. »Wer heute ergriffen im Taizé-Gottesdienst auf dem Kirchentag Halleluja singt, kann morgen atheistische Theorien vertreten und in zwei Monaten wiederum ehrenamtlich und engagiert in einer kirchlichen Gruppe mitarbeiten und Glauben ganz wichtig finden – und während der ganzen Zeit eben nicht immer genau wissen, was er/sie glauben soll und ob Gott ein Mann, eine Frau, ein Prinzip oder eine Illusion ist.« Das einständig-milde Lächeln der Evangelischen Jugend in Deutschland (aej) bei dieser Skizzierung ihrer Klientel mag dem Ordnungssinn der katholischen Kirche abgehen. Aber es passt zu dem, was aus Begegnungen wie der mit den Geschwistern Schwiers und ihrem Werkwochen-Engagement zu lernen ist: Eine »junge Kirche« muss jungen Menschen bieten, was sie sich wünschen – nicht umgekehrt.

Ich wünsche mir Kirche als ein Angebot, das ich nicht ausschlagen möchte«

Jasmin Schwiers ist Schauspielerin.
René Schwiers ist Musiker.

Jasmin, René, Sie sind beide Künstler von Beruf, verbringen viel Zeit mit Dreharbeiten, Reisen, Auftritten und Konzerten. Es war gar nicht so leicht, sich zu dritt zu verabreden. Trotz vieler Termine in Ihren Kalendern engagieren Sie sich seit Jahren in einem katholischen Jugendverband. Was ist Ihnen daran wichtig?
René Schwiers: Wir sind aktiv bei den »musisch-kreativen Werkwochen«. Das ist ein Freizeitangebot der katholischen Kirche für Kinder und Jugendliche in den Schulferien. Als ich zehn Jahre alt

war und meine Schwester sieben, haben Nachbarskinder uns auf die Werkwochen aufmerksam gemacht, eine Art Camp mit Kursen und Workshops in allen möglichen künstlerischen Sparten ...

Jasmin Schwiers: ... Malen, Holzarbeiten, Musik, Theater. Unsere Eltern fanden das gut und haben uns angemeldet. Es war okay für sie, dass der Träger ein katholischer Verband ist. Es hat aber für meine Eltern nicht die ausschlaggebende Rolle gespielt.

RS: Und für uns Kinder erst recht nicht. Klar, zum Abschluss gab's immer eine Messe. Aber zunächst ging es uns einfach nur um Ferienspaß und Kreativität. Wir haben uns von Anfang an wohlgefühlt, einen fast schon familiären Freundeskreis gefunden und sind seitdem eigentlich in allen Ferien hingegangen. Irgendwann stellte unsere Mutter fest, dass der Werkwochen-Gründer, der Jesuit Erich Lennartz, einmal ihr Religionslehrer gewesen war. Dadurch ist auch persönlich etwas der Funke übergesprungen, und meine Eltern hatten umso mehr das Gefühl: Unsere Kinder sind in guten Händen. Als wir älter wurden und uns als Betreuer engagierten, haben wir dann auch die Verbandsstruktur kennengelernt.

Sie sitzen bis heute im Vorstand der »J-GCL« in Aachen. Das ist der Jugendzweig der »Gemeinschaft Christlichen Lebens«, eines Verbandes in jesuitischer Tradition.

RS: Als Teilnehmer an den Werkwochen haben wir so tolle Zeiten erlebt und so viel für unser Leben mitgenommen, dass wir davon etwas zurückgeben möchten, solange es irgendwie geht. Zum Glück können wir uns die Zeit dafür immer noch nehmen.

JS: Das ist schon zeitintensiv mit Vorstandssitzungen, Etatplänen und allem möglichen organisatorischen Kram. Aber ich habe nie das Gefühl, »Was bin ich doch für ein Gutmensch!« Oder »Hey, ich mach jetzt mal wieder ein bisschen Charity!« Für mich steckt ganz, ganz viel Herzblut in dieser Arbeit. Ich kann gar nicht anders.

Was hat Sie so begeistert?

JS: Ich verdanke den Werkwochen meinen Zugang zum Theater-spielen.

RS: Bei mir war es so, dass ich auch schon vorher Musik gemacht hatte. Aber in den Werkwochen konnte ich alle möglichen Instrumente ausprobieren, meine Vorlieben oder Talente entdecken und ausleben. Einmal haben wir eine Band zusammengestellt, ein anderes Mal ein Musical einstudiert und auf die Bühne gebracht. Das sind Dinge, an denen ich unglaublich gewachsen bin und die mir am Ende auch Mut gemacht haben, zu sagen: »Hey, ich versuche es mit der Musik jetzt auch mal über das Hobby hinaus.«

JS: Zur Feier der 500. Werkwoche hatten wir uns ein Dreivierteljahr Zeit für ein eigenes Theaterstück genommen. Aber es war niemand da, der es geschrieben hätte. Da habe ich mich selbst hingesetzt und später auch Regie geführt. Ich will jetzt gar nicht »auf Autorin machen«, sondern nur sagen: Ich bin an meine Grenzen und sogar darüber hinaus gegangen. Ich hätte nie gedacht, dass ich schreiben kann, weil mir das eigentlich nicht sonderlich liegt. Es war dieses Moment, etwas zu wagen, sich etwas zuzumuten und zuzutrauen. Am Ende war ich so glücklich, wie toll es geworden ist. Das sind Erfahrungen fürs Leben, die unbezahlbar sind. Ich weiß nicht, wo wir heute stünden, wenn wir nicht in den Werkwochen auf diese spielerische Weise angefangen hätten, uns selbst zu vertrauen und kreativ über die eigenen Grenzen zu gehen.

Und jetzt möchten Sie das Unbezahlbare vergelten?

JS: Es ist für uns eine Selbstverständlichkeit, dass wir diesen Schatz behüten und bewahren möchten, indem wir ihn weitertragen. Pater Lennartz hat sinngemäß zu uns gesagt: »Man soll seine Zeit nicht verschwenden. Nimm sie dir vielmehr, um etwas zu schaffen. Denn das ist das Göttliche in jedem Menschen: die Fähigkeit etwas zu erschaffen. Und verlerne nie zu spielen, denn das Kindliche in uns ist gleichzeitig auch das Göttliche.« Das haben wir wirklich verinnerlicht und geben es auch so an die Kinder von heute weiter. Nicht immer so explizit wie Pater Lennartz, aber in seinem Geist: Probier dich aus! Werde kreativ! Schaff selber etwas! »Der spielende Mensch«, das ist auch ein Begriff, der mir von Pater Lennartz in Erinnerung geblieben ist. Genau das ist die wichtigste Message der Werkwochen: Zum christlichen Bild vom Menschen gehört das Spielerische, Kreative. Wobei das Angebot der Werkwochen offen für alle ist: Katholiken, Evangelische, Muslime, Konfessionslose. Pater Lennartz hat es nie interessiert, welches von den vielen kleinen blonden Mädchen in den Werkwochen katholisch war und welches nicht. Dieser Spirit ist bis heute etwas, womit ich mich voll identifizieren kann – eine sehr offene Art, Kirche zu leben.

Unter katholischem Dach. Obwohl Sie beide selbst nicht konfessionell gebunden sind. Das macht neugierig!
JS: Ehrlich gesagt, wir haben uns gefragt, was daran interessant sein sollte.

Na ja, kennen Sie sonst noch viele Leute in Ihrem Alter oder jünger, die in der katholischen Kirche aktiv sind?
RS: Wir sind aktiv bei einem Angebot der katholischen Kirche. Aber das ist ja nicht identisch mit dem Raum der Kirche insgesamt. Die christliche Erziehung – biblische Geschichten, Kindergottesdienste – gehört zu unserem Background. Wir kommen aus einer neuapostolischen Familie. Aber wir haben irgendwann den Zugang verloren. Nicht zu Gott, wohl aber zur Kirche.
JS: Nicht dass wir uns aktiv abgewandt hätten. Wir stehen nicht abwehrend oder in einer Antihaltung zur Kirche.
RS: Nein, überhaupt nicht! Das war ein schleichender Prozess im Jugendalter mit 16, 17 Jahren, dass wir am Wochenende mit Freunden ausgehen und sonntags lieber lange ausschlafen wollten, als morgens in die Kirche zu gehen.

JS: Für mich kam hinzu, dass ich keine notwendige Beziehung zwischen meinem Glauben an Gott und der Kirche sehe, womöglich auch noch einer speziellen Konfession. Zum Beispiel haben mein Mann, der Katholik ist, und ich zwar kirchlich geheiratet, aber ohne konfessionelle Bindung.

Was heißt »ohne konfessionelle Bindung«?
JS: Mein Onkel ist neuapostolischer Geistlicher. Er hat mit uns einen Wortgottesdienst in der evangelischen »Kulturkirche« im Kölner Stadtteil Nippes gefeiert, die ich als Ort der offenen, zwanglosen Begegnung von Kunst, Kultur und Kirche besonders mag. Ganz frei. Ich sage gern: Gott war eingeladen. Und ich bin sicher, er war auch da. Aber wir haben ihn nicht in ein konfessionelles Korsett gezwängt. Genauso möchte ich mich auch in der Kirche bewegen können – mit dem Gefühl: Ich muss hier nicht in irgendwas reinpassen, sondern darf mich ausbreiten, so wie ich bin.

Warum haben Sie überhaupt kirchlich geheiratet?
JS: Weil meinem Mann und mir Spiritualität und christliche Werte wichtig sind.
RS: So geht es mir auch. Aber dafür brauche ich nicht jeden Sonntag in die Kirche zu gehen. Das ginge beruflich auch gar nicht. Okay, eine blöde Ausrede, weil ja vieles eine Frage der Prioritäten ist. Aber die Sachzwänge sind schon auch da: Termine, Konzerte, Reisen …
JS: Ich gebe aber auch zu: Ich habe einfach nicht das Bedürfnis.

Was bedeutet für Sie »Spiritualität«?
JS: Das Wissen, es gibt etwas außerhalb von uns, etwas Transzendentes. Aber ganz sicher auch die Art, miteinander umzugehen.
RS: Wenn ich die Regeln der Zehn Gebote für mich herunterbreche, kann ich damit schon ganz gut durchs Leben kommen. Was

für mich beim Thema »Spiritualität« noch eine wichtige Rolle spielt, ist die Gemeinschaft. Ich bin immer fasziniert und gerührt von unseren Abschlussgottesdiensten in der Werkwoche, die wir selbst vorbereiten und gestalten – mit Texten, Liedern, Bildern, einer eigens gemalten Decke auf dem Altar, um den wir uns im Kreis auf den Boden setzen. Eine halbe Stunde Zeit, innezuhalten, auf die Erlebnisse der Werkwoche zurückzuschauen, miteinander das zu bedenken, was uns bewegt hat. Was da für eine dichte Atmosphäre entsteht!

JS: Es ist eine ganz nahbare, spürbare Art, Glauben und Kirche zu leben. Und Gott ist dabei. Davon bin ich fest überzeugt. Für uns Betreuer ist aber auch Pater Lennartz, der inzwischen verstorben ist, in solchen Momenten anwesend – mit seinem Charisma, seiner Ausstrahlung, mit der er die Werkwochen und uns selbst so entscheidend geprägt hat.

Ist die Abschlussmesse der einzige explizit christliche Akzent während der Werkwochen?

RS: Wir bieten jeden Abend eine Meditation an. Das eröffnet Räume für die Auseinandersetzung mit Glaubensfragen: Nicht als ein Muss, sondern ganz zwanglos. Die Kinder nehmen das sehr unterschiedlich wahr. Manche stellen erst am Ende einer Werkwoche fest, dass das Ganze irgendwas mit Kirche zu tun hat, wenn es nämlich heißt: »So, und nachher ist dann die Messe.« Andere fordern uns geradezu als Seelsorger.

Sie sehen sich selbst als Seelsorger?

RS: Auf jeden Fall.

JS: Die Eltern vertrauen uns das Wichtigste und Wertvollste an, was sie haben: ihre Kinder. Da tragen wir eine immense Verantwortung, der wir bestmöglich gerecht werden wollen. Wir sind Vorbild und Autorität, wir möchten den Kindern in der Werkwoche mit Offenheit und Empathie begegnen, sodass sie mit all ihren Anliegen zu uns kommen können. Was ist das anderes als »Seelsorge«?

RS: Einmal hatte ich ein Erlebnis, das mir sehr nahegegangen ist. Ein Junge kam zu mir und sagte: »Mein Vater ist vor Kurzem gestorben. Wieso erlaubt Gott das?« In so einer Situation kann man ja nicht ausweichen oder weglaufen. Ich habe zwei, drei Stunden mit dem Jungen dagesessen. Was ich genau gesagt habe, weiß ich gar nicht mehr. Aber ich glaube, es hat ihm allein schon gutgetan, jemanden zu haben, der einfach zuhört.

JS: Die kirchliche Bindung ist so etwas wie die Wurzel des Baumes Werkwoche. Wir Betreuer sind der Stamm, der die Baumkrone trägt. Was man dort nachher als Blüten und als Früchte sieht, das sind die Kurse, die Kreativarbeiten der Kinder, das sind Fröhlichkeit und Gemeinschaft. Aber am Ende der Woche besinnen wir uns noch einmal ganz gezielt auf die Wurzel, von der ich glaube: Ohne sie ginge das Ganze nicht.

Ihre Erfahrungen mit der katholischen Kirche sind durch Pater Lennartz sehr persönlich und sehr positiv besetzt. Haben Sie auch Negativ-Bilder von der Kirche?

RS: Nichts, was mich konkret abschrecken würde.

JS: Also, mich schon!

RS: Moment! Klar, die Reizthemen kenne ich auch: Sexualmoral, Kondome, Umgang mit Schwulen und Lesben, Zölibat, Frauen … Und das meiste davon sehe ich anders als die katholische Kirche. Aber ich sehe kein Bedürfnis und keine Notwendigkeit, ganz persönlich in diese Debatten einzusteigen. Meine Haltung ist die eines Beobachters in freundlicher Distanz. Mich interessieren kirchliche Themen, ohne dass sie mich persönlich allzu sehr betreffen oder bewegen. Weil ich meine eigene Spiritualität gefunden habe – mit starken katholischen Einflüssen, weil die Werkwochen eben eine katholische Veranstaltung sind.

JS: In unserem spirituellen Biotop – der Arbeit mit den Kindern –

kommen wir erst gar nicht in die Verlegenheit, über Schwule und Lesben diskutieren zu müssen oder über die Frage, ob der Papst Kondome erlaubt. Darum geht es in den Werkwochen nicht. Wir haben da einen gemeinsamen Nenner mit der Kirche gefunden. Wir sitzen auch nicht in der Messe und denken: »Oh nein, von alledem hier könnte ich nichts unterschreiben!« Es gibt aber Fragen, an denen sich die Geister scheiden. Und na ja, meiner scheidet sich da schon sehr deutlich.

Wie halten Sie es mit kirchlichen Aussagen zu Beziehungen, zur Sexualität? »Kein Sex vor der Ehe« – das könnte die älteren Werkwochen-Teilnehmer ja durchaus schon etwas angehen?
JS: Bei uns heißt es eigentlich bloß: »Kein Sex in der Werkwoche!« *(Lacht.)* Nicht Rummachen, kein Alkohol, keine Drogen. Daran müssen sich alle halten, und da nehmen wir unsere Aufsichtspflicht auch sehr ernst. Ansonsten ist es unser großes Pfund, dass die Kinder und Jugendlichen Vertrauen zu uns haben, sich uns öffnen. Das macht mich auch stolz. Natürlich spielen dann Beziehungsfragen eine Rolle. Aber da sehe ich mich nicht als Verkünderin katholischer Moralvorstellungen.
RS: Zumal eben gar nicht alle Teilnehmer katholisch sind. Es wäre mir jedenfalls nie eingefallen, einem Pärchen, das ich beim Knutschen erwische, zu sagen: »Das ist jetzt so gerade noch okay, aber dass ihr's nur wisst: Sex vor der Ehe – geht gar nicht.« Das hielte ich für anmaßend und für eine Überschreitung meines pädagogischen Auftrags. Das muss – wenn überhaupt – Sache der Eltern sein.

Halten Sie es denn auch für eine Anmaßung der Kirche, solche Vorschriften zu machen?
JS: Für mein Empfinden absolut! Dieses Hineinreden ins Individuellste und Intimste gehört zu den Punkten, an denen ich mit der katholischen Kirche die größten Schwierigkeiten habe. Sie hat es

doch schwer genug mit sich selbst. Seit dem Missbrauchsskandal erleben wir einen intensiven Ausbau von Präventionsmaßnahmen mit Kursen, mit einem erweiterten polizeilichen Führungszeugnis und vielem mehr. Grundsätzlich finde ich das völlig richtig.

Was meinen Sie mit der Einschränkung »grundsätzlich«.
JS: Selbst in diesem hochsensiblen Bereich erlebe ich, wie problematisch Regeln sind, die von oben verfügt sind und vermeintlich keine Anpassung an die Umstände vertragen. Nach den neuen Präventionsvorgaben darf ich als Betreuerin nicht mehr allein auf Nachtrundgang gehen. Ich hätte dann nämlich im Zweifel keinen Zeugen dafür, was ich in den Zimmern der Mädchen angestellt habe. Ich verstehe den Ansatz und das Anliegen. Aber das lässt sich nicht immer lupenrein durchhalten. Ein Kind, das Heimweh hat, setzt sich halt auch mal auf meinen Schoß und will getröstet werden. Ich möchte mir die Unbefangenheit bewahren, es in den Arm zu nehmen oder bei einem Kind am Bett zu sitzen und ihm noch etwas vorzulesen, bis es eingeschlafen ist. Das ist für mich Teil des Vertrauensverhältnisses zwischen uns und den Kindern. Vertrauen ist unser größtes Gut, und zwar vielleicht gerade dann, wenn das Kind anderswo Gewalt- oder Missbrauchserfahrungen gemacht hat. Denn darüber kann es überhaupt nur in einem geschützten Raum reden. Also, auch hier gilt für mich: Regeln sind gut, aber bitte nicht als starres Korsett. Und ich glaube, mit ihrem Rigorismus, ihrem kategorischen Umgang mit Normen und Regeln, schadet sich die Kirche selbst am meisten.

Sie leidet aber auch unter einer Art öffentlichem Generalverdacht gegen katholische Geistliche.
JS: Das ist ein Riesenquatsch! Ich finde es ganz schlimm, wie da alle über einen Kamm geschoren werden und jeder katholische Priester als potenzieller Kinderschänder dasteht. Unserer Erfahrung mit Priestern entspricht das in keiner Weise.

Was wünschen Sie sich denn von der katholischen Kirche?

JS: Mein größter Wunsch wäre, dass wir für die Werkwoche wieder einen Geistlichen bekämen, der uns verlässlich, kontinuierlich begleitet.

RS: Aber damit landen wir jetzt natürlich schon wieder bei den ganz schwergewichtigen Themen: Priestermangel, Zölibat, Frauenpriestertum. An diesen großen Rädern will ich persönlich gar nicht drehen. Ich weiß auch nicht, ob ich mir dazu ein Urteil erlauben kann. Ich weiß zunächst einmal nur: Die Kirche muss einfach zusehen, wie sie den Priesterjob attraktiver macht, sodass mehr junge Männer – und von mir aus auch Frauen – bereit sind, ihn zu übernehmen. Ich kann es ja sogar nachvollziehen, dass so etwas Zeit braucht. Das will ich noch einmal deutlich sagen. Aber es ist auch klar, dass die Kirche eine erreichbare, erlebbare oder gar interessante Institution sein sollte, die den Menschen etwas geben kann. Aber wie sie das schafft, diese Frage muss sie schon selbst beantworten. So sehe ich das. Am Ende hat das bei mir wieder mit dieser freundlich-interessierten Distanz zu tun, mit der ich die katholische Kirche sehe.

JS: Ich wünsche mir Kirche als ein Angebot, das ich nicht ausschlagen möchte. Wie die Werkwoche – wo ich genau das leben kann, was an Gutem in mir ist. Aber ich glaube nicht, dass die katholische Kirche meine Wünsche an Offenheit und Toleranz erfüllen könnte, und wenn sie noch so viel bewegt. Mich schreckt schon der Grundgedanke ab, dass da eine Institution so etwas wie »die universale Wahrheit« beansprucht. Alle Religionen werden das für Wahrheit halten, was sie glauben und lehren. Aber vielleicht nicht für die einzig wahre. Und ich weiß nicht, ob die Kirche bereit ist, mich so anzunehmen und anzuerkennen, wie ich bin – mit all meinen Unvollkommenheiten. Das wäre schön, aber ich habe nicht dieses Bild von ihr. Trotzdem habe ich meinen Glauben an etwas Transzendentes, Göttliches, das ich fühlen und erleben kann und das mir manchmal eine Ahnung verleiht. Aber das ist eben etwas sehr Persönliches. Vielleicht gibt mir gerade meine Position als Außenstehende eine Gelassenheit: Ich muss die Kirche weder anhimmeln noch verteufeln. Ich schaue, was macht für mich Sinn von dem, was die Kirche im Angebot hat. Da klinke ich mich ein, da mache ich mit, ohne gleich das ganze Paket mitzunehmen.

René, wie ist das bei Ihnen in Ihrer Rollenbeschreibung als »freundlich-distanzierter Beobachter«?
RS: Das geht mir etwas anders als dir, Jasmin. Ich merke, dass es mich beschäftigt, was aus der katholischen Kirche kommt oder was man über sie sagt. So ein Skandal-Satz, dass die Roma als Bevölkerungsgruppe »nicht in unsere Zivilisation zu integrieren« seien, klingt für mich anders, wenn Kardinal Meisner ihn sagt – und eben nicht ein evangelischer Bischof oder sonst jemand. Weil ich mich in unserem Werkwochen-Bezugsraum zwar an einer etwas entlegenen Stelle des kirchlichen Hauses sehe, aber doch unter einem gemeinsamen Dach. Darum lässt es mich auch nicht kalt, wenn der Kölner Kardinal etwas sagt, womit er aneckt. Das heißt überhaupt nicht, dass ich es mir zu eigen machen würde. Es macht mich eher traurig, und ich denke: »Oh Gott, was redest du da! Jetzt verprellst du wieder unzählige Leute!«

Wie gehen Ihre Freunde, Ihre Bekannten und Kollegen damit um, dass Sie einen erheblichen Teil Ihrer Freizeit für ein Ehrenamt in der Kirche aufwenden?
JS: Also, trendy ist das nicht. Nichts, wo die Leute sagen: »Kirche? Wow, so was machst du? Ist ja abgefahren!« In meiner Generation und in meiner Branche kenne ich kaum jemanden, der auch nur annähernd so reagiert hätte. Das ist mir aber auch total egal.
RS: Wer mich länger kennt, der weiß, dass das zu mir gehört. Und viele unserer engsten Freunde haben wir ja eh in den Werkwochen gefunden.

JS: Ich will ganz ehrlich sein: Wenn bei mir das Gespräch auf die Werkwochen kommt, stelle ich nicht in den Vordergrund, dass sie eine kirchliche Veranstaltung sind. Ich geniere mich nicht dafür, auf keinen Fall. Aber das ist für mich nicht das Zentrale. Darum sage ich: In erster Linie ist das ein Kreativangebot, ein Ferienlager für Kinder. Wenn dann jemand fragt, wer dahintersteht, sage ich schon, ein katholischer Verband. Aber dann erzähle ich von dem, was wir Ehrenamtler machen, und gerate so ins Schwärmen, dass der Träger meistens keine besondere Rolle mehr spielt.

Sie machen die Arbeit als Teamer inzwischen seit 1998. Haben Sie das Gefühl, Sie bekommen dafür von der Kirche Anerkennung oder Lob?
RS: Also, einen kirchlichen Orden haben wir noch nicht verliehen bekommen. Aber das brauchen wir auch nicht. Vor allem die Priester, die regelmäßiger kommen und mit uns Gottesdienst feiern, sagen uns schon, wie sehr sie schätzen, was wir da machen. Und wenn am Ende der Werkwoche ein kleines Mädchen kommt und eine Tafel Schokolade bringt, dann ist das einfach ein tolles Gefühl und mehr wert als ein Dankesbrief vom Papst.

Die Kirche und ihre Priester

»Liebe Gemeinde, in diesen Tagen darf ich auf den fünfundzwanzigsten Jahrestag meiner Priesterweihe zurückschauen.« Mit einem persönlichen Grußwort wendet sich Pfarrer Adriani* im Wochenblatt seiner Großstadtpfarrei an die Gläubigen. Der Jubilar spricht von einem »stillen Datum der Erinnerung und des Danks«. Seine Berufung nennt er Glück und Herausforderung und zitiert ein Wort des Propheten Jeremia: Du hast mich betört, o Herr, und ich ließ mich betören (Jeremia 20,7). »Das Betörende Gottes«, schreibt Adriani, »ist für mich das Faszinierende, an jedem Tag neu.« Er sei bis heute gerne Priester und als Seelsorger tätig, schreibt Adriani weiter. »Aber – wäre es möglich – würde ich den Zölibat nicht mehr versprechen, denn diese Lebensform hat sich für mich nicht als hilfreich erwiesen.«

Nicht als hilfreich erwiesen. Das ist nach 25 Jahren kein Urteil über das eine oder andere pastorale Konzept, sondern über die Lebensentscheidung, auf Partnerschaft und Familie zu verzichten. Was in Adrianis Worten scheinbar nüchtern klingt, ist von einer fast schmerzhaften Bitterkeit. Und wenn der Geistliche sich selbst als »ausgeliefert« beschreibt zwischen dem Ideal des kirchlichen Priesterbildes und seiner eigenen Lebenswirklichkeit, dann spricht daraus die Not von inneren Kämpfen und Rollenkonflikten, der Wunsch, eigenen wie fremden Ansprüchen gerecht zu werden – und womöglich daran zu scheitern.

Es gehört Mut dazu, sich als einen im Amt Versehrten zu beschreiben. Ist das nicht zu intim? Drängt da einer seine Malaisen

* Name auf Wunsch des Geistlichen geändert.

den Gläubigen auf, mit denen er doch »weiterhin auf dem Weg des Glaubens sein und darin die Erfüllung meines Daseins finden« möchte? Unvorstellbar jedenfalls, dass Priester früherer Generationen so zu ihrer Gemeinde gesprochen, sich vor ihr damit auch ein Stück entblößt hätten – und das ausgerechnet zum »silbernen Priesterjubiläum«, das manche Geistliche noch heute mit Festhochämtern und Empfängen begehen.

Doch Pfarrer Adriani benennt in aller Offenheit, was die Signatur des zölibatären Priestertums heute ist: das Fehlen eines tragenden Begründungszusammenhangs zwischen der ehelosen Lebensform und dem geistlichen Dienst. Ein wirkungsvolles, leuchtendes Zeichen der Lebenshingabe an Gott kann der Zölibat schon deshalb nicht mehr sein, weil es selbst unter den Katholiken kaum noch jemanden gibt, der dieses Zeichen so versteht oder es sich gar wünscht: »Was soll das? In der Bibel steht, selbst der Apostel Petrus hatte eine Schwiegermutter, da wird er ja wohl auch eine Frau gehabt haben«, sagen alte Frauen in tiefkatholischen Dörfern. Und selbst ein hoher Kirchenfunktionär gibt zustimmend wieder, was er aus Pfarrgemeinden hört, wenn ein Priester wegen des Zölibats sein Amt aufgibt. »Ein Ärgernis? Aber nicht für uns. Wir ärgern uns höchstens darüber, dass der Bischof ihn nicht weitermachen lässt.«

Der einzelne Geistliche mag auf seinem Glaubensweg zu der Einsicht gelangen, dass sein »Betörtsein« durch Gott ihn mehr und anders erfüllt als die Liebe zu einem anderen Menschen. So ergibt sich aus dem Neuen Testament der »evangelische Rat« der Ehelosigkeit als eine Option: »Wer das erfassen kann, der erfasse es« (Matthäus-Evangelium 19,12). Aber die Pflicht-Betörung für alle, die sich in der Nachfolge Jesu zum Priester berufen fühlen, lässt sich daraus kaum ableiten.

Und dies umso weniger, als die Kirche die eheliche Liebe von Mann und Frau parallel dazu ebenfalls in den Rang eines Sakramentes, eines Real-Symbols für die Liebe Gottes zu den Menschen und seiner Kirche erhebt.

Wenn überhaupt, ließe sich Ehelosigkeit als verbindliche Norm in ein archaisches Bild des Priesters integrieren, der als Kultdiener und Schamane »der Welt entsagt«. Im christlichen Mönchtum ist dieses in allen Kulturen anzutreffende Konzept am ehesten bewahrt und wird dort auch akzeptiert. Aber Selbstverständnis und kirchliche Praxis der »Weltpriester«, also der zu Gemeindeleitung und Seelsorge bestimmten Geistlichen, unterscheiden sich komplett und gewollt von diesem kultischen Amtsverständnis.

Die Priester sollen, wie Papst Franziskus es in seinem Grußwort zum Kölner Eucharistischen Kongress im Juni 2013 formulierte, »Gott zur Welt zu bringen und die Welt zu Gott«. Dass sie diesen Auftrag in Ehe und Familie ebenso kompetent erfüllen können wie im Zölibat, ist menschlich und geistlich evident und sollte zur Folge haben, dass die katholische Kirche beides ermöglicht. Das wird aber inzwischen so lange ohne Folgen diskutiert, dass sich das im Interviewband des Papstes aus seiner Zeit als Erzbischof von Buenos Aires in einem Witz niederschlägt: Ob der Pflichtzölibat wohl von einem neuen Konzil aufgehoben werde, fragt ein Priester den anderen. Antwort: »Ich meine: ja«. Sagt der erste: »In jedem Fall werden das nicht mehr *wir* erleben, sondern unsere Kinder.«

Jorge Mario Bergoglio alias Papst Franziskus könnte die Dinge freilich beschleunigen – auf der Spur dessen, was er im selben Buch zur Sache sagt. Hypothetisch, wie er betont: »Wenn die Kirche diese Norm eines Tages revidieren sollte, dann würde sie es wegen eines kulturellen Problems an einem bestimmten Ort in Angriff nehmen, aber nicht für alle gültig und nicht als persönliche Option.« Das kulturelle Problem ist gegeben, das Handeln der Kirche möglich und angemessen. Zumindest in Deutschland und Westeuropa. Die Argumentation des Essener Bischofs Franz-

Josef Overbeck läuft auf ein Ende des Pflichtzölibats hinaus: Was die Menschen nicht mehr annehmen und verstehen, ist in der Kirche auf Dauer nicht zu retten. Und das Doppelleben, das viele »gute« Priester führen, ist unzumutbar. Beide Gedanken des Bischofs sind verbunden durch das Stichwort »Glaubwürdigkeit«. Die Kirche würde mit der Ergänzung der priesterlichen Lebensform um die Gestalt verheirateter Priester nicht länger eine »Angemessenheit« behaupten, für die sie selbst keine tragfähigen Plausibilitätsgründe angeben kann.

Damit würde die bloße Zahl der Bewerber für das Priesteramt nicht sogleich in astronomische Höhen schnellen. Sehr wohl aber würde die Kirche den Kandidaten-Pool schlagartig erweitern und könnte sich endlich von ihrem antiquierten Ausbildungsmodell Priesterseminar verabschieden. Denn eine phasenweise Trennung der angehenden Geistlichen von der Welt wäre in dem Moment hinfällig, in dem deren Verlockungen nichts Bedrohliches mehr haben müssten. Die Idee eines »Gewächshauses« (Seminar) für Klerikerpflänzchen stammt aus dem Trienter Konzil im 16. Jahrhundert, gedieh aber erst seit 1830 zur Hochform kasernierter Kaderschulung. Heute nun bereitet das Seminar die künftigen Seelsorger gerade nicht auf den Dienst in einer wettbewerbsorientierten, multipolaren, vielperspektivischen und erotisiert-freizügigen Gesellschaft vor – im Gegenteil. Kaum jemandem, der in vergleichbar großen Organisationen Personalverantwortung trägt, ist verständlich zu machen, warum die Kirche anstelle moderner Trainee-Programme ihrem Führungsnachwuchs weiterhin künstlich Schutzräume bietet und ihm Gemeinschaftsformen suggeriert, die keinen existenziellen Halt bieten, weil sie sich schon am Tor des Priesterseminars verflüchtigen.

Mit dem Festhalten am Pflichtzölibat stellt die Kirche das Verhältnis von Anforderungs- und Kompetenzprofil für das Priesteramt geradezu auf den Kopf. Scharf formuliert verlangt sie von ihren Priesteranwärtern drei zentrale Eignungskriterien: männlich, ledig, zölibatär. Wird ein Kandidat dem gerecht, dann hat er die entscheidenden Hürden schon genommen. Sodann benötigt er einen Studienabschluss in Theologie – und erst auf dieser Grundlage stellen sich alle weiteren Fragen nach menschlichen, sozialen und geistlichen Kompetenzen, die für seinen Dienst sonst noch eine Rolle spielen. Diese Abfolge sollte die Kirche umkehren. Abgesehen davon, dass sich dann womöglich auch die Frage nach dem Geschlecht des Geistlichen nicht mehr stellte, würde die Lebensform – verheiratet oder zölibatär? – zwar nicht irrelevant, aber zu einer sinnvoll nachgeordneten Frage.

Ohne eine Änderung ihrer Zulassungsbedingungen für das Priesteramt riskiert die katholische Kirche ihr Wesen als sakramental begründete Gemeinschaft und steuert zudem mit vollem Tempo weiter in eine hausgemachte Führungskrise. Mit durchaus guten Gründen sind im Amt des Priesters Gemeindeleitung und Vorsitz in der Eucharistiefeier verbunden, dem – nach kirchlichem Verständnis – entscheidenden sakramentalen Vollzug des Glaubens. Auch behält die Kirche die Spendung der anderen Sakramente im Wesentlichen den Priestern vor. Sie kann aber mangels Masse vielerorts nicht mehr gewährleisten, dass Priester mit den Gläubigen die Messe feiern, die Kommunion spenden, taufen, trauen, firmen oder die Kranken salben. Die Sakramente als »Zeichen der Nähe Gottes«, die Christen im Alltag sowie bei Lebenswenden und in existenziellen Nöten begleiten und tragen sollen, geraten so zu punktuellen Gelegenheit mit Seltenheitswert. Die Gläubigen müssen darauf warten, ganz verzichten oder sich mit Ersatzformen behelfen wie den »priesterlosen Wortgottesdiensten«, in denen Laien die Kommunion aus einem Vorrat austeilen, den ein Priester auf der Durchreise geweiht hat.

Indem die Kirche diese Verknappung hinnimmt, entwertet sie

ihre Sakramente. Muss sie sich dann über eine Mentalität wundern, in der es erstens heißt »Sakramente? Ach, die sind doch eigentlich nicht so wichtig!« und zweitens »Priester? Die brauchen wir auch nicht unbedingt«? Die Bedeutung des Priesteramtes wird untergraben, wenn angeblich wesentliche Aufgaben im Zweifel zweitrangig werden oder ohne allzu große Einbußen ähnlich auch von anderen wahrgenommen werden können.

Jedes Wirtschaftsunternehmen würde mit Blick auf seine Führungscrew sagen: eine Katastrophe! Aber die katholische Kirche lässt die Dinge laufen und arbeitet zudem mit einem Personal, dessen Altersdurchschnitt in unseren Breiten weit über dem durchschnittlichen Renteneintrittsalter liegt. Muss sie sich dann wundern, warum sie Mühe mit Innovationen hat? Warum sie mit der Gesellschaft so schwer Schritt halten, theologisch gesprochen, die Zeichen der Zeit so schwer erkennen kann? Muss sie sich wundern, warum sie den Anschluss an eine Jugend verliert, die in der Führung und Repräsentation der Institution Kirche nur mehr die Generation ihrer Großväter antrifft? Und muss sie sich wundern, wie viele Priester müde, ausgebrannt oder schlicht krank sind? Alle diese Probleme hat die Kirche selbst zu verantworten. Die Prioritätenliste für das Priesteramt, auf der erst der Zölibat kommt und dann die Feier der Sakramente, gehört darum in den Papierkorb.

An anderen Negativfolgen laboriert die Kirche immer offensichtlicher: den Männerbiotopen, frauenfreien Zonen und männerbündischen Strukturen bis hin zu den »Schwulen-Lobbys«, über die seit der Vatileaks-Affäre erstaunlich unverblümt gesprochen wird und deren Existenz im Vatikan der Papst auf dem Rückflug vom Weltjugendtag in Rio de Janeiro noch einmal bestätigt hat.

Längst ist es wissenschaftlich erwiesen: Es gibt keinen direkten Zusammenhang zwischen zölibatärem Leben und sexuellem Missbrauch. Niemand wird pädophil, *weil* er sich zur Ehelosigkeit verpflichtet hat. Die Ursache für Kindesmissbrauch liegt nicht in der Lebensform (Paul Zulehner). Wohl aber wirkt das Berufsbild des katholischen Priesters – »per Definition ohne Frau« – attraktiv auf manche homosexuelle Männer, speziell solche, die kein reifes Verhältnis zu ihrer Sexualität haben. Ihnen bietet der Klerikerstand einen Schutzraum mit Nischen, in die kaum einer hineinleuchtet.

Die meisten Erwachsenen, die Minderjährige sexuell missbrauchen, sind Heterosexuelle. Wunibald Müller, der bekannteste therapeutische Begleiter sexuell gestörter Priester, stellt aber auch fest, dass die Opfer bei sexuellem Missbrauch *durch Priester* in vier von fünf Fällen Jungen zwischen 14 und 17 Jahren sind. Die Täter seien »in ihrer sexuellen und da auch homosexuellen Entwicklung stehen geblieben«. Ihren Anteil am Klerus beziffert Müller auf bis zu vier Prozent, eine erschreckende Quote. Für diese Personengruppe wiederum sei der Zölibat oft eine Möglichkeit, »die mitunter schmerzvolle Auseinandersetzung mit der eigenen Identität zu vermeiden«. Die Quintessenz: Der Anteil der »unreifen« homosexuellen Männer ist unter den homosexuellen Priestern überdurchschnittlich hoch, und diese Gruppe von Priestern ist hinsichtlich des Missbrauchs von Kindern und Jugendlichen besonders gefährdet.

Insofern aber wirkt es problemverschärfend, dass der Vatikan 2005 die Zulassung Homosexueller zu den Weiheämtern ausdrücklich verboten hat und ihnen attestiert, sie seien »in schwerwiegender Weise« daran gehindert, »korrekte Beziehungen zu Männern und Frauen aufzubauen«. Damit sind homosexuelle Priester und Priesteranwärter in einer doppelt irregulären Lage: Institutionslogisch gibt es sie eigentlich gar nicht; und emotional-affektiv werden sie dort abgewertet, wo es sie als Mensch und als Seelsorger am meisten trifft: in ihrer Beziehungsfähigkeit. In dem Interviewband »Licht der Welt« brachte es Papst Benedikt XVI. auf den Punkt: »Homosexualität ist mit dem Priesterberuf nicht vereinbar.« So aber ist, vom Zentrum der Kirche ausgehend, eine Verdrängungs- und Schweigespirale in Gang gesetzt.

Sexuelle Reife lässt sich – auch und gerade im zölibatären Leben – nur dann erreichen, »wenn man in der ersten Person Singular über die eigene Sexualität, über die eigenen Träume, Wünsche und Sehnsüchte sprechen kann«, sagt der Jesuit Klaus Mertes, der 2010 den Missbrauchsskandal ans Licht brachte. Das aber ist unmöglich in einer Atmosphäre des Verdrängens, Abwertens und Verschweigens. Die kirchliche Doktrin schafft und begünstigt eine Subkultur, deren Existenz sie bislang beharrlich geleugnet hat. Mit einer gefährlichen Konsequenz: Homosexuelle Kleriker sind erpressbar. Ein konsequentes Vorgehen der Kirchenleitung gegen Missbrauchsfälle sei manchmal auch daran gescheitert, dass die Verantwortlichen »zu wenig innere Freiheit hatten«, die Täter zu konfrontieren und anzuzeigen«, sagt Mertes. Weil sie fürchten mussten, selbst als Homosexuelle geoutet zu werden. »Deswegen wäre eine der wichtigsten strukturellen Präventionsmaßnahmen gegen Vertuschung von sexuellem Missbrauch durch Priester, dass das Schweigegebot aufgehoben wird.«

Bischof Overbeck unternimmt in diesem Buch einen ersten Schritt, und auch die – ansonsten schablonenhaften – Bemerkungen des Papstes über Homosexualität auf seinem Rückflug vom Weltjugendtag in Rio lassen auf Veränderungen hoffen: Das Problem an den »Schwulen-Seilschaften« im Klerus, sagt der Papst, sind die Seilschaften, nicht die schwulen Kleriker. Über Letztere wolle er nicht urteilen – und schon erkennt er an, dass sie da und sogar »guten Willens« sind. Daraus kann etwas werden. »Die Männerbünde entmachtet man am einfachsten dadurch, dass man einfach das macht, wovor sie am meisten Angst haben«, sagt Jesuitenpater Mertes: »Sich öffnen.« Was die einen ängstigt, das gibt den anderen Hoffnung.

»Wir stehen auf der Brücke zu einem neuen Land im Nebel«

Franz-Josef Overbeck

ist seit 2009 Bischof von Essen und zudem seit 2011 katholischer Militärbischof.

Bischof Overbeck, zwischen 2006 und 2012 ist die Zahl der Neupriester in Deutschland um ein Drittel auf 79 gesunken, die der neu aufgenommenen Anwärter gar um 40 Prozent auf 128. Das ist ein historischer Tiefstand, und so bedarf es keiner eingehenden Analyse, um von einer »Krise des Priesteramts« zu sprechen. Wie gehen Sie mit dieser Krise als Bischof um, der laut Kirchenrecht seine Priester ja »mit besonderer Fürsorge begleiten« und ihnen »die Mittel und Einrichtungen« zur Verfügung stellen soll, die sie für ihr Leben und ihren Dienst brauchen?

Zunächst, indem ich ihnen und mir selbst die vielfältigen, zum Teil widersprüchlichen Bilder bewusst mache, die das Selbstverständnis der Priester bestimmen, aber auch die Erwartungen der Menschen an die Priester. Mich erinnert die Situation an Gemälde des Pointillisten Georges Seurat und anderer Pointillisten: Erst die Zusammensetzung punktueller Wirklichkeiten lässt ein Gesamtbild entstehen, das aus veränderter Perspektive auch wieder ganz anders aussehen kann.

Was sind die prägenden Priesterbilder heute?

Das ist einmal eine kultisch-sakrale Vorstellung: Der Priester als »heiliger Mann«, der in einer besonderen Beziehung zu Gott steht und eine Art Mittlerfunktion zwischen Gott und Mensch übernimmt. Eng damit verbunden ist ein hierarchisch-strenges Bild vom Priester, der die Gemeinde leitet und sagt, »wo es langgeht«. Dann gibt es die in der Folge des Zweiten Vatikanischen Konzils geprägten Bilder vom Priester als Seelenführer, Glaubensdidakt und Wegbegleiter, der den Alltag der Menschen teilt. Es gibt daneben eine Konzentration des Priesteramtes auf das Ästhetisch-Liturgische oder auf die Pflege von Innerlichkeit und Spiritualität. Diese Bilder vom Priester überlappen und überlagern sich. Farbanteile von allen sind bei jedem vorhanden. Und die Schwierigkeit besteht darin, dass der einzelne Priester nicht ständig wie ein Chamäleon den bestimmenden Farbanteil zu wechseln versucht, je nachdem, was vermeintlich gerade von ihm verlangt wird. Damit würde er nämlich keine eigene Persönlichkeit zeigen.

Ist das nicht gerade die Lage jedes Menschen in der Postmoderne? Jeder von uns lebt in Teilsystemen mit unterschiedlichsten Rollenerwartungen, denen wir gerecht werden wollen. Zugleich wollen wir ein Höchstmaß an Individualität und Selbstbestimmung. Ein schier aussichtsloses Unterfangen. Aber eben nicht nur für die Priester.

Bei den Priestern kommt aber erschwerend hinzu, dass sie die existenzielle Erfahrung dieses Ungenügens, das Sie beschreiben, in einem Beruf wiederfinden, der auch Berufung und Lebensform ist. Die Priester müssen eine Übergangssituation gestalten: viel Altes abwickeln, ohne vom Neuen schon allzu viel zu sehen. Sie stehen auf der Brücke zu einem neuen Land, das noch im Nebel liegt.

Und Sie haben auch keinen Nebelscheinwerfer parat?

Ich möchte aber einen Lichtkegel auf das Terrain vor uns richten. Wir Priester müssen uns – jenseits all der kurz skizzierten Bilder von unserem Amt – neu auf die Grundlage christlicher Existenz besinnen. Von daher definiere ich das Priesteramt als »Dienst für andere«. Der Priester soll Menschen helfen, in eine verlässliche Verbindung mit Gott zu treten, und er soll von hier aus Verstehenshilfen für das Leben geben. Er braucht sein Amt aber nicht, um ein besonderer Christ zu sein. 2013 hatten wir zum zweiten Mal in der Geschichte unseres Bistums keine einzige Priesterweihe. Ich habe aus diesem Anlass zu einer Wallfahrt quer durch das Duisburger Industriegebiet eingeladen, um damit zu symbolisieren: Wir müssen uns heute zuallererst der Grundlagen unseres Christseins vergewissern – in der Begegnung mit der Welt von heute. Das gilt auch für den Priester. In der Vergangenheit hat er sich zuerst vom Amt und dann vom Christsein her definiert. In Zukunft muss es umgekehrt sein. In der Theologie ist das bei vielen schon länger klar, aber nicht im Selbstverständnis der allermeisten Priester.

»Altes abwickeln«: das war vor 50 Jahren schon einmal die Zeitansage in der Kirche – während des Konzils und danach. Nur scheint der Motivationsvorrat von damals mehr als aufgebraucht, die Kirche erneuern und verändern zu wollen.
Bereits in den späten 1950er Jahren haben viele Priester ihr Amt in der Spannung angetreten, an Reformen mitzuwirken, zugleich aber Träger der Tradition zu sein. Vielen Formen kirchlichen Lebens hing ja der Nimbus des »Ewigen« an. Dabei waren diese »uralten Traditionen« gar nicht so alt, sondern reichten oft nur bis ins 19. Jahrhundert zurück.

Beides zusammenzuhalten, das Erneuern und das Bewahren, hat sich jedenfalls schon kurz nach dem Konzil und unter dem Eindruck der 68er-Bewegung als höchst spannungsreich, in manchen Fällen als unmöglich erwiesen.
Franz Hengsbach, Gründungsbischof des Bistums Essen, hat 1958 die Losung ausgegeben: »Heute gehen 38 Prozent der Katholiken sonntags zur Kirche. Wir treten an, dieses Verhältnis umzukehren!« Platt gesprochen heißt das: Wir wollen die Katholiken zu zwei Dritteln in die Kirche holen – und wir sind auch überzeugt, das zu schaffen. Nebenbei bemerkt: Hengsbach ging von 38 Prozent Kirchenbesuch aus. Mehr waren es schon damals nicht! Ich sehe aber die ganze Grundhaltung als paradigmatisch: Was für

Ziele, die man sich da gesetzt hat! Aber auch: Was für ein Vertrauen in die eigenen Kräfte! Was für eine Stimmung, in und mit der Kirche gleichsam Bäume ausreißen zu können! Die pastoralen Konzepte, die in unserem Bistum bis zum Tod von Kardinal Hengsbach 1991 gegolten haben, folgten genau diesem Anspruch und klammerten so gut wie alle Abbrüche aus, die doch schon lange Realität waren. Ein solches Verweigern gegenüber der Wirklichkeit und ein Verdrängen großer Veränderungen kann man in Institutionen immer wieder beobachten. Es war ein Problem der katholischen Kirche jener Zeit, ist aber auch heute eine Riesenherausforderung.

Was folgt daraus für das Rollenbild des Priesters?
Er wird vom »Hierarchen mit humanem Touch« zu einem geistlichen Vermittler, der Menschen Begegnungs- und Kommunikationsräume eröffnet. Das heißt, das Hierarchische wird überformt durch das Kommunitäre, aber nicht abgelöst, weil sonst die Institution Kirche von ihrem sakramentalen Grundverständnis her keine Gestalt mehr gewinnen würde. Wir Priester müssen eine unendliche Flexibilität an den Tag legen, weil wir sonst den Identitätsbestimmungen der Menschen gar nicht mehr gerecht werden. Das kann uns aber überhaupt nur gelingen, wenn wir Priester bewusster spirituell sind und im Leben der Menschen viel stärker mit dem Wagnis der Geschichte Gottes rechnen. Eines kommt noch hinzu: Ohne die Kenntnis der kirchlichen Tradition und ohne Reflexionsfähigkeit geht es nicht. Damit meine ich kein geistliches Akademikertum, sondern eine Lebens-Reflexionsfähigkeit, die im Denken, Fühlen und Tun konkret wird.

Wie setzen Sie das persönlich in Ihr Rollenverständnis um?
Die spirituelle Dimension hat sich für mich verdichtet und vertieft. In meiner ganz persönlichen Gebetspraxis, aber auch in der Feier des Gottesdienstes. Ohne sie könnte ich heute weder Christ

noch Priester und Bischof sein. Und wenn ich nach der Wahl von Papst Franziskus formuliert habe, »die Kirche ist jetzt wirklich Weltkirche geworden«, dann bedeutet das auch, unendlich viel weiter zu werden, als wir es bisher waren oder sind. Was wir global in der Vielfalt der Kulturen sehen, die unser Leben bestimmen, erleben wir im Mikrokosmos der Kirche in Deutschland doch genauso.

Was bedeutet das für die zölibatäre Lebensform des Priesters in der katholischen Kirche?
Die Verhältnisbestimmung von Sexualität und Sakralität ist heute neu erforderlich. Weil das Sexuelle in vielfacher Weise für die Ausdrucks- und Bindungsfähigkeit des Menschen steht, hat sie eine so große Bedeutung. Wobei die Verführbarkeit und Abgründigkeit dem Einzelnen sehr klar ist. Letzteres wird aber öffentlich und gesellschaftlich weithin tabuisiert – mit vielerlei Folgen. Es gibt erschreckende Formen neuer sexueller Sklaverei, etwa in der Form der Prostitution. Gleichzeitig fällt mir an der jüngeren Generation auf, dass viele – wie die Engländer sagen – »absolutely fed up« sind mit dem Sexuellen. Weil sie alles schon erfahren, aber das Glück trotzdem nicht gefunden haben.

Das alles zur Kirche ins Verhältnis zu setzen, führt uns in Neuland. Da gibt es kaum Vorerfahrungen. Wir stehen wiederum auf der Verbindungsbrücke: abwägend, was wir verlieren, aber auch erwartungsvoll hoffend, was wir gewinnen könnten. Deswegen glaube ich, dass sich kulturell gerade deshalb für die Zukunft der Kirche so vieles an den Fragen auf dem Feld von Sexualität und Partnerschaft entscheiden wird.

Man kann die Verpflichtung zur Ehelosigkeit vom Dienst her legitimieren und sagen: Ohne Frau und Kinder ist der Priester rundum verfügbar. Oder man argumentiert vom Amt her: Der ehelose Priester verweist in seiner Existenzform auf den Vorrang der Beziehung zu

Gott vor allen zwischenmenschlichen Beziehungen. Beides scheint aber nicht mehr tragfähig zu sein.

Das ist so. Ich betrachte den Zölibat, eine über mehr als 1500 Jahre hinweg tradierte Lebensform des Priesters, als den Versuch der katholischen Kirche, die Frage zu beantworten: Was zeichnet den Priester als exemplarischen Christen aus, dessen Leben Vorbild für alle ist?

Die Antworten darauf waren immer wieder andere. Wie lautet sie heute?

In der heutigen postmodern-globalisierten Welt ist der exemplarische Christ derjenige, der radikal geistlich lebt und das in der pluralen Welt unter den verschiedensten Bedingungen realisieren kann.

Das kann dann aber im Zölibat ebenso geschehen wie in der Ehe.

Der Zölibat ist dann eine Frage der Angemessenheit mit Blick auf das Amt. Die Kirche hat immer gesagt: Es ist angemessen, so zu leben, aber nicht unbedingt notwendig. Das sehen wir an den orthodoxen Kirchen und jenen orientalischen Kirchen, die zwar zur katholischen Kirche gehören, die Lebensform verheirateter Priester aber selbstverständlich beibehalten haben. Nun sagt die lateinisch-römische Tradition schon sehr deutlich: Die ehelose Lebensform ist ein hoher Wert, der nicht untergehen darf. Ob wir ihn institutionell schützen müssen und können oder das Wagnis eingehen, dass er sich anders neu zeigt – das ist eine ähnlich große Herausforderung wie der Umgang mit Ehen und ihrem möglichen Scheitern. Wir sind hier – ich muss mich wiederholen – in einer Übergangsphase, und wir sehen dies daran, dass solche Fragen von ganz vielen mit bisher ungeahnter Wucht gestellt werden. Die Kirche ist eine Institution, die gern – mal zum Besseren, mal zum Schlechteren – zu spät kommt, weil sie aus ihrer 2000-jährigen Tradition alles in sich birgt und alles bedenken will, was es an menschlicher, geistlicher und theologischer Erfahrung gibt.

»Wer zu spät kommt ...« Ich brauche den Gorbatschow-Satz nicht zu vollenden. Die Krise des Priestertums ist auch eine Krise des Zölibats. Stimmen Sie diesem Befund zu? Und wenn ja, zwingt diese Krise die Kirche nicht zu Konsequenzen, nicht zuletzt aus Sorge für ihre Priester?

Es ist ja – bildlich gesprochen – immer hilfreich, einen Kassensturz zu machen, um zu sehen, was denn eigentlich drin ist in der Kasse. Ich weiß also sehr wohl, dass es Priester gibt, die ihr Zölibatsversprechen nicht halten, aber trotzdem einen guten Dienst tun und von den Menschen auch so akzeptiert werden. Das ist eine Herausforderung an die Kirche, die uns noch viele, viele Fragen bescheren wird. Denn wir brauchen glaubwürdige Priester. Ein Doppelleben ist unzumutbar – für die betroffenen Priester, aber auch für alle, mit denen sie zu tun haben. Auch mit Blick auf Homosexualität im Klerus bedeutet »Kassensturz«, anzuerkennen, dass es sie gibt – und zwar häufiger, als viele es zugeben oder sich vorstellen wollen. Vor diesem Kassensturz stehen wir in der Kirche übrigens auch bei Ehe und Partnerschaft. Nur bedeutet die Wahrnehmung der Realität nicht notwendig, daraus gleich Normen abzuleiten. Das wäre ein Fehlschluss.

Die Provokation, als Priester in der Nachfolge Jesu auch seine Lebensform zu übernehmen, bleibt bestehen. Es gibt auch die Position: Wenn die Priester heiraten dürfen, verbürgerlichen sie ja noch mehr.

Ich halte wenig von solchen Totschlagargumenten. Die Nachfolge Jesu provoziert immer.

Sie wollen sagen: Man kann auch im Zölibat »verbürgerlichen«, verlottern oder skurril werden.

Das gehört zur »lebensbestimmenden Relativitätstheorie«, die uns die Moderne beschert hat. Jedenfalls ist das »prophetische Moment« der Ehelosigkeit schlecht in Strukturen zu fassen. Wenn der Priester es nämlich in seinem Lebensalltag nicht in seiner provokatorischen Kraft zum Leuchten bringt, dann ist die Strahlkraft schnell weg, und es bleibt – wie Sie sagen – das Skurrile oder gar Abschreckende.

Womöglich braucht eine vielfältige Kirche im Spektrum der Lebensformen auch die Ehelosigkeit, gerade zum Schutz der Ehe?
Aber eine Kirche wird nur das retten, was die Menschen auf Dauer annehmen und verstehen.

Ist das auch eine Lehre aus dem Missbrauchsskandal?
Wir haben als Kirche aus dem Missbrauchsskandal vor allem gelernt, dass eine neue, nüchterne Besinnung auf den Zusammenhang von Macht und Sexualität erforderlich ist. Mit allen Folgen für uns als Institution.

Welche Folgen meinen Sie?
Das Problem der Verbindung von Sexualität und Macht wird an einigen Gruppen exemplarisch sichtbar – unter anderem an den Priestern. Ohne das Schreckliche abschwächen zu wollen, was Geistliche Kindern und Jugendlichen durch sexuellen Missbrauch angetan haben, müssen wir doch wahrnehmen: Das Verhalten dieser Priester zeigt sich als Teil einer gesellschaftlichen Gesamtentwicklung, die – wie wir schmerzhaft sehen – nicht nur die katholische Kirche betrifft. Priester sind nicht etwas »Besonderes«, ein reifes Verhältnis von Sexualität und Macht muss jeder finden. Ich will damit den Skandal in der katholischen Kirche nicht relativieren, sondern einordnen.

Worauf soll die Öffentlichkeit das Vertrauen gründen, dass die Kirche es ernst meint mit der Aufklärung?

Wir haben seit 2010 viele öffentlich wahrnehmbare Anstrengungen unternommen. Dazu gehören umfangreiche Präventionsmaßnahmen, die für alle Mitarbeiter in der Kirche verpflichtend sind; große Hilfestellungen für die Opfer und Anerkennung ihres Leids, unter anderem durch finanzielle Leistungen. Dazu gehört aber auch die zivil- und kirchenrechtliche Sanktionierung der Täter. Wir wollen eine Kultur der Achtsamkeit im Umgang mit Macht und Sexualität etablieren. Das beginnt für uns in der Kirche damit, sich von der Illusion zu verabschieden, wir hätten diese Macht. Und schließlich werden wir die versprochene wissenschaftliche Aufarbeitung des sexuellen Missbrauchs samt Ursachenforschung ohne Wenn und Aber vorantreiben.

Wenn von Ihrem Bistum Essen gesprochen wird, dann oft als dem »Krisenbistum«, von dessen Lage sich andere Bischöfe weit entfernt glauben: 96 Kirchengebäude geschlossen, die Zahl der Pfarreien auf 43 große Einheiten reduziert – um nur zwei Daten zu nennen. Ist Essen Labor oder Hexenküche der katholischen Kirche in Deutschland?

Ich verstehe die Entwicklung im Bistum Essen als exemplarisch für das, was in der Kirche in Deutschland insgesamt vorgehen wird. Und viele, die nicht aus unserem Bistum kommen, pflichten mir darin ausdrücklich bei. Wir stehen vor Veränderungen der verfassten Form von Katholizismus, von denen sich die allermeisten immer noch keine Vorstellung machen. Der Schwund der Priesterberufe, des Ordensnachwuchses, aber auch der Interessenten für eine Arbeit als Laienseelsorger ist dafür nur ein Indikator.

Die sichtlich zu Ende gehende Form der Gemeindepastoral ist historisch gesehen auch nur ein Ergebnis von Prozessen im ausgehenden 18. und frühen 19. Jahrhundert. Diese Zeit neigt sich. Darum bemühe ich mich, eine Umformatierung kirchlichen Lebens im Bistum zu begleiten und auch in neue Formen zu investieren.

Dazu gehört unser Dialogprozess »Zukunft auf Katholisch«, der nach einer ersten Phase zu einem Zukunftsbild geführt hat, das wir nun weiterentwickeln. Von vielem Alten hingegen muss gelten: Wenn es aus sich selbst keine Lebenskraft mehr entwickelt, muss es sterben.

Eine der neuen Formen ist die »Großpfarrei«, womit sich für viele gerade keine Zukunftshoffnungen verbinden, sondern unüberschaubare, seelenlose Mammutstrukturen. Strukturen, die obendrein rückwärtsgewandt sind, weil sie sich an der ständig sinkenden Zahl der Priester orientieren.

Wenn man die Maßstäbe von früher anlegt, wird die Rede von der »Großpfarrei« tatsächlich zum Schreckgespenst. Und wenn Priester und Gläubige sich selbst nicht klar darüber sind, was sie wollen. Die »Großpfarrei« ist nämlich auch ein Schreckgespenst aufgrund der Beharrlichkeit vieler Menschen, die angeblich nach vorn wollen, aber strukturell doch noch am Überkommenen hängen. Da erlebe ich eine seltsame Diskrepanz: Wir werden als Kirche ständig mangelnder Modernität gescholten. Aber wenn wir an den Verwaltungsstrukturen etwas ändern, heißt es, uns fehle die Menschennähe. Als wenn sich die Institution nicht auch ändern müsste! Sie muss selbst modernitätsfähig werden, und das wird sie nicht mit dem alten Pfarrei- und Gemeindebild.

Sondern wie?

Der künftige institutionelle Rahmen kirchlichen Lebens wird sehr weit gespannt sein. Die »Großpfarreien« sind insofern ein Vorbote des Neuen, als die wenigsten Menschen ihren Glauben nach dem Territorialprinzip leben werden, sondern gemäß den Kriterien von Begegnung und Beziehung. Die meisten Menschen machen auf der Suche nach einer kirchlichen Beheimatung doch schon heute nicht mehr an der Pfarreigrenze halt. Sie gehen dorthin, wo sie sich angesprochen fühlen. Auf der anderen Seite ist das Territorialprinzip für uns als katholische Kirche unbedingt notwendig, damit wir keine Sekte werden: Wir setzen einen rechtlichen Rahmen, der für alle sichtbar ist. Wer sich an die Kirche wenden will, muss wissen, wohin er gehen kann. Und umgekehrt hat die Kirche so die Möglichkeit, zu allen zu kommen.

Aber die Priester können nicht beides zugleich: Begegnung, Beziehung gestalten und Verwalter eines immer großmaschigeren territorialen Systems sein.
Eine Übergangsphase ist unvermeidbar, weil das Gemeindeleben bislang sehr stark auf den Priester konzentriert war. Aber es ist ganz deutlich, dass das in Zukunft nicht mehr so sein wird. Insofern verändert sich der Priesterberuf ein weiteres Mal enorm und sehr radikal. Und schon heute stelle ich fest, dass diejenigen Priester am zufriedensten sind, die sich nicht abarbeiten müssen an all diesen Strukturfragen, sondern – mithilfe von Bischof und Bistumsleitung oder eigenständig – Modelle in ihren Gemeinden entwickelt haben, in denen andere Menschen bestimmte Lebens- und Arbeitsfelder gestalten. So können die Priester ihren Schwerpunkt im originären Feld der Seelsorge und der geistlichen Begleitung setzen. Wobei ich auch immer sage: Keiner lebt im Paradies! Und es gibt niemanden in Deutschland, der in verantwortlicher Stellung nicht einen Teil seiner Zeit in und mit institutionellen Zusammenhängen verbringen muss.

Welche »Hilfen« genau geben Sie Ihren Priestern?
Zunächst ermutige ich sie zu einer Haltungsänderung und unterstütze sie darin, dass sie sich selbst zugestehen, es anders zu machen als bisher. Also viele Aufgaben abzugeben, sich neu zu organisieren und andere Schwerpunkte zu setzen. Darum haben wir im Bistum Essen zum Beispiel für jeden der 43 Pfarrer neue Verwaltungsleiterinnen und -leiter eingestellt und ein Unterstützungssystem im Generalvikariat etabliert, um in Haushalts-, Per-

sonal- und Immobilienfragen Entlastung zu schaffen. Derzeit gehen wir an die großen Bereiche, die bislang sehr viel Zeit und Energie der Pfarrer absorbiert haben wie Kindergärten, Altenheime oder Krankenhäuser. Wir tun dies, damit die inneren Ziele, die wir mit solchen Institutionen verbinden, von den Priestern weiterhin gut gefördert und begleitet werden können, verwaltungstechnisch aber nicht mehr von ihnen verantwortet werden müssen. Als geistliche Hilfe verstehe ich unseren Dialogprozess im Bistum. Sein »Zukunftsbild« hält in sieben Stichworten fest, wie wir uns als Kirche verstehen: berührt, wach, vielfältig, lernend, gesendet, wirksam und nah. Dahinter stehen konkrete Textbezüge zur Bibel und zum Zweiten Vatikanischen Konzil. Denn Zukunft hat eine Kirche aus Menschen, die sich im Namen Jesu finden und sammeln. Und das hat Folgen für eine erneuerte Kirche – die anders sein wird, als sie heute ist.

Das stellen Sie jetzt mal so in den Raum. Aber getragen werden müssen die Veränderungen von den Priestern an der Basis.
Viele Priester nehmen sie dankend und wertschätzend an. Es sei aber nicht verschwiegen, dass es auch solche gibt, die protestieren. Sie argumentieren, dass sie ihren Einfluss besser in den gewohnten Strukturen geltend machen können und dass sie das auch als essenziellen Teil ihres priesterlichen Dienstes begreifen. Übergangssituationen sind nun einmal nicht so klar, wie manche sie gerne hätten. Ich weiß aber auch, dass viele Priester sehr schwer tragen an ihrer Situation – eben *weil* sie eine Situation des Übergangs ist.

Teil II:

Den Innenraum erneuern

Sexualmoral

Selten hat die katholische Kirche so schnell und so eindeutig auf öffentliche Kritik reagiert wie im »Kölner Klinikenskandal« um die »Pille danach«. Im Dezember 2012 hatten sich Ärzte in zwei katholischen Krankenhäusern geweigert, eine mutmaßlich vergewaltigte junge Frau zu untersuchen. Sie fürchteten, nach der »Pille danach« gefragt zu werden. Die Abgabe des Präparats, das eine unerwünschte Schwangerschaft verhindern soll, war Ärzten und medizinischem Personal zum damaligen Zeitpunkt verboten. Radikale, selbst ernannte »Lebensschützer« hatten mehrfach durch Scheinpatientinnen testen lassen, ob die Vorgaben des kirchlichen Arbeitgebers eingehalten würden oder nicht. Das Erzbistum Köln reagierte mit einem engmaschigen System der Überwachung und drohte mit arbeitsrechtlichen Konsequenzen bei Verstößen gegen die kirchlichen Normen.

In dieser Atmosphäre der Angst gedieh der Keim des Skandals, der darum nach Ansicht von Kennern in anderen deutschen Bistümern kaum vorstellbar gewesen wäre. Die Ärzte in Köln jedenfalls hatten Angst um ihren Job. Sie folgten nicht mehr ihrem Urteilsvermögen und ihrem Gewissen, sondern wollten partout die Normen des kirchlichen Arbeitgebers einhalten. Und reagierten falsch – nach Maßgabe der medizinischen Standesethik ohnehin, aber sogar nach den Prinzipien der Kirche selbst: An erster Stelle muss die Hilfe für Notleidende und Kranke stehen. Sie ist für das »Kirche- und Christsein wesentlich«, unterstrich der Kölner Erzbischof, Kardinal Joachim Meisner, kurz nachdem der ›Kölner Stadt-Anzeiger‹ den Fall im Januar 2013 öffentlich gemacht hatte.

Meisners Erschütterung über den »beschämenden Vorgang« und das Versagen kirchlicher Ärzte in ihrem karitativen Grundauftrag führte zwei Wochen später zu einer spektakulären Kehrtwende, die nur die wenigsten ausgerechnet dem Kölner Erzbischof zugetraut hätten – schließlich nimmt er unter den deutschen Bischöfen nach Zahl und Heftigkeit seiner Äußerungen zum Lebensschutz und zur Sexualmoral den Spitzenplatz ein. Nun aber erklärte er die Vergabe der »Pille danach« an Frauen für zulässig, die Opfer eines Sexualverbrechens werden.

Mit einer Einschränkung: Das Medikament müsse bei der vergewaltigten Frau so wirken, dass es den Eisprung (Ovulation) und damit eine mögliche Befruchtung verhindere. Es dürfe aber nicht die Einnistung (Nidation) einer schon befruchteten Eizelle in die Gebärmutter hemmen. Denn dies wäre eine Abtreibung, die nach katholischer Lehre grundsätzlich verboten ist – auch in einem so frühen Stadium der Embryonalentwicklung.

Für sein Vorpreschen hatte sich Meisner zwar nicht mit den anderen deutschen Bischöfen verständigt, wohl aber mit dem Vatikan und mit Medizinern, die ihm die Wirkung der »Pille danach« nach heutigem Forschungsstand als moralisch unbedenklich beschrieben. Die Bischofskonferenz machte sich Meisners Position auf ihrer Trierer Frühjahrsvollversammlung im März 2013 zu eigen und entspannte damit eine Diskussion von seltener Heftigkeit.

Erledigt ist der Kölner Klinikenskandal als Lehrstück für die Fragwürdigkeit der katholischen Sexualmoral damit aber noch keineswegs.

Positiv hat der Skandal zwei Grundsätze ethischer Verantwortung neu ins Licht gehoben, die in der katholischen Kirche zwar altbekannt sind, aber leicht vernachlässigt oder von Regelungsansprüchen des Lehramts überlagert werden.

Zum ersten ist es die Legitimität einer Güterabwägung oder Vorzugswahl: Das kirchliche Verbot der künstlichen Empfängnisverhütung wiegt bei einer Vergewaltigung weniger schwer als der

Schutz des Opfers vor einer ungewollten Schwangerschaft als Folge dieses Verbrechens. So selbstverständlich das klingt, eröffnet es über den Extremfall hinaus Perspektiven für verantwortungsvolle moralische Entscheidungen.

Der zweite Grundsatz ist die »Autonomie der Lebensbereiche«. Im Zweiten Vatikanischen Konzil verabschiedete sich die katholische Kirche von einer Bevormundung der Wissenschaft, der Politik und anderer Betätigungsfelder. »Durch ihr Geschaffensein selber nämlich haben alle Einzelwirklichkeiten ihren festen Eigenstand, ihre eigene Wahrheit, ihre eigene Gutheit sowie ihre Eigengesetzlichkeit und ihre eigenen Ordnungen, die der Mensch unter Anerkennung der den einzelnen Wissenschaften und Techniken eigenen Methode achten muss«, heißt es in der Pastoralkonstitution »Gaudium et spes« (Nummer 36). Das bedeutet im konkreten Fall: Nicht der Bischof bestimmt in katholischen Kliniken über die Vergabe der »Pille danach«. Kirchliche Leitbilder stecken allenfalls einen Handlungsrahmen ab. Ihn auszufüllen, bleibt aber die ureigenste Aufgabe des Arztes. Er entscheidet kraft seiner Sachkenntnis, seiner Verantwortung und nach seinem Gewissen.

Auch hier führt die innere Dynamik weit über den Einzelfall hinaus: Wie oft schwingt sich die Kirche gegenüber Wissenschaftlern, aber auch Politikern und Vertretern anderer gesellschaftlicher Gruppen zur unduldsamen Besserwisserin auf, statt sich ihnen als Beraterin anzubieten. Die Kirche kann aus dem Kölner Klinikenskandal am meisten lernen, wenn sie bei sich selbst beginnt: Wir haben verstanden!

Besonders in der Sexualmoral ist es damit aber nicht sonderlich weit her. Ungewollt, aber schier unvermeidlich führt das zu einem fatalen Vermittlungsproblem der Kirche. Ihre ethischen Positionen werden undifferenzierter wahrgenommen, als sie sind. Verhütung? Die Kirche ist dagegen. Pille danach? Dagegen. Abtreibung? Dagegen. Selbstbefriedigung? Dagegen. Sex außerhalb der

Ehe? Käuflicher Sex? Sowieso dagegen. Von Schwulen und Lesben gar nicht zu reden. Es ist, als wäre das ganze Terrain der Sexualität mit Verbotsschildern übersät, sodass kein Mensch es vorschriftsgemäß betreten, geschweige denn durchqueren kann. Ja, in dem ganzen Schilderwald lässt sich nicht einmal mehr erkennen, dass kirchliche Weisungen sehr wohl ihren Sinn haben, an gelingendem Leben und Schutz der menschlichen Würde orientiert sind. So treffen sich kirchliche Positionen mit feministischen, wenn es etwa um die Verurteilung der Prostitution geht. Und nicht nur radikale katholische »Lebensschützer« hegen Bedenken gegen Schwangerschaftsabbrüche als beliebiges Instrument der Familienplanung oder mit dem Ziel, ungeborene Kinder mit Behinderung nicht zur Welt bringen zu müssen. Aber wo immer kirchliche Vertreter argumentativ einen Fuß in die Tür bekommen, laufen sie Gefahr, mit Hinweis auf die »ganze absurde, weltfremde Sexualmoral« der Kirche gleich wieder hinausgeschubst zu werden. Das mag ihnen unfair vorkommen, unverständlich ist es nicht.

Kurz vor dem Kölner Weltjugendtag 2005 sprach der damalige Vorsitzende der Deutschen Bischofskonferenz, Karl Lehmann, über die Papstbegeisterung junger Leute einerseits, deren Lebenswandel andererseits: »Es geht offensichtlich im faktischen Leben zusammen. Die Mädchen auf dem Petersplatz, die dem Papst zujubeln, haben die Pille in der Tasche.«* Sogleich rief dieser Satz Kardinal Meisner auf den Plan, der ungewöhnlich scharf austeilte: Manche Erwachsene bedienten sich der Jugend, um ihren eigenen Lebensstil zu rechtfertigen. »Da hat es viele junge Menschen getroffen, dass selbst ein Bischof gesagt hat, dass die Jugendlichen auf dem Petersplatz in Rom dem Papst zujubeln – die Jungs mit

* ›FAZ‹ vom 31.07.2005.

Kondomen, die Mädchen mit der Pille in der Tasche.«* Mit dieser Bemerkung habe Lehmann viele Jugendliche tief verletzt.

In diesem bizarren Zwist zweier Kardinäle erklärt der eine – Meisner – die bloße Beschreibung einer Wirklichkeit, die von zahllosen Jugendstudien belegt ist, zur Beleidigung. Der andere – Lehmann – belässt es bei der Beschreibung und gelangt nicht zur Bewertung. Beides ist alarmierend und ein Indiz für die tiefe Krise der katholischen Sexualmoral.

Sie galt lange Zeit als bevorzugtes Gebiet für das kirchliche Lehramt. Es umzäunte das Sexualverhalten der Menschen mit klaren Vorgaben darüber, was erlaubt sei und was nicht. Auf keinem Feld der Ethik war der Charakter kirchlicher Moral als Verbotsmoral so deutlich wie hier. Heute aber trauen viele Katholiken ihrer Kirche nicht mehr zu, ihnen hier wirklich lebensdienliche, verlässliche Weisungen zu geben. Die Glaubwürdigkeit der gesamten kirchlichen Sexualmoral steht damit auf dem Spiel oder ist faktisch verspielt, wenn eine überwältigende Mehrheit selbst der praktizierenden Katholiken sie für irrelevant erklärt.

Auslöser für diese Krise war die Enzyklika »Humanae Vitae« Papst Pauls VI. von 1968 mit dem Verbot der künstlichen Empfängnisverhütung. In weiten Teilen der Weltkirche – nicht nur in Europa und Nordamerika, sondern entgegen landläufiger Meinung auch in den »jungen Kirchen« Afrikas und Asiens – wird diese päpstliche Weisung in einer Dramatik ignoriert, wie es das in der Kirchengeschichte bisher nicht gegeben hat. Dass eine vom Lehramt mit dem Anspruch auf Glaubensgehorsam vorgelegte Aussage von einer Mehrheit selbst der praktizierenden Katholiken abgelehnt wurde, das war eine ganz neue Erfahrung für die Kirche.

---

* ›Kölner Stadt-Anzeiger‹ vom 25.08.2005.

Die Kollateralschäden sind immens. So führte der Theologe Hans Urs von Balthasar, ein durchaus kritischer Begleiter der Kirche nach dem Zweiten Vatikanischen Konzil, die Krise des Beichtsakramentes schon früh auf eine Autoritätskrise der Kirche nach Humanae Vitae zurück. Viele Frauen gingen zunächst noch zur Beichte, bekannten sich aber eines Verhaltens für schuldig, das sie innerlich womöglich gar nicht mehr als sündhaft empfanden oder das sie wenigstens nicht ändern wollten. Um weitere unerwünschte Schwangerschaften zu verhindern, blieb Frauen oft keine andere Wahl, als die Pille zu nehmen, zumal dann nicht, wenn die Männer von ihnen die Erfüllung ihrer »ehelichen Pflichten« forderten. In einer solchen Konstellation zur Pille oder anderen Mitteln der künstlichen Empfängnisverhütung zu greifen und es anschließend als sittliche Verfehlung zu beichten, ist menschlich und moralisch doppelbödig. Das haben die Frauen für sich erkannt und die eigene Beichtpraxis zunehmend als unglaubwürdig empfunden. Irgendwann gingen sie dann überhaupt nicht mehr beichten.

Die Krise von Humanae Vitae hat sich somit ausgeweitet und der katholischen Kirche insgesamt einen ungeheuren Vertrauens- und Autoritätsschwund eingetragen. Wenn nämlich der kirchliche Autoritätsanspruch in einem so zentralen Bereich wie der Sexualität, die für das Leben der Menschen von existenzieller Bedeutung ist, nicht mehr durch die Erfahrung gedeckt ist und innerlich bejaht wird, leidet die Autorität der Kirche insgesamt.

Diese Auszehrung wird dadurch verstärkt, dass es zumeist ältere, dem Zölibat verpflichtete Männer sind, die Autorität für ihre Weisungen beanspruchen. Gerade die Sexualmoral steht damit unter dem Verdacht der Weltfremdheit und gerät – speziell für Außenstehende – zur Stolperfalle, die davon abhält, die Schwelle zur Kirche überhaupt nur zu übertreten. Ihrer Kirche verbundene Katholiken hingegen mögen an der Sexualethik der Kirche irre geworden sein. Sie nehmen das aber offenbar nicht mehr als inneren Konflikt wahr, sondern kommen damit zurecht, weil sie ihre eigene Orientierung gefunden haben und deshalb auf diesem Gebiet keine Erwartungen mehr an die Kirche haben. Der Bedarf an kirchlichen Weisungen zur Sexualethik ist selbst bei den Gläubigen längst übererfüllt.

Die katholische Kirche hat allen Grund für ein entspannteres Verhältnis zur Sexualität. Christlich gesehen ist die Sexualität nämlich zunächst einmal eine positive Kraft. Sie gehört zu Gottes Schöpfungsplan und ist Teil der »Gutheißung«, die am Ende des ersten biblischen Schöpfungsberichtes steht. »Gott sah alles an, was er gemacht hatte: Es war sehr gut.« (Genesis 1, 31)

Wenn nun positive Leitbilder an die Stelle von Verboten treten sollen, brauchen die Menschen Raum für Erfahrungen, für Versuch und Irrtum. Lediglich »geliehene« Erfahrungen, die sich aus den Vorschriften Dritter speisen, wirken nur selten motivierend. Das gilt auch für die Sexualität. Sie zeichnet sich beim Menschen in besonderer Weise durch die Freude am Experiment aus. Als Experimentierfeld aber bietet die katholische Kirche lediglich die Ehe an. Für Sex vor der Ehe oder in nichtehelichen Partnerschaften gibt es keinen legitimen Raum.

Damit ist die Kirche aus der Zeit gefallen, und sie ignoriert einen Wandel ethischer Normen, der noch nicht gleichbedeutend mit »Relativismus« ist. Früher nämlich galt die Vorschrift »kein Sex vor der Ehe« nur für eine kurze Spanne zwischen Geschlechtsreife und früher Heirat. In dieser Zeit sollten die Liebesfähigkeit und die Treue zu einem späteren Lebenspartner nicht gefährdet werden durch sexuelle Erfahrungen vor der Ehe und erst recht nicht durch ein uneheliches Kind. Ohne wirksame, leicht verfügbare Mittel der Empfängnisverhütung war Enthaltsamkeit der einzige sichere Schutz vor einer ungewollten Schwangerschaft.

Aus einer kurzen »Übergangsfrist« ist heute ein eigenständiger Lebensabschnitt geworden. Die biologische Geschlechtsreife tritt um mehrere Jahre früher ein als noch vor wenigen Generationen. Das soziale Erwachsenwerden und auch das Heiratsalter durch längere Ausbildungszeiten haben sich deutlich nach hinten verlagert. Die Entwicklungspsychologie begreift die Adoleszenz nicht mehr als bloße Durchgangsstufe im Übergang zum Erwachsenenalter, sondern als eigenständige Lebensphase. Wenn diese nun zehn, fünfzehn Jahre dauert, wird die einst lebensdienlich gemeinte Norm vorehelicher sexueller Enthaltsamkeit für viele Menschen lebensfremd oder schlicht unpassend. An die Stelle der früheren Verlobungszeit sind nichteheliche Partnerschaften getreten – allerdings mit dem Unterschied, dass die sexuelle Praxis nicht mehr am Ende steht, sondern meistens eine Basis bildet, auf der die Partner prüfen, ob sie auch sonst harmonieren.

Junge Katholiken, die noch ein inneres Verhältnis zum Glauben und zu ihrer Kirche haben, haben für sich längst einen Perspektivwechsel vollzogen, sagt der Moraltheologe Eberhard Schockenhoff. Sie bejahen die Ehe als Leitbild, dem sie genügen wollen, leben aber die Vorstufen dazu genauso selbstverständlich wie ihre Altersgenossen. Wenn die Kirche solche Beziehungen am Leitbild der Ehe als der vollendeten Form gelebter Partnerschaft und Sexualität misst, sollte sie ihrerseits auch nicht vom »Defizitären« ausgehen. Es gibt ein Hineinwachsen des Menschen in tragende Erfahrungen seines Lebens. Man wird nicht pauschal sagen können, dass junge Erwachsene in ihren Beziehungen oberflächlich oder unverantwortlich seien. Sie haben einen großen Sinn für Treue – zwar nicht gleich für ein ganzes Leben, wohl aber für die Dauer einer Beziehung. Dabei handelt es sich sogar um eine ausgesprochen sensible Norm. Sie ist ein sehr zuverlässiger innerer Kompass für das, was mit einer ernst gemeinten Partnerschaft vereinbar ist und was nicht.

Sicherlich ist die Weitung des Feldes sexueller Erfahrungen eine Gewinn- und Verlustrechnung: Einerseits gehen die Menschen heute ungezwungener und unverkrampfter mit ihrer Sexualität um. Andererseits sind die Verletzungen, die sie einander zufügen, dadurch keineswegs geringer geworden. Männer wie Frauen mögen am Ende einer Partnerschaft enttäuscht feststellen, dass sie mehr Nähe zugelassen, mehr an Intimität preisgegeben haben, als sie es im Nachhinein gewollt hätten. Aber auch aus solchen Erfahrungen lässt sich lernen – sorgsamer zu werden auf der Suche nach einem Partner, wählerischer, anspruchsvoller.

Sexualität heute ist nicht mehr das ganz große »Abenteuer des Lebens«. Ein unverdächtiger Beobachter wie Sigmund Freud bemerkt, das Christentum mit seiner Verzichtsethik habe der Sexualität Bedeutungsgehalte verliehen, die ihr jenseits so anspruchsvoller Ideale und Leitvorstellungen nicht zukämen. Und in der Interpretation von Freuds Sexuallehre hält der Philosoph Paul Ricœur fest: Alles, was die Sexualität leicht macht, fördert ihren Absturz in die Beliebigkeit.

Mit ihren Normen will die katholische Kirche den Menschen verlässliche Halteseile in die Hand geben. Diese müssen aber verankert sein in den gesellschaftlichen Bedingungen, unter denen Beziehungen geschlossen und gelebt werden. Mitglieder der Kirche bewegen sich heute nicht mehr in einer katholischen Gegenwelt, sondern in einer Fülle von Teil-Lebenswelten, die allesamt ihren prägenden Einfluss ausüben, gerade auf einen so wesentlichen Bereich wie die Sexualität. Diese allein aus »Glaubenseinsicht« gestalten zu wollen, wäre darum unmöglich, selbst wenn jemand es wollte. Also liegt der Sinn kirchlicher Sexualmoral nicht in einem geschlossenen Regelwerk, sondern in freisetzendem Geleit.

»Die Kirche muss ihre Haltung ändern«

Eberhard Schockenhoff
ist Professor für Moraltheologie in Freiburg.

Herr Schockenhoff, in den Texten über die eheliche Gemeinschaft von Mann und Frau hat das Zweite Vatikanische Konzil nach jahrhundertelanger Abwertung der Sexualität durch das kirchliche Lehramt zu gerade poetischem Lob gefunden. Das Konzil spricht von der »innigen Vereinigung als gegenseitiges Sichschenken« zweier Menschen. Die eheliche Liebe, »die Menschliches und Göttliches in sich eint«, führt Mann und Frau »zur freien Übereignung ihrer selbst, die sich in zarter Zuneigung und in der Tat bewährt, und durchdringt ihr ganzes Leben«. Dieses Hohelied der Geschlechtlichkeit trifft nun auf gesellschaftliche Vorstellungen, nach denen Sex auch einfach nur »Spaß machen« darf. Ist die katholische Kirche in ihrer Hochschätzung der Sexualität also wieder ähnlich weit von der Lebenswirklichkeit entfernt wie früher, nur diesmal nach oben statt nach unten?

Es gibt in der Gesellschaft ein Verständnis der Sexualität als Form der freien Verhandlung zwischen zwei Partnern, unter welchen Bedingungen sie miteinander schlafen – die Möglichkeit einer rein körperlichen Begegnung eingeschlossen, die Lust bringt, Spaß macht und nicht mehr. Man darf aber bezweifeln, dass dieses Diskursmodell auf Dauer praktikabel ist ohne nachteilige Folgen für den Seelenhaushalt des Menschen. Nach Ansicht von Psychoanalytikern gibt es eine doppelte Utopie der Treue: Vollkommene Treue »in Gedanken, Worten und Werken« ist die eine Utopie. Die entgegengesetzte Utopie ist die Vorstellung, man könne mit der Untreue des Partners vollkommen problemlos umgehen. Das scheint bei ehrlicher Betrachtung so gut wie ausgeschlossen zu sein, weil das sexuelle Erleben uns in der Tiefe unseres Personseins berührt und nicht etwas rein Oberflächliches ist.

Wenn die Sexualität aber zu einer bloß oberflächlichen Angelegenheit geworden ist, die der Mensch lässig abstreifen zu können meint, dann würde ich sagen: Schlimm genug, dass es so weit gekommen ist! Betrachtet man nämlich die Sexualität – in Analogie zur Sprache – als eine Form der Kommunikation, in der sich der Mensch ausdrückt, dann ist klar, dass auch sie dem moralischen Maßstab der Wahrhaftigkeit unterliegt. So wie unser Reden durch unsere inneren Überzeugungen gedeckt sein soll, so soll auch die Körpersprache der Sexualität authentisch sein. Andernfalls wird die sexuelle Begegnung mit einem anderen Menschen zu einem unwahrhaftigen Zeichen. Die Sensibilität dafür zu fördern, wäre meines Erachtens die vornehme Aufgabe einer kirchlichen Sexualmoral. Sie kann und soll sehr wohl darauf bestehen, dass ein rein auf Lustbefriedigung zielendes Verständnis von Sexualität unvereinbar ist mit der christlichen Vorstellung von Liebe, Respekt und Zuverlässigkeit zwischen zwei Menschen. Damit knüpft sie viel eher als mit äußerlich auferlegten Verboten an die tiefsten inneren Bedürfnisse der Menschen und ihre Erwartungen an gelingende Partnerschaft an.

Für die Verteidiger der kirchlichen Normen zur Sexualität gelten diese als ein Moment der Widerständigkeit gegen das Laissez-faire des Zeitgeistes. Die katholische Kirche sei gewissermaßen die letzte Bastion einer anspruchsvollen, fordernden Beziehungsmoral.
Gerade das Sexualverhalten eignet sich sehr wenig dazu, den Wunsch besonders konservativer Katholiken nach einer Leitbildfunktion der Kirche zu erfüllen, zumal das konkrete Verhalten auch in diesen Kreisen nicht selten von dem abweicht, was an Normen aufgestellt und hochgehalten wird. Umso schlechter ist es dann um die Glaubwürdigkeit solcher Vorgaben bestellt. Wenn man es für die Aufgabe der Kirche hält, erkennbare und eigenständige Orientierungen für gelingendes Leben zu geben, kommt es darauf an, dass sie dies an der richtigen Stelle tut und dass

ihre Positionen – zumindest prinzipiell – verstehbar und zustimmungsfähig sind. Das ist aber in der Haltung zur Empfängnisverhütung ebenso wenig der Fall wie etwa auch bei den Aussagen zur Homosexualität.

Hingegen braucht sich die Kirche in ihrer Hochschätzung der Ehe von vermeintlichen gesellschaftlichen Trends keineswegs beirren zu lassen. Und auf anderen ethischen Feldern, wo sie unbestritten – auch aus Sicht derer, die der Kirche selbst gar nicht angehören – eine hohe moralische Kompetenz hat, gibt es ohnehin Möglichkeiten und Anlässe genug, mit klar vernehmbarer Stimme zu sprechen. Ich denke etwa an die Friedensethik, an Fragen einer gerechten Wirtschaftsordnung oder der Umwelt- und Entwicklungspolitik.

Der Begeisterung für Papst Franziskus haben seine teils verstörenden Aussagen über Homosexualität bislang kaum Abbruch getan. Als Erzbischof von Buenos Aires griff er ein Gesetz seines Heimatlandes Argentinien zur »Homo-Ehe« scharf an, sprach von einer destruktiven Anmaßung und gar von einer Intrige des Teufels, mit der die Menschen verwirrt und getäuscht werden sollten. In Deutschland gehörten die katholischen Bischöfe zu den wenigen, die sich gegen die steuerliche Gleichstellung der homosexuellen Lebenspartnerschaften wandten. Umgekehrt sagt der Berliner Kardinal Rainer Woelki, die Kirche könne nicht davon absehen, wenn Schwule und Lesben in einer Partnerschaft Verantwortung füreinander übernehmen und Werte leben, für die sich die Kirche starkmacht. Welchen Weg soll die Kirche in ihrer Haltung zur Homosexualität verfolgen?
Die kirchliche Lehre ist differenzierter, als sie gemeinhin wahrgenommen wird. Sie besteht im Grunde aus zwei aufeinander aufbauenden Prinzipien. Das erste und wichtigste Prinzip ist das Verbot jeglicher Diskriminierung von Menschen aufgrund ihrer sexuellen Orientierung.

Das zumindest hat der Papst auf dem Rückflug vom Weltjugendtag in Rio de Janeiro wiederholt und es sich auch persönlich zu eigen gemacht: »Wenn eine Person schwul ist, den Herrn sucht und guten Willens ist – wer bin dann ich, sie zu verurteilen?«

Nähme die Kirche diese ihre eigene Weisung ernst mit allen Konsequenzen, die sich daraus ergeben, wäre schon sehr viel gewonnen. So sollte es problemlos möglich sein, dass Homosexuelle in einer Pfarrgemeinde Ämter und Dienste übernehmen. Mir scheint aber, dass viele Gemeinden noch erheblichen Nachholbedarf bei den praktischen Schritten haben, selbst wenn das Diskriminierungsverbot in der Theorie bei ihnen angekommen ist.

Das zweite Prinzip der kirchlichen Position beharrt sodann darauf, dass homosexuelle Handlungen »in sich schwer ungeordnet« sind und daher auch nicht ausgeübt werden dürfen. De facto ist das die Aufforderung an homosexuell veranlagte Menschen, enthaltsam zu leben. Wenn man aber nun bedenkt, dass der Mensch – ob heterosexuell oder homosexuell – ein geschlechtliches Wesen ist, dann ist diese Forderung des Lehramtes eine erhebliche Zumutung, ja eine Überforderung für die meisten Betroffenen. Sie haben mit ihrer sexuellen Neigung ja nicht gleich auch noch die Berufung zu einem enthaltsamen Leben mitbekommen. Bei den Geistlichen, die zum Zölibat verpflichtet sind, geht die Kirche selbstverständlich davon aus, dass sie als Diakone, Priester und Ordensleute eine spezielle Berufung haben, die ihnen die Kraft gibt, dieser besonderen Lebensform zu entsprechen. Man wird aber kaum davon ausgehen können, dass sich jeder Homosexuelle quasi automatisch zu einem der Ehelosigkeit vergleichbaren Leben berufen fühlt. Insofern ist die Weisung der Kirche weder lebbar noch lebensdienlich. Dementsprechend empfinden nicht nur Homosexuelle selbst die Position der Kirche faktisch eben doch als Diskriminierung und damit als in sich widersprüchlich.

Kann die Kirche ihrerseits diesen Widerspruch auflösen?
Die Kirche muss ihre Haltung ändern. Sie darf das Zusammenleben und die sexuelle Betätigung Homosexueller nicht von vornherein diskreditieren – um der Glaubwürdigkeit ihres Einsatzes für Ehe, Familie und verantwortungsvoll gelebte Partnerschaft willen. »Keine Diskriminierung« – das kann positiv gewendet ja nur heißen: vorbehaltlose Anerkennung. Diese Botschaft muss dann aber auch glaubwürdig vertreten werden, sodass bei den Betroffenen ankommen kann: »Wir werden angenommen und so akzeptiert, wie wir sind. Und wenn die Kirche an ihrem Verständnis der Ehe festhält, bedeutet dies noch keine Diskriminierung unserer Lebensform.«

Wer sich für eine dauerhafte, verlässliche und so von der Kirche ja gewünschte Form der Beziehung entscheidet, der verdient moralische Anerkennung und Respekt. Die Begründung liegt auf der Linie einer verantwortungsvollen Beziehungsethik: Wo Menschen Werte wie Treue, Verlässlichkeit und Verantwortung leben, ist das moralisch wertvoll – unabhängig von der sexuellen Orientierung. Umgekehrt sind Untreue, Promiskuität, sexuelle Mehrfachverhältnisse moralisch bedenklich – und zwar ebenso unabhängig von der geschlechtlichen Orientierung. In Gesprächen mit Homosexuellen erhält man für die erste Hälfte dieses Gedankens ein hohes Maß an Zustimmung. Bei der zweiten hingegen ist sehr oft Skepsis spürbar. Es gibt unter Homosexuellen die Position, wonach die Treue-Erwartung Teil eines bürgerlichen Eheverständnisses ist, das auf die Struktur homosexueller Beziehungen nicht übertragbar sei.

Wie aber sollte ein homosexuelles Paar es nicht als abwertend empfinden, wenn ihm weniger Rechte zugestanden werden sollen als einem heterosexuellen Paar?
Im gesellschaftlichen Bewusstsein schwindet der Sinn dafür, was die Ehe als Lebensgemeinschaft auszeichnet: nämlich die Offen-

heit für die Erweiterung der Paarbeziehung zur Familie, also die grundsätzliche Bereitschaft zum Kind und damit ein unersetzlicher Beitrag zum Fortbestand der Gesellschaft. Das ist auch der eigentliche Grund für die verfassungsrechtliche Privilegierung der Ehe.

Dieser Ehebegriff, den die Väter und Mütter des Grundgesetzes hatten, ist inzwischen längst ausgehöhlt. Übrig geblieben ist die Vorstellung, die Ehe sei schlicht eine stabile Partnerschaft. Ein Urteil des Bundesverfassungsgerichtes schon aus den 70er Jahren stellt fest, das Verständnis der Ehe im Grundgesetz sei nicht identisch mit der christlichen Vorstellung von Ehe und Familie. Mit dieser Negativbestimmung ging aber keine positive Definition dessen einher, was aus der Sicht des säkularen Staates denn nun eine Ehe ausmache. In einer anderen Entscheidung wurde allerdings die Verschiedenheit der Geschlechter als Wesensmerkmal festgestellt, und Karlsruhe hält daran bislang auch zumindest insofern fest, als Ehe und Lebenspartnerschaft zwei verschiedene soziale Institute sind.

Es ist eigentlich eine gesellschaftliche Fehlentwicklung, dass sich immer mehr Ehepaare bewusst entscheiden, kinderlos zu bleiben. Sie genießen damit alle Vergünstigungen, die Eheleuten vom Staat eingeräumt werden, obwohl dies geschah, um die großen finanziellen Mehraufwendungen wenigstens zu einem gewissen Teil auszugleichen, die Paaren mit Kindern entstehen. Da tut sich inzwischen erkennbar eine Gerechtigkeitslücke auf.

Nun können gleichgeschlechtliche Paare zu Recht argumentieren: Was die Verbindlichkeit einer Entscheidung zweier Partner füreinander angeht, unterscheiden wir uns nicht von heterosexuellen Paaren, die kinderlos sind. Insofern beanspruchen wir eine Gleichbehandlung.
Dem ist schwerlich zu widersprechen. Nur führt die bloße Übertragung aller ehelichen Rechte auf gleichgeschlechtliche Paare auch nicht zu einer im Ganzen gerechten Lösung. Denn es gibt auch

andere Paare, die faktisch in Verantwortungsgemeinschaften leben, aber kein sexuelles Verhältnis haben. Wenn der Staat also zu dem Ergebnis kommt, nicht nur Familien – als die Basis der eigenen Zukunftsfähigkeit – in besonderer Weise zu fördern, sondern auch Verantwortungsgemeinschaften, dann sollte diese Förderung sich nicht an der Sexualität orientieren. Sonst verschiebt sich die Gerechtigkeitslücke nur. Die tatsächliche finanzielle Belastung der öffentlichen Haushalte ist im Grunde gar nicht so groß: Den 34 000 Lebenspartnerschaften in Deutschland stehen 18 Millionen Ehen gegenüber. Und von der Summe, die durch das Ehegattensplitting an die Bürger zurückgegeben wird, fließen 91 Prozent an Familien mit Kindern, die damit der ursprünglichen Erwartung des Staates an die Ehe entsprechen. Es geht also mehr um die symbolische Bedeutung der Gesetzgebung, und da ist die Rede von der »Homo-Ehe« aus meiner Sicht Etikettenschwindel.

Muss der Ruf nach einer veränderten Haltung der katholischen Kirche nicht schon an ihrem eigenen ungeklärten Verhältnis zur Homosexualität samt all den homophoben Widerständen scheitern, die in anderen Regionen der Welt noch viel größer sind als bei uns?
Sicher sind die Vorbehalte und Vorurteile gegenüber Homosexuellen im internationalen kulturellen Vergleich sehr unterschiedlich ausgeprägt. Sicher ist aber auch: Überall auf der Welt gibt es Homosexuelle. Und wo sie gesellschaftlich weniger in Erscheinung treten, ist dies oft Folge von Unterdrückung und Verdrängung in eine Subkultur. Umso dringender ist es, dass sich in solchen Gegenden der Welt eine andere Form des Umgangs mit Homosexuellen durchsetzt. Das wird Zeit brauchen, ist aber ein Gebot der Menschenwürde. Die Kirche wäre hier sogar als Erzieherin und Wegbereiterin zur Humanität besonders gefordert. Der Weg in die Moderne ist jedenfalls unaufhaltsam, und keine Region der Welt wird vormoderne kulturelle Prägungen dauerhaft behaupten können.

Abschied in Würde

Von außen gesehen, ist die katholische Welt noch heil im badischen Markgräflerland, idyllisch gelegen zwischen dem Rhein und den Ausläufern des Südschwarzwalds. Im Städtchen Heitersheim sind 70 Prozent der 6000 Einwohner katholisch und 25 Prozent evangelisch. Am Ortsrand liegt das ehemalige Schloss des katholischen Malteserritter-Ordens. Seine Großprioren waren von 1548 bis zur Säkularisation 1806 auch die Landesherren im Fürstentum Heitersheim. Seit 1893 ist das weitläufige, immer wieder veränderte und erweiterte Areal im Besitz der Barmherzigen Schwestern des heiligen Vinzenz Paul, kurz: der Vinzentinerinnen. Die barocken Formen der Klosteranlage strahlen Gediegenheit aus. Alles wirkt sauber, geordnet, heiter und einladend.

Im dreistöckigen Haupthaus St. Ludwig und gegenüber im Torhaus des ehemaligen Schlosses leben etwa 100 Ordensschwestern – eine stattliche Zahl, so scheint es. Jedoch: St. Ludwig ist das Altenheim des Ordens für inzwischen mehr als die Hälfte aller Mitglieder. Nur noch vier der Heitersheimer Vinzentinerinnen sind unter 70, die älteste ist 98. Die ganze Gemeinschaft mit Hauptsitz in Freiburg hat seit zwei Jahrzehnten keinen Nachwuchs mehr, die jüngsten Schwestern sind heute Mitte fünfzig. Die Hausoberin, Schwester Elisabeth Walter, hat 2012 ihren 70. Geburtstag gefeiert, ihre Assistentin, Schwester Jordana Kreibich, ist sogar noch acht Jahre älter.

Als Schwester Elisabeth die Hausleitung in Heitersheim übernahm und dafür eine Sozialstation in Messkirch verließ, beendete sie dort zugleich die 150-jährige Tätigkeit der Vinzentinerinnen.

Der Ordensorganismus reagiert wie der Körper eines Schwindsüchtigen: Er konzentriert alle seine Energien darauf, die vitalen Grundfunktionen aufrechtzuerhalten: Atmung, Herzschlag, Gehirntätigkeit. Mehr ist kaum noch drin. Es ist ein Prozess allmählichen Verlöschens. Die Schwestern erleben ihn an sich selbst und im Kollektiv. Wer mit ihnen spricht, der erfährt, wie schwer das fallen kann; wie sehr sich manche von ihnen ans Leben klammern und festhalten wollen, was ihnen doch unausweichlich durch die Finger rinnt. Eine der jüngeren Ordensfrauen erzählt, sie sage gelegentlich: »Liebe Schwester, Sie sind jetzt 90 Jahre alt. Da müssen Sie doch damit rechnen, dass alles abnimmt.« – »Nein, nein! Man hat mir bis jetzt noch immer helfen können.«

Häuser wie das Kloster in Heitersheim haben etwas von einem Laboratorium für die katholische Kirche in Deutschland, die vielerorts die gleichen Verlusterfahrungen macht. Ausgerechnet das Ordensleben, von jeher die dichteste und intensivste Form gemeinschaftlicher christlicher Existenz, ist davon besonders betroffen. Ende 2012 gab es in Deutschland 23 975 Ordensmitglieder. Von ihnen waren mehr als drei Viertel (19 278) weiblich. In den Frauenorden sank die Mitgliederzahl binnen eines Jahres um mehr als 1000, während sich nur 104 Novizinnen um die Aufnahme bewarben. Diese Kluft hat dazu geführt, dass die Frauenorden in zehn Jahren ein gutes Drittel, in den vergangenen 20 Jahren sogar mehr als die Hälfte ihrer Mitglieder verloren haben. Von den Verbliebenen ist nur noch jede siebte jünger als 65 Jahre. »Wir können fast ausrechnen, wann die letzte von uns gestorben sein wird«, sagt die Vinzentinerin Elisabeth Walter.

Durchhalteparolen helfen nicht weiter. Und auch der Blick in die Weltkirche, für die der Vatikan im »Statistischen Jahrbuch der Kirche« Jahr für Jahr stolz Zuwachsraten vermeldet, kann hierzulande kaum trösten. Es braucht eine Kultur des Abschieds, eines Abschieds in Würde: weder weinerlich noch verbissen oder aggressiv.

Die Kirche muss dabei der Gefahr entgehen, aus dem quantitativen Rückgang eine Selbststilisierung zur Außenseiterin abzuleiten und sich so in Negativ-Abgrenzung zu ihrer Umwelt zu bringen. Denn dann wird sie biestig, besserwisserisch und steuert sich so erst recht ins Abseits, in ein katholisches Ghetto. Das oft verwendete Bild von der »kleinen Herde« aus dem Lukas-Evangelium und noch mehr die Rede vom »heiligen Rest« tendieren zur Selbsterhöhung der wenigen und zur Herabsetzung der vielen – als ob die Kirche sich nicht selbst jahrhundertelang mit ihrer Mehrheitsposition ausgesprochen komfortabel eingerichtet gehabt hätte. Sich unter dem Zwang der Verhältnisse auf das Qualitätsmerkmal »Minderheit« zu besinnen, wirkt bemüht und unglaubwürdig.

Es ist zwar verständlich, wenn Katholiken in einer als bedrängend empfundenen Lage zusammenrücken und sich so einer Geschlossenheit auf engem Raum vergewissern wollen. Der frühere Präsident des Zentralkomitees der deutschen Katholiken, Hans Joachim Meyer, erinnert daran, dass auch die Dresdner Pastoralsynode (1973–1975) die Erfahrungen katholischer Christen in der DDR in das Bild der »kleinen Herde« kleidete, es aber als Chance interpretierte, den Geist Gottes auch außerhalb der christlichen Gemeinden wirken zu sehen und sich daran zu freuen. Als die »kleine Herde«, folgert Meyer, wollten sich die DDR-Katholiken gerade nicht nach außen abschotten und nach innen »in Treue fest« zusammenstehen, sondern sich von außen anregen und inspirieren lassen. Als »Feldzeichen gegen die Wirklichkeit« wäre die Metapher der kleinen Herde ein großer Verlust.

Weitab wehleidiger Wagenburgmentalität und noch hinaus über die nüchterne Tapferkeit in den Orden läge der Versuch der Kirche, sich als qualifizierte Minderheit zu entwerfen, die Maß nimmt an Jesus selbst. Er erfährt und erwartet von vornherein, dass sich um ihn herum nicht die Massen scharen. Das Johannes-Evangelium (Kapitel 6, Verse 60ff.) erzählt, wie die Zahl der Anhänger Jesu schrumpft und sich viele von ihm abwenden, weil sie seine Worte unerträglich finden. Anders als seine Jünger, die »darüber murren«, bewertet Jesus diese Entwicklung nicht. Er hadert nicht, er droht nicht. Er reagiert auch nicht trotzig – nach dem Motto: Die werden schon sehen, was sie davon haben! Sondern er stellt den verbliebenen Jüngern eine einfache Frage: »Wollt auch ihr weggehen?« Daraus sprechen Souveränität und Gelassenheit. Jesus macht ein Angebot, das die Menschen annehmen oder ausschlagen können. Zahlen sind ihm gleichgültig. »Herr, zu wem sollen wir gehen?«, antwortet ihm Simon Petrus. »Du hast Worte ewigen Lebens.« Das ist die Antwort der qualifizierten Minderheit. In diesem Beispiel liegt auch eine Chance der katholischen Kirche: in aller Freiheit nach Perspektiven des Lebens zu fragen, ohne sie anderen aufzwingen zu wollen oder sich über sie zu erheben.

In den Klosterlaboratorien, in denen die Ordensgemeinschaften Phänomene des Niedergangs zu bewältigen haben, lassen sich ermutigende Versuchsanordnungen ausmachen. Beispielhaft dafür steht das Gespräch mit Schwester Jordana Kreibich, die im Alter von 23 Jahren bei den Freiburger Vinzentinerinnen eintrat und auf ein inzwischen mehr als 50-jähriges Leben im Orden zurückblickt.

»Alles muss so bleiben – diese Haltung macht mich wütend«

Schwester Jordana Kreibich ist Vinzentinerin.

Schwester Jordana, warum sind Sie Ordensschwester geworden?
Ich kam 1954 illegal aus Thüringen in den Westen, wo schon meine Familie lebte. Weil ich in der DDR Krankenschwester gelernt hatte, wollte ich wieder in diesem Beruf arbeiten. Meine Tante empfahl mir, mich in der Universitätsklinik zu bewerben. Da woll-

te ich eigentlich nicht hin, weil dort Ordensschwestern waren – 140 Vinzentinerinnen. Seinerzeit. Aber meine Tante, eine dominante Frau, setzte sich durch, und meine Bewerbung wurde angenommen. Trotzdem blieb ich auf Distanz zu den Schwestern, sprach kaum mit ihnen, machte einfach meine Arbeit. Eines Tages fragte mich deshalb die Stationsschwester, was ich eigentlich gegen sie hätte.

Und was haben Sie gesagt?
Ich bin ausgewichen. Ich hatte richtiggehend Aversionen und dachte: »Das sind keine richtigen Frauen. Die können nicht richtig empfinden.« Allerdings hat es mich schon auch sehr beeindruckt, wie speziell die Stationsschwester mit den Patienten umging. Schon die Diskretion, wie sie die Tür öffnete, wenn sie ein Krankenzimmer betrat. Einmal, als ein Patient zum Sterben kam, sagte sie: »Jetzt dürfen wir ihn nicht mehr allein lassen.« Ich weiß noch, dass ich dachte: »Warum denn, er stirbt doch auch, wenn niemand da ist.« Das war das Verständnis von Krankenpflege, wie ich es im Osten kennengelernt hatte. Die Schwestern hatten nach meinem Gefühl eine andere innere Kraft.

Ein gewisser religiöser Grund war bei mir in der Kindheit gelegt worden, und so glaubte ich zu wissen, aus welchen Motiven heraus die Schwestern handelten. Irgendwann dachte ich, ich könnte mir das auch aneignen – mithilfe der Gemeinschaft im Orden und durch seine Spiritualität. Das hätte ich damals nicht so klar ausdrücken können – es war eher ein unbestimmtes Gefühl: »So möchte ich auch sein, so möchte ich die Patienten auch betreuen«.

1957 traten Sie dann bei den Vinzentinerinnen ein. Haben Sie gefunden, was Sie gesucht haben?
Es war zunächst ein schwerer Weg. Dass ich bis heute dabei bin, erstaunt mich manchmal selbst. Aber ich bin sehr dankbar dafür,

dass ich durchgehalten habe. Gleich mein erster Einsatz führte mich in den Operationssaal. Das war ganz schlimm für mich. Bei der ersten Amputation bin ich heulend weggelaufen. Dieses Geräusch der Säge! Furchtbar. Ich hatte doch in die Pflege gewollt. Das war doch ein so wichtiger Grund für meinen Ordenseintritt. Immer wieder bettelte ich bei der Oberin: »Ich möchte so gern zu den Kranken.« Aber es half nichts. Dreizehn Jahre musste ich Dienst im OP tun mit der Begründung: »Wir brauchen Sie hier.« Als Ordensschwestern hatten wir immer Nachtbereitschaftsdienst. Nach den Notfalloperationen konnte ich meistens nicht mehr einschlafen. Überhaupt schlief ich schlecht, manchmal gar nicht. Einmal stand ich am OP-Tisch, und mir liefen einfach nur die Tränen herunter. Ich war so fertig, dass ich mir unter der Hand Valium von einer der Stationen besorgte. Aus heutiger Sicht verstehe ich selbst nicht, dass ich mich dermaßen überfordern und aufreiben ließ. Das käme heute für mich überhaupt nicht mehr infrage. Das gibt es heute in dieser Form auch nicht mehr. Aber damals, Anfang der 60er Jahre, war das so.

Sollte Ihr Eigensinn gebrochen werden?
Schikane war es nicht, würde ich sagen. Es war einfach ein Bedarf, der gedeckt werden musste. Da fragte dann keiner, was wir wollten. Die Mitschwestern im OP – oft gestandene Schwarzwälderinnen – haben das so hingenommen: »Das ist Gottes Wille.« Ich für mich konnte das alles spirituell gar nicht mehr auffangen. Ich bin eine ganze Weile nicht mehr zum Gottesdienst gegangen, weil ich dachte: »Irgendwann musst du schließlich mal schlafen.« Das half aber auch nichts, denn schlafen konnte ich trotzdem nicht. Schließlich bin ich zur OP-Leitung gegangen und habe gesagt, dass ich nicht mehr kann. Die Oberin schickte mich daraufhin ins »Häusle«. Das war ein Erholungsheim, in dem die Schwestern Ferien machen konnten. Als ich zurückkam, wurde ich aus der Nachtbereitschaft herausgenommen. Und ich verhielt mich mucks-

mäuschenstill, weil ja klar war, dass jetzt die anderen Schwestern meinen Dienst mit übernehmen mussten.

Dachten sie nicht daran, auszubrechen und den Orden zu verlassen?
Doch, und heute ließe ich das nicht mehr mit mir machen. Ganz sicher nicht. Aber irgendwas hat mich damals gehalten. Ob es innerer Stolz war oder Beharrlichkeit gegenüber der einmal getroffenen Entscheidung: »Das musst du jetzt durchziehen« – ich weiß es nicht. Es war aber auch einfach eine andere Zeit. In den meisten Familien war der Vater der unumschränkte Patriarch: Was er sagte, das wurde gemacht. Das hatte ich zwar nicht selbst erfahren, weil mein Vater im Krieg gefallen war, aber in der Kirche und im Orden herrschte die gleiche Mentalität.

Hat Sie die Angst vor sozialer Ächtung von einem Austritt abgehalten?
Schwestern, die austraten, wurden abgewertet. Ganz klar. Untreue war der Vorwurf. »Wie kann man das tun?« Das hing immer im Raum. Drei meiner Mitschwestern sind damals noch während des Noviziats gegangen. Das war ganz schlimm für mich, weil wir uns sehr gemocht hatten.

In den 1930er Jahren zählte der Orden fast 1800 Mitglieder. Heute gehören noch 170 Schwestern zu Ihrer Gemeinschaft. Wann haben Sie erste Anzeichen des Niedergangs wahrgenommen?
Eigentlich begann es schon in den 50er und 60er Jahren zu bröckeln. In den Jahrzehnten vorher hatte es drei Eintrittstermine pro Jahr gegeben, mit an die 40, 50 Bewerberinnen. Für diese großen Zahlen gab es verschiedene Gründe, nicht nur rein spirituelle: Die Familien waren kinderreich. Das religiöse Fundament war stabiler. Die Möglichkeit, einen sozialen Beruf zu erlernen und auszuüben, war für Frauen in einer Ordensgemeinschaft leichter. Oft bedeutete der Eintritt einen sozialen Aufstieg. Ordensschwestern

waren jemand in der Gesellschaft. Nicht so wie heute. Da spüre ich manchmal schon ein Unverständnis in den Blicken, wenn ich in Ordenstracht durch die Stadt gehe. Das war damals nicht so. Bei meinem Eintritt waren wir dann noch zu zehnt. So viele kamen danach nie wieder zusammen.

Ist das nicht eine bittere Erfahrung: Das, wofür Sie – buchstäblich – unter Tränen gearbeitet haben, wird keinen Bestand haben?
Ich sehe es inzwischen als einen natürlichen Vorgang an. Das ist unaufhaltsam. Und es hat auch überhaupt keinen Sinn mehr, um Nachwuchs zu werben oder noch irgendwelche Kampagnen zu lancieren. Ganz im Gegenteil: Wenn heute eine junge Frau käme und sich uns anschließen wollte – müsste man ihr nicht abraten, weil sie es allein unter so vielen alten Frauen allzu schwer hätte? Gewiss, der Weg zu dieser Einsicht war schmerzlich, aber es hat keinen Sinn, sich dagegen aufzulehnen oder damit zu hadern. Erst recht sinnlos wäre billige Vertröstung: »Es wird schon noch weitergehen.« Nein, es geht nicht weiter! Natürlich gäbe es Aufgaben. Die wenigen Schwestern, die heute noch in unseren Krankenhäusern tätig sind, kümmern sich um Sterbende und machen Besuchsdienste. Unser großes Anliegen ist, dass die vinzentinische Idee in unseren Häusern weiterlebt.

Sie sprechen von der Idee Ihres Ordensgründers, des heiligen Vinzenz von Paul.
Er wollte, dass sich die Schwestern den Armen und Bedürftigen auf den Straßen der Städte und Dörfer zuwenden. Das ist auch heute eine Aufgabe. Aber so, wie wir sie gelebt haben und wie wir Gemeinschaft gelebt haben – das ist vorbei. Es tut weh, zu sehen, dass etwas aufhört, wofür man sein ganzes Leben eingesetzt hat. Aber was ich persönlich in diese Gemeinschaft investiert habe, geht nicht verloren. Es war auch nicht umsonst. Und vielleicht ist es ein Trost – oder zumindest tröste ich mich selbst damit –, dass

eben das, wofür ich mein Leben eingesetzt habe, von anderen auch gut gemacht wird.

Von anderen Ordensgemeinschaften?
Nicht nur. Bei eigenen Krankenhausaufenthalten habe ich erfahren, wie einfühlsam und zugewandt die Pflegerinnen und Pfleger heute den Patienten begegnen. Ich erlebe das auch täglich hier im Haus bei unseren Mitarbeitern, Frauen und Männern. Wir haben das alles aus einer religiösen Motivation heraus getan. Aber offensichtlich geht es auch anders – aus Menschlichkeit eben. Das bewundere ich schon, zumal wir Schwestern auch irgendwie privilegiert waren.

Privilegiert – wie meinen Sie das?
Unser Leben konnte sich im Dienst erschöpfen, weil wir uns um nichts anderes zu kümmern brauchten. Wir mussten nicht einkaufen, brauchten nicht zu kochen, sondern konnten uns zum Essen an den gedeckten Tisch setzen. Unsere Wäsche wurde gewaschen. Wir mussten gerade noch unser Zimmer in Ordnung halten. Wer ist so gut dran? Mit Familie, mit Kindern, mit all den Anforderungen, die das Leben sonst noch stellt.

Das heißt aber, Sie sehen jenes Charisma, aufgrund dessen Sie sich für das Ordensleben entschieden haben, bei anderen verwirklicht, ohne dass diese einen spirituellen Hintergrund hätten. Ist das nicht ein merkwürdiges Gefühl?
Doch. Das berührt einen schon eigenartig. Aber man darf das Ordensleben ja nicht auf den karitativen Dienst reduzieren.

Ist das Altenheim, wo heute mehr als die Hälfte der 170 Ordensmitglieder leben, für Sie zu einem Lernort des Abschiednehmens geworden?
Ich erfahre, dass es mit zunehmendem Alter immer wichtiger wird,

loszulassen, seine Beschwerden anzunehmen. Leicht ist das ganz sicher nicht, aber je mehr es gelingt, desto freier wird man. Das ist mir umso bewusster geworden, seit im Jahr 2012 bei mir Krebs diagnostiziert wurde.

Haben Sie Angst vor der Krankheit, vor Schmerzen und vor dem Sterben?
Bis jetzt nicht. Seltsam. Eigentlich bin ich nämlich schon ein ängstlicher Typ. Aber ich wollte immer die Wahrheit wissen und keine Lebensverlängerung um jeden Preis. Nur wenn es wirklich Sinn hat. Mir ist das Gefühl des Vertrauens wichtig, der Geborgenheit in Gott. »Was kann mir schon passieren?« Gut, ich habe Angst vor Schmerzen. Das ja. Aber da hat mir das Pflegepersonal im Krankenhaus gesagt, wenn ich je Schmerzen hätte, solle ich mich sofort melden. Ich müsse nicht unnötig leiden.

War die Krebsdiagnose für Sie eine Anfechtung im Glauben?
Eigentlich nein. Vielleicht gehört dazu auch ein Stück Einübung in die Einsamkeit. Nicht ständig jemand um sich haben zu wollen, sondern allein zu sein können mit sich und mit Jesus. Vor einiger Zeit ist eine Mitschwester gestorben, eine wirklich beeindruckende Persönlichkeit. Sie wollte nicht ständig Besuche haben, sondern allein sein. So ähnlich wünsche ich es mir für mich auch.

Erinnert Sie die Lage Ihres Ordens an die Situation der Kirche?
Mit der Kirche wird es weitergehen. Davon bin ich überzeugt. Wenn da nicht etwas wäre, was sie am Leben hielte, gäbe es sie schon längst nicht mehr – nach allem, was in ihrer Geschichte falsch gelaufen ist. Krank ist sie nicht, aber es gelingt ihr zu wenig, den heutigen Menschen zu vermitteln, was sie ihnen zu bieten hätte. Darauf hat sie sich zu wenig eingestellt und ist zu wenig darum bemüht, weil sie zu sehr darauf bedacht ist, das Bestehende zu sichern und zu bewahren. Genauso wie wir im Orden. Eigent-

lich könnten wir gegenseitig aus unseren Fehlern lernen. »Alles muss so bleiben« – diese Haltung macht mich wütend. Ich habe selbst auch Angst vor Veränderungen, Angst vor den Konsequenzen und vor dem, was Veränderungen kosten. Es geht ja nie ohne Kosten. Das macht Mühe. Aber es ist wichtig, sich nicht durchzuwursteln und zu sagen: »Ach ja, solange es doch noch geht …« Manchmal ertappe ich mich selbst bei solchen Gedanken: wenn die Chemotherapie mich schlaucht; oder wenn ich spüre, dass meine Kräfte insgesamt nachlassen. Ich will mir das dann nicht eingestehen und irgendwie an dem festhalten, wie ich es vorher kannte. Aber das ist falsch.

Was zeichnet einen würdevollen Abschied aus?
Eben dass wir abgeben können. Loslassen können. Das verstehe ich materiell wie spirituell. Wir hatten früher große Holztruhen, um unseren persönlichen Besitz zu verstauen. Diese Truhen wurden dann von Station zu Station mitgenommen. Manche Schwestern haben sie bis heute bei sich, gefüllt mit Dingen, die nicht mehr gebraucht werden. Meine ist längst ausgeräumt und verschenkt.

Und die spirituelle Seite des Abschieds?
An dem Sonntag, bevor ich meine Diagnose bekam, habe ich mich hingesetzt, ein Blatt Papier genommen und die Wünsche für den Gottesdienst zu meiner Beerdigung aufgeschrieben: die Texte, die Lieder. Nicht traurig. Ich wollte es einfach geregelt wissen. Diese Gelassenheit hat mich selbst überrascht. Unser Ordensgründer, der heilige Vinzenz von Paul, hat einmal sinngemäß gesagt: »Wenn unsere Arbeit getan ist, schließen wir hinter uns die Tür, legen den Schlüssel unter die Fußmatte und gehen still von dannen.« Ich glaube, das sollten wir beherzigen.

Caritas

Das Christsein, sagt der Apostel Paulus, steht und fällt mit der Liebe. Das Kirchesein auch. Die Apostelgeschichte berichtet davon, die ersten Christen in Jerusalem seien »ein Herz und eine Seele gewesen«, hätten alles miteinander geteilt, sich umeinander gekümmert und auch für ihre Mitmenschen gesorgt, sodass sie »beim ganzen Volk beliebt waren« (Apostelgeschichte 2,47). Zwar ist die ungetrübte frühchristliche Idylle mehr Wunsch als Wirklichkeit, dies lassen schon die biblischen Texte selbst deutlich erkennen, in denen sich handfeste Konflikte in den ersten Gemeinden niedergeschlagen haben. Sie reichen von Fragen des Glaubens und der Gemeindeordnung bis hin zu finanziellen Angelegenheiten, sogar von handfestem Betrug und Unterschlagung ist die Rede. Und doch: Am Ideal wird deutlich, wovon sich die Christen von Anfang an leiten lassen wollten: von der Antwort auf die Liebe Gottes in tätiger Nächstenliebe. »Das ist mein Gebot: Liebt einander, so wie ich euch geliebt habe«, sagt Jesus zu seinen Jüngern (Johannes-Evangelium 15,12).

Die Liebe der katholischen Kirche in Deutschland ist eine milliardenschwere Angelegenheit, und sie hat einen Namen: Caritas – Liebe. Eben jenes Wort, mit dem die lateinische Bibel Jesu Worte über die Liebe wiedergibt und das sowohl die Gottesliebe als auch die tätige Liebe zum Nächsten bezeichnet. In der griechischen Version »diakonia« bildet die Nächstenliebe zusammen mit Glaubenszeugnis (kerygma/martyria) und Gottesdienst (leiturgia) eine Trias von Handlungsaufträgen, die für die Kirche wesentlich sind.

Die Grundhaltung christlicher Caritas ist in Deutschland eingegangen ins Format einer Großorganisation. Die Caritas ist ein
»Sozialkonzern« mit heute 560 000 hauptamtlichen Mitarbeitern
in fast 25 000 sozialen Einrichtungen: Krankenhäusern, Alten-
und Pflegeheimen, Häusern für körperlich und geistig Behin-
derte, Kindergärten, Sozialstationen und Beratungsstellen für
Menschen in fast allen denkbaren Notlagen.

Zu den professionellen Angeboten der Caritas gesellt sich die
ehrenamtliche Arbeit von 500 000 Caritas-Helfern in den Pfarrgemeinden – insgesamt also mehr als eine Million Menschen, die
im Raum der katholischen Kirche karitativ tätig sind und »in den
Diensten und Einrichtungen der Caritas jährlich mehr als 9,7 Millionen Menschen betreuen, pflegen und beraten«, wie die deutschen Bischöfe stolz vermerken. Die Parade großer Zahlen soll
nach innen stabilisierend wirken und nach außen hin Respekt und
Anerkennung heischen: Kirche, das ist eben nicht nur irgendwie
ein »frommer Laden«.

Vom Staat und aus der Politik kommen als Echo genau die Sig-
nale zurück, die die Kirche aussendet und die sie dementsprechend gerne vernimmt. Ihre sozial-karitative Arbeit ist hochge-
schätzt. Obwohl der Staat für die Kosten zum allergrößten Teil –
und bisweilen sogar vollständig – aufkommt, steht er sich mit
dieser speziellen Form der Kofinanzierung immer noch besser,
als wenn er die sozialen Dienste der Kirche selbst übernehmen
müsste. Darum spricht aus dem Lob für das Engagement der Kirche auch die Erleichterung über die Präsenz dieses Players. Ja, der
Eindruck einer Spitzenpolitikerin dürfte stimmen, dass die Politik bisweilen die stärkste Lobbyistin der Caritas ist.

Innerkirchlich nämlich ist sie – als Chiffre für ein flächende-
ckendes Netz sozialer Dienstleistungen – in die Kritik geraten: zu
viel Finanz-, zu wenig Glaubenskraft; zu viel Struktur, zu wenig
Geist. Ein von Kardinal Joachim Meisner seit mehr als zwei Jahrzehnten in der immer gleichen Metapher artikuliertes Unbehagen

hat sich zu einem breiter vernehmlichen Grummeln ausgewachsen: »Wenn der Motor zu schwach ist, muss eine kleinere Karosserie her. Wenn wir nicht genügend überzeugendes Personal für unsere kirchlichen Einrichtungen haben, sollten wir abspecken.«*

Der Erfolgsautor Manfred Lütz setzt den Schwund beim Kirchenbesuch in Beziehung zur Personalausstattung der Caritas: Hätte diese wirklich die überzeugten Katholiken unter Vertrag, müsste jeder vierte Kirchgänger ein Hauptamtlicher der Caritas sein. Zwar folgt diese Rechnung jener Logik, die mit den Soziologen Franz Xaver Kaufmann und Karl Gabriel als »Verkirchlichungsreflex« zu bezeichnen ist: Die Intensität des Glaubens wird gemessen an der Intensität kirchenkonform-ritueller Betätigung, konkret am Besuch der Sonntagsmesse. Dennoch legt Lütz den Finger in eine Wunde: Was macht die Identität katholischer Einrichtungen aus? Wie viel lebendige Identifikation mit der Kirche, ihrem Glauben und ihren Werten braucht es, um für die Kirche arbeiten zu können? Und gibt es noch Menschen in ausreichender Zahl, denen es aus religiösen Gründen mehr bedeutet, in einer kirchlichen Einrichtung zu arbeiten als beim Roten Kreuz oder der Arbeiterwohlfahrt? Daran gibt es Zweifel auch in höchsten Kirchenkreisen. »Wenn wir unser Angebot aufrechterhalten, werden wir das nicht mit der Mitarbeiterschaft tun können, die wir bisher hatten«, gibt ein Spitzenfunktionär zu, dem erklärtermaßen am Fortbestand eines breit gefächerten katholischen Angebotes im Bereich der sozial-karitativen Dienste liegt. Zunehmend unerträglichere Spannungen zwischen den Vorgaben des kirch-

---

* So zuletzt wieder in einem Interview mit der Katholischen Nachrichten-Agentur KNA aus Anlass des Eucharistischen Kongresses in Köln im Juni 2013: http://www.domradio.de/themen/eucharistischer-kongress/2013-05-08/ kardinal-meisner-ueber-eucharistischen-kongress-und-neuen (abgerufen am 10.08.2013).

lichen Arbeitsrechts und den tatsächlichen Lebensverhältnissen der Menschen tun ein Übriges. Die Kirche hat das grundgesetzlich verbriefte Recht, ihre Angelegenheiten selbstbestimmt zu regeln, ohne dass der Staat sich einmischen darf. Aus dieser Verfassungsnorm ergeben sich die Besonderheiten des kirchlichen Arbeits- und Tarifrechts – bis hin zu Ausnahmen im Betriebsverfassungs- oder Antidiskriminierungsgesetz.

Doch eine Reihe arbeitsrechtlicher Auseinandersetzungen der jüngeren Vergangenheit zeigt, dass die Justiz nicht (mehr) bereit ist, den verbrieften Schutzraum der Kirche auch als Reservat für Wildwuchs und Willkür zu akzeptieren. Das Selbstbestimmungsrecht der Kirche bleibt zwar bislang unangetastet, aber die Richter achten genauer als früher darauf, wie die Kirche es im Einzelfall anwendet: Kann sie ihrem Mitarbeiter A kündigen, wenn er eine »Homo-Ehe« schließt, während der Kollege B im Nachbarort oder -bistum bleiben darf? Muss die Kindergärtnerin X gehen, weil sie ein zweites Mal geheiratet hat, während Gruppenleiterin Y ihren Job behält?

Faktisch ist die Zahl der offen ausgetragenen Konflikte bislang ausgesprochen überschaubar. Ein Kirchen-Insider spricht von nicht einmal einem Dutzend Arbeitsgerichtsverfahren pro Jahr, in denen es um Loyalitätsverstöße geht. Das bedeutet aber nur, dass sich für die tatsächlich weitaus höhere Zahl von Fällen, in denen die Lebensumstände kirchlicher Mitarbeiter mit den Moralvorstellungen ihrer Dienstherrin kollidieren, Lösungen auf »Gentlemen's Agreement«-Basis finden. »Sie bleiben halt im Dienst«, sagt der Insider.

Über die berechtigte Loyalitätserwartung an ihre Mitarbeiter hat die Kirche bislang geglaubt, moralische Normen vor allem aus dem Bereich der Sexualmoral per Arbeitsvertrag durchsetzen zu können: »Wilde Ehe«, Ehebruch, Scheidung und Wiederheirat, homosexuelle Beziehungen – all das steht streng genommen bei

Kirchenangestellten unter Kündigungsvorbehalt. Zwar differenziert die Kirche in ihrer Grundordnung zwischen »verkündigungsnahen« Tätigkeiten und solchen Beschäftigungsverhältnissen, die für das Auftreten der Kirche und ihre Außenwirkung eher periphere Bedeutung haben. Aber die kaum mehr auflösbare Schwierigkeit wird schlaglichtartig klar, wenn Stellenanzeigen der Kirche selbst von einer Putzhilfe »die Zugehörigkeit zur katholischen Kirche sowie die Identifikation mit ihr und ihren Zielsetzungen« erwarten.[*]

Es sei ein Fehler der Kirche gewesen, »die moralische Qualifikation zur Richtschnur zu machen«, schreibt Manfred Lütz und stellt fest: »Dass der Arbeitgeber sich ins Privatleben eines Arbeitnehmers einmischt, genau das akzeptiert die Öffentlichkeit nicht mehr.« Seine Empfehlung am Beispiel katholischer Krankenhäuser: Wenn schon nicht die »wenig realistische« Radikalkur – Abstoßung aller Kliniken –, dann wenigstens die Überführung in andere Trägerschaft ohne das Regime des kirchlichen Arbeitsrechts. Und die Caritas? Sie würde wieder – wie in den Anfängen der Kirche – zu einem Signum christlicher Existenz im Alltag und nicht mehr zu einer an Sozialprofis ausgelagerten und wegdelegierten Verpflichtung.

Richtig an diesen Überlegungen ist die Warnung, den Wert kirchlicher Caritas an der Üppigkeit ihres Angebots und ihrer Strukturen zu bemessen. Deren Schwerfälligkeit und Komplexität kann spontaner Hilfe und wendigen Einzelfall-Lösungen sogar abträglich sein, wie Barbara Ackerschott aus ihrer Arbeit im Kölner »Notel« für obdachlose Drogensüchtige zu berichten weiß. Aber entgegen manchen Polemiken aus dem kirchlichen Raum gegen die »reiche, mächtige, aber geistlich verarmte Caritas« führt

[*] Eva Müller zitiert dieses Inserat aus dem Jahr 2010 in ihrem Buch »Gott hat hohe Nebenkosten«.

Ackerschotts Beispiel auch vor Augen, dass sich die Beweglichkeit kleiner Beiboote in einem Geleitzug nicht zuletzt dem Kielwasser-Sog des Mutterschiffs verdankt. Der »Sozialriese Caritas« bringt in gesellschaftspolitischen Diskussionen ein Gewicht auf die Waage wie kein anderer.

Diesen Zusammenhang zu vernachlässigen, liegt in der Tendenz einer fast reflexhaften Distanzierung von machtvollen Strukturen, wie sie nicht zuletzt aus mancher Äußerung von Papst Franziskus spricht. Es stimmt: Die Kirche muss sich hüten, zu einer »wohltätigen NGO« zu werden, in der das Bekenntnis zu Jesus Christus und der Glaube keine Rolle mehr spielen. Aber zwischen »Geist« und »Struktur« gibt es keine zwingende negative Abhängigkeit. Verachte mir die Strukturen nicht!, lautet darum – mit einem abgewandelten Hans-Sachs-Zitat – der Rat an die Kirche.

Unterstützung dafür kommt von womöglich unerwarteter Seite: Gerhard Ludwig Müller, 2012 vom Regensburger Bischofsstuhl an die Spitze der Glaubenskongregation in Rom berufen, warnt vor einer Ideologie der Hundertfünfzigprozentigen. »Zieh den Kreis nicht zu klein!«, sagt Müller und lobt die fachliche Qualifikation sowie die »gute Gesinnung« von »sehr vielen guten Leuten«, die bei der Kirche arbeiten. Diese »können wir doch durch Schulungen, Exerzitien und Begleitung zu einem tieferen Verständnis ihres Tuns führen, damit nicht egal ist, ob ich an einem katholischen oder staatlichen Krankenhaus tätig bin.« Eine »Rückzugsmentalität« entspreche jedenfalls nicht kirchlichem Wesen[*]. Ein deutscher Kardinal gibt Rückendeckung: »Wir müssen mehr durch das auffallen, was wir tun, als dadurch, was wir nicht tun.«

---

[*] ›Münchner Kirchenzeitung‹ Nr. 27/2013, Seite 6.

In dem, was die katholische Kirche in ihrem sozial-karitativen Engagement tut, muss es ihr um geisterfüllte Strukturen gehen. Das Wirken geisterfüllter Katholiken aber auf einige wenige, dann »im eigentlichen Sinn katholische« Standorte zu beschränken und die übrigen Einsatzstellen sich selbst zu überlassen, ist der falsche Weg. Geschmack am Katholischen finden die Menschen nicht im Kondensat, sondern in der – recht verstandenen – Verdünnung.

Statt in den Kategorien von »Verfettung« und »unnötigem Ballast« zu denken, kann die Kirche umgekehrt fragen, wie sie mit ihren reich vorhandenen finanziellen Mitteln künftig andere Akzente setzen kann. Der Berliner Kardinal Rainer Woelki, als »Caritas-Bischof« im deutschen Episkopat der Erstzuständige für die konzeptionelle Weiterentwicklung der kirchlichen Caritas-Arbeit, regt mit Recht an, verstärkt auf Bereiche zu schauen, in denen die christliche Nächstenliebe nicht vom Staat refinanziert wird: den Einsatz für illegal in Deutschland Lebende etwa.

Und statt die Loyalität kirchlicher Mitarbeiter – wie bisher – an äußerlich feststellbaren Kategorien wie der Lebensform oder dem Familienstand festzumachen, könnte die Kirche künftig danach fragen, wie weit entfernt von der Kirche Menschen sein können, um als Mitarbeiter noch zu ihr zu passen. Der Kirchenaustritt zum Beispiel bliebe dann ein Ausschlusskriterium. Aber jenseits dessen ergäbe sich ein breites Spektrum von Zuordnungen und Einsatzmöglichkeiten – mit Rücksicht auf Stellenprofile und die Vielfalt der Biografien. Klare Prinzipien haben immer etwas Verlockendes, für Juristen zumal, sie werden aber dem Leben nicht gerecht. Und um das Leben geht es doch in der katholischen Kirche.

»Christliches Leben führt immer ins Engagement«

Barbara Ackerschott
leitet das Kölner »Notel«, eine Notschlafstelle für obdachlose Drogenabhängige.

Frau Ackerschott, seit mehr als 20 Jahren ist das »Notel« mitten in Köln eine Anlaufstelle für Drogensüchtige. Was haben Sie als Katholikin und Theologin damit zu tun?
Im Hauptberuf bin ich Sozialarbeiterin und Kauffrau. Theologie habe ich nur vier Semester lang studiert und später zusätzlich den »Würzburger Fernkurs« belegt. Während meiner Berufsausbildung Ende der 1980er Jahre war ich in der Justizvollzugsanstalt Köln-Ossendorf und bei der Aidshilfe beschäftigt. Wir hatten dort immer wieder mit dem Problem zu tun, Junkies unterzubringen, die aktuell konsumierten. Wenn ein Drogenabhängiger aufhören will, springen ganze Apparate an. Aber nicht jeder Abhängige ist permanent motiviert, von der Droge wegzukommen *(lacht)*. Für diese Leute sah das System keine Unterbringungsmöglichkeit vor.

Nun hatte ich schon damals seit mehr als zehn Jahren Kontakt zum katholischen Orden der Spiritaner. Die geistlichen Orden hatten vom Zweiten Vaticanum den Auftrag bekommen, in der Intention ihrer Gründer danach zu schauen, was heute ihr Auftrag ist. Das Spezifikum der Spiritaner ist die Sorge für die Ärmsten der Armen, und zwar immer dort, wo sonst keiner hinwill und wo die Kirche nur schwer Mitarbeiter findet. Wenn sich nun ein Bischof meldet und sagt: »Ich habe für diese oder jene Aufgabe keinen, der sie erledigt«, dann ist das für die Spiritaner fast schon der direkte Ruf des Heiligen Geistes. Deswegen haben sie praktisch keine Schulen oder Krankenhäuser. Da stehen genügend andere Anbieter bereit. So kamen der Orden und ich miteinander ins Gespräch. Ich habe gesagt: »Was wir brauchen, ist eine Notschlafstelle für Drogenabhängige.« Ein Bett für die Nacht ist das existenziellste Angebot überhaupt.

Sie brauchten Betten, und der Orden hatte das Haus?
Ja. In diesem Haus befand sich früher das Provinzialat der Spiritaner. Im vermieteten Parterre war die Druckerei des Erzbistums Köln untergebracht, die nach einer Renovierung des Generalvikariats dorthin umzog. So stand die Etage leer. Damit hatten die Spiritaner plötzlich eine freie Immobilie in zentraler Stadtlage zur Verfügung. Ich bekam dann den Auftrag, ein Betreuungskonzept zu schreiben. Für mich als Berufsanfängerin war das wie ein Sechser im Lotto. Und als ich dann noch gefragt wurde: »Bist du dabei?«, war das für mich perfekt. Zusammen mit einem Mitglied der Spiritaner und einer Gruppe von Ehrenamtlichen haben wir dann 1990 das »Notel« eröffnet.

Ein Kunstwort aus »Not« und »Hotel«.
Wie der Name schon andeutet: Die Abhängigen sind für uns Gäste. Wir wollen nichts von ihnen, und ich sage auch gleich dazu: Wir haben ihnen gegenüber keinen missionarischen Auftrag, obwohl unser Team sich selbst nicht nur als Arbeits-, sondern auch als Gebetsgemeinschaft versteht.

Was bedeutet das?
Täglich Morgen-, Abend- und Nachtgebet. Zweimal wöchentlich die Messe, die wir immer selbst vorbereiten. Anders als Seelsorger oder die Mitarbeiter in Pastoralteams sonst machen wir kein »Angebot für andere«. Wir tun das für uns. Das ist unsere Ressource. Unsere Gäste kommen erst um 20 Uhr ins Haus. Vorher hängen wir für etwa 15 Minuten ein Schild raus, »Bitte nicht klingeln! Wir beten jetzt«. Damit gehen die Gäste auch sehr respektvoll um. Nach dem Zubettgehen um 23 Uhr halten wir noch das Nachtgebet. Das ist ein sehr wichtiger Moment für uns, weil wir

für jeden Einzelnen beten, der bei uns im Haus übernachtet. Die Namen stehen auf einem Zettel, den wir in die Bibel stecken. Das ist zum einen Ausdruck unseres Glaubens, zum anderen natürlich auch eine gute Portion Psychohygiene: Wir gehen entspannter in die Nacht, wenn wir unsere Gäste dem Herrn anvertraut haben.

Und die Gäste selbst?
Wenn sie mit uns beten, freut uns das. Wenn nicht, ist das auch in Ordnung. Es gibt hier bei uns kein Tischgebet. Zu Weihnachten wird auch nicht die Weihnachtsgeschichte vorgelesen. Das Einzige, was auf ein christliches Haus hinweist, ist das Franziskaner-Kreuz in Form des griechischen Buchstaben »Tau«. Und wir haben halt unsere Kapelle für die Gebete und Gottesdienste.

Haben Sie die Sorge, dass ein »christliches Haus« Ihre Klientel abschrecken könnte?
Über unserem Konzept steht ganz groß der Begriff »Absichtslosigkeit«. Das gilt auf der ganzen Linie. Wir nutzen unsere Einrichtung und unsere Angebote nicht dazu, die Leute ins Hilfesystem zu bringen oder sie zu motivieren, von den Drogen wegkommen. Wir glauben, jeder Suchtkranke weiß, dass er nicht gesund lebt. Ein Raucher weiß, dass das nicht gut ist. Und ein Heroinsüchtiger weiß auch, dass ihn die Droge kaputtmacht. Wir müssen ihm nicht erzählen, dass seine Sucht ihn umbringen kann.

Gibt es trotzdem eine spezifisch christliche Botschaft in Ihrer Arbeit?
Nicht nach außen zu den Gästen, aber nach innen. Mich leitet die Idee, dass jeder Mensch nach dem Ebenbild Gottes geschaffen und von Gott geliebt ist. Ich gebe zu: Wenn so eine Endlosnervensäge unten vor der Tür steht, dann fällt es schwer, mir zu sagen: »Als Gott die Idee von diesem Menschen hatte, da meinte er es auch mit mir gut.« Das ist eine verdammt hohe Messlatte – bei aller christlichen Nächstenliebe. Aber dennoch: Was für ein An-

spruch! Auch in den entwürdigendsten Momenten immer den Menschen zu sehen und in ihm Gott zu erkennen.

Wie verbindet sich das mit dem, was Sie »Absichtslosigkeit« nennen?
Geistlich übersetze ich diesen Begriff mit »Warten auf den Augenblick Gottes«. Dieser Moment ist immer dann erlebbar, wenn jemand Dinge verändert, damit sich Leben entfalten kann. Wenn also einer unserer Gäste sagt oder signalisiert, dass er wegwill von der Droge, dann unterstützen wir ihn. Dann gehen wir mit. Ich vergleiche unsere Gäste gern mit dem Volk Israel in der Wüste. Immer wieder zieht es die »Fleischtöpfe Ägyptens« der Freiheit von der Sklaverei vor. Unsere Leute geraten immer wieder in die Sklaverei der Droge. Sie gehen im Kreis, sie tanzen ums Goldene Kalb, die Droge. Und wir gehen mit, oftmals trotz Kopfschüttelns. Dann und wann geben wir schon mal ganz leise einen Hinweis, in welcher Richtung das Gelobte Land liegen könnte. Aber das ist die Ausnahme. Unsere Aufgabe ist es, dafür zu sorgen, dass unsere Leute in der Wüste überleben. Damit sie für den Schritt ins Gelobte Land psychisch und physisch noch genug Kraft haben – wenn sie diesen Schritt tun wollen.

Kommt das vor?
Wir kennen keinen, bei dem das auf Dauer geklappt hätte. Seit der Gründung hatten wir im Notel Kontakt mit 2500 Gästen. Es gibt vielleicht 50, von denen wir wissen, dass sie länger als ein Jahr drogenfrei waren.

Ich stelle mir das als eine Quelle von Frustration, enttäuschten Erwartungen und vergeblichen Hoffnungen vor. Bis hin zu der Frage: Nutzen die »Gäste« mich am Ende bloß aus? Sie kommen heute her und machen morgen genauso weiter.
Wenn sie das tun, dann tun sie es. Wenn es lebensverlängernd ist, dann ist es okay. Ich bin da ganz entspannt. Denn »absichtslos«

heißt, ich verfolge im Kontakt nicht meine Interessen. Es geht nicht um meine Vorstellungen. Unseren Praktikanten gebe ich gern eine Testfrage mit: Wie viel Veränderung brauche ich bei einem Gast, damit es mir in der Arbeit gut geht? Das Maß an Veränderung ist bei uns nämlich minimal: Wir sehen, wie schon eine Dusche den Menschen verändern kann. Wem die Dusche als Erfolgserlebnis aber nicht reicht, der ist bei uns falsch. Der muss zum Beispiel in eine Beratungsstelle gehen. Da kommen Menschen hin, die auch bereit sind, sich zu ändern.

Welche Wertschätzung erfahren Sie denn von der Kirche für Ihre Arbeit?
Wo es Kontakte gibt, ist die Anerkennung groß. Ich glaube, was an uns fasziniert, ist diese Verbindung von Arbeit und Gebet. Es gibt ja kaum Teams, die ihren Tag mit der Laudes beginnen, dem kirchlichen Morgengebet; die regelmäßig ein Schriftgespräch haben, in dem wir uns über Texte der Bibel austauschen. Diese Einheit von diakonischem Tun und Spiritualität – damit sind wir schon eine Art Unikat. Und das wird sehr aufmerksam registriert.

Eigenartig. Müsste das nicht der Normalfall sein?
Tja. Das ist ein anderes Thema.

Sie gehören keiner Wohlfahrtsorganisation und keinem katholischen Spitzenverband an wie der Caritas. Warum eigentlich nicht?
Das ist zum einen eine Frage des Geldes: Die Mitgliedschaft kostet. Es ist aber auch eine Frage der Unabhängigkeit. Wir sind – wenn Sie so wollen – eine kleine Klitsche. Das hat Vor- und Nachteile. Aber zu den Vorteilen gehören sicher die unglaublichen Freiheiten, die wir in einem kirchlichen Verband nicht hätten.

Zum Beispiel?
Ich habe einmal einen italienischen Drogenabhängigen in der JVA

Köln-Ossendorf betreut, der mir ständig von einer Franziskaner-Kommunität in Mailand vorgeschwärmt hat. »Warum gehst du denn nicht dahin?«, habe ich gefragt. »Weil ich das allein nicht schaffe. Zwischen Köln und Mailand liegen einfach zu viele Städte mit Drogenszene. Selbst wenn ich um Frankfurt herumkäme, lägen noch genug andere Städte dazwischen.« – »Und wenn ich dich fahre?« – »Das könnte klappen.« Ich habe dann einen der Mailänder Franziskaner-Patres angerufen. Er kannte den Mann sogar und hat gesagt, »der soll ruhig kommen, so einen können wir hier gut gebrauchen«. Also habe ich mir bei einer Familie, die uns sehr unterstützt, das Fahrgeld besorgt und bin losgefahren. Ohne Dienstreise-Antrag, ohne Formalitäten, ohne die Frage, ob so eine Aktion durch unseren Arbeitsauftrag abgedeckt ist. Nein! Einfach so. Das ist das Tolle bei uns.

Das scheint den Vorwurf zu bestätigen, die kirchlichen Sozialkonzerne in Deutschland seien Riesentanker geworden, die kaum mehr flexibel reagieren könnten. Sehen Sie das auch so? Und ist das dem kirchlichen Auftrag der tätigen Nächstenliebe abträglich?
Wenn die geistliche Herausforderung darin liegt, sich – wie der heilige Vinzenz von Paul sagt – um diejenigen zu kümmern, die einem in ihrer Not gerade vor die Füße fallen, dann habe ich keine Idee, wie das in den großen, schwerfälligen Strukturen eines Verbands realisiert werden sollte. Aber selbst bei uns schwingt immer die große Frage der Ökonomie mit. Ich habe gelernt, dass ich immer drei Dinge unter einen Hut bringen muss: das Fachliche, das Wirtschaftliche und das Geistliche.

Und wenn es Ihnen nicht gelingt, alles miteinander zu vereinbaren, was hat dann Vorrang?
Ich würde spontan sagen: das Geistliche. Wenn ich an die Kraft des Geistes glaube, dann ergibt sich der Rest. Darin liegt ein Stück christlicher Herausforderung: Glaube ich, dass wir »unser täglich

Brot« tatsächlich heute und morgen bekommen werden? Wir Menschen wünschen uns immer eine gesicherte Zukunft. Ich natürlich auch. Das macht das Leben entspannter. Ein Leben aus der Kraft des Geistes setzt aber mehr auf die Spannung des Augenblicks und das Vertrauen, dass es reichen wird. »Macht euch keine Sorgen um morgen!« Aber das ist eine Herausforderung. Und da bietet natürlich ein großer Verband wie die Caritas mit ihrer – auch finanziellen Power – ein ganz anderes Maß an Sicherheit. Das meine ich durchaus positiv. Wir leben von der Hand in den Mund. Das ist bei der Caritas nicht so. Wenn da ein Projekt gestartet wird und floppt, heißt das nicht automatisch, dass die Mitarbeiter rausfliegen und auf der Straße landen. Auch politisch darf man das Gewicht nicht unterschätzen, das so ein großer Verband hat. Wenn der Kölner Caritas-Direktor die Stimme erhebt, dann wird er gehört – im Gegensatz zu mir. Aber intern? Dass bei uns täglich mindestens eine halbe Stunde für das Gebet »draufgeht«, das wäre in einer Verbandseinrichtung schwierig. Genauso schwierig, wie genügend Mitarbeiter zu finden, die sich auf so etwas einlassen wollen. Professionalität und eine bestimmte Form christlicher Nachfolge zu kombinieren – an dieser Stelle kommt es immer wieder zum Schwur, wenn wir neue Mitarbeiter suchen. Und bei den Profis ist das Bedingung.

Gebet und Messe stehen im Arbeitsvertrag?
Nein, natürlich nicht. Aber sie gehören zum täglichen Arbeitsrhythmus. Und unsere Erfahrung ist: Das funktioniert nur bei Leuten, die auch dahinterstehen. Sonst verstaucht sich einer ja pro Schicht dreimal die Seele, wenn er in die Kapelle geht, Laudes, Vesper und Komplet betet, ohne wirklich dabei zu sein.

Ist es schwieriger geworden, Mitarbeiter zu finden, die sich darauf einlassen?
Nein. Weder schwieriger noch leichter. Es ist einfach der Punkt,

an dem sich die Geister scheiden. Aber es kommen immer wieder Bewerber – Praktikanten, Studenten, feste Mitarbeiter –, die sagen: »Oh, klasse, das ist genau das, was ich gesucht habe!« Die dafür sogar im Internet recherchiert haben. Oder die es ausprobieren, hineinwachsen und Wurzeln schlagen. Und für unsere Ehrenamtler ist es ganz, ganz wichtig, dass nicht bloß einmal im Jahr »eine Messe stattfindet«, sondern dass der Gottesdienst zum Alltag gehört wie das gemeinsame Essen.

Ich bin der festen Überzeugung: Christsein geht nur in Gemeinschaft. Deswegen frage ich in Bewerbungsgesprächen auch immer nach der konkreten Verbindung zu einer Pfarrgemeinde oder einer anderen Form christlicher Gemeinschaft. Nun weiß ich aber auch, dass es schwer ist, in unserer Kirche heute eine Heimat zu finden. Aber wenigstens die Suche danach – die sollte schon erkennbar sein. Da ist die diakonische Gemeinschaft hier im Notel schon für manchen Mitarbeiter zur Ersatzheimat geworden.

Kardinal Joachim Meisner, der Erzbischof von Köln, warnt mit Blick auf die kirchlichen Institutionen, auch auf die sozialen, dass der geistliche Motor inzwischen zu klein geworden sei für die üppige Karosserie.

Meine Wahrnehmung ist umgekehrt. Es fehlt den Menschen nicht an Kirchlichkeit, sondern der Kirche an Menschlichkeit. Eben weil sie zu wenig Heimat bietet. Wie viele gute Leute gehen uns dadurch verloren! Priester, die ihr Amt aufgegeben haben, dürfen nicht mal mehr Religion unterrichten! So was will mir einfach nicht in den Kopf. Wie gehen wir mit Menschen um, die scheitern? Und wie viele schließen wir aus, weil sie eine einmal getroffene Entscheidung nicht ihr Leben lang durchtragen können? Jesus ist auf solche Menschen zugegangen. Und da isoliert sich die Kirche, indem sie unendlich moralisch agiert.

Sie hingegen kommen in Ihrer Arbeit – wenn ich das richtig verstehe – komplett ohne Moralisieren aus.

Aber ich habe schon eine ethische Position. Ich bin zum Beispiel fest überzeugt, dass ein Leben ohne Drogen das bessere Leben ist. Nur: Wenn ich das meinen Gästen beibringen will, ist mein Wollen für sie bedrohlich. Würden wir ihnen im Notel unser Wollen aufdrängen, würden sie uns vielleicht sogar so weit bedienen, bis wir Ruhe geben. Aber sie würden es nicht tun, weil sie zu einer besseren Einsicht gekommen wären.

Lässt sich das übertragen: Das Wollen der Kirche wirkt auf viele Menschen bedrohlich?

Es überfordert. Ich habe hier im Notel gern Mitarbeiter mit Brüchen im Leben. Sie wissen, wie es sich anfühlt, wenn Lebenspläne scheitern. Das ermöglicht ihnen einen anderen Zugang zu unseren Gästen. Wir haben es hier ja mit Leuten zu tun, die erst gar nicht zu irgendeiner Art von Lebensplanung gekommen sind.

Und Brüche gehören zum Leben, das ist einfach so. Ich habe nun das Glück, dass sich meine Brüche darauf beschränken, ein paarmal sitzen geblieben zu sein, das Theologiestudium geschmissen und mir hier und da die Seele verstaucht zu haben. Dass es mehr nicht ist, das ist aber nicht mein Verdienst. Ebenso wenig wie andere an ihren Brüchen »schuld« sind. In der Suchtkrankenhilfe ist Schuld ein ganz schwieriger Begriff. Viele Gespräche mit Angehörigen kreisen um die Frage nach der Schuld. Aber Krankheit und Schuld – das sind nun zwei Begriffe, die überhaupt nicht zusammengehören.

Stimmt der Vorwurf, die Kirche habe ihren diakonischen Grundauftrag an Profis abgeschoben und damit auch verdrängt?

Es ist schon oft so, dass das Diakonische delegiert wird. Nicht umsonst haben wir in Deutschland den Caritas-Verband. Das ist ja eine Form der Auslagerung. Auch die Caritas auf Pfarrei-Ebene, wo sich Katholiken ehrenamtlich engagieren, kann zu einer Form der Delegation werden. Ich will das gar nicht verurteilen. Wir haben hier im Notel einfach den Vorteil, dass unser Entwurf aus einem Guss ist.

Von Ausnahmen abgesehen, sehe ich in der deutschen katholischen Kirche insgesamt schon eine Betonung von Verkündigung, Liturgie, auch von Moral. Das hat für mich oft etwas ungut Einseitiges. Und natürlich diesen starken Akzent auf dem kirchlichen Amt. Es gibt diese Tendenz bei führenden Kirchenleuten, sich auf die Liturgie zu beschränken, ihren diakonischen Auftrag zu delegieren. Aber das ist ja das Wunderbare an Papst Franziskus, wie er die Blickrichtung zu weiten begonnen hat. Jetzt ist ein Papst da, der sagt: Es gibt die Realpräsenz Christi in der Eucharistie, und es gibt sie in den Armen. Das finde ich fantastisch.

Sie sehen in der Betonung der Liturgie eine Schräglage, haben aber schon mehrfach herausgestellt, dass der Gottesdienst für Sie so besonders wertvoll sei.
Als Ressource für die Arbeit.

Gebet und Gottesdienst als Mittel zum Zweck, als ein »um zu«?
Natürlich ist die Beziehungspflege mit Jesus Christus ein Wert an sich. Aber wie hat der Namenspatron des Papstes, Franz von Assisi, gesagt? Es ist jetzt nicht an der Zeit, allein mit dem Herrn hoch oben auf dem Berg zu bleiben. Die Kontemplation mag etwas Wunderbares sein. Aber der Heilige Geist treibt uns den Berg runter, weil die Arbeit getan werden muss. Ich finde, das ist es. Es ist beides gut: die Sehnsucht danach, auf dem Berg zu sein und dem Herrn zu begegnen; und die Gemeinschaft mit den Ausgestoßenen unten im Tal. Am Ende geht das eine nicht ohne das andere.

Ich denke, als die Kirche sich vom heute viel belächelten Konzept der »Fürsorge« verabschiedet hat, hat sie um der fachlichen

Kompetenz willen die spirituelle Kompetenz vernachlässigt. Wir sind gerade dabei, sie wieder in unsere Arbeit hereinzuholen. Natürlich muss ich in der Sozialarbeit »professionell« handeln. Das ist kein frommes Gekuschel. Aber christliche Sozialarbeit darf sich nicht in der Professionalität erschöpfen. Ich erlebe große kirchliche Verbände als fachlich sehr kompetent …

… Aber?
Falsch gefragt! Das »Aber« wertet ab und schließt aus. Also: Ich erlebe hohe fachliche Kompetenz und das Ringen um die spirituelle Kompetenz. Vielleicht ist das noch allzu oft Einzelkampf, ein Alleinsein. Viele Mitarbeiter der Caritas sind ja verwurzelt in Gemeinden und anderen christlichen Gruppen. Nur am Arbeitsplatz ist es oft schwierig für sie.

Haben Sie eine Idee, wie der kirchliche Arbeitgeber ihnen das Leben erleichtern kann?
Der Kölner Caritas-Verband bietet seinen Mitarbeitern Glaubenskurse an. Das finde ich gut. Ich habe selbst auch schon daran teilgenommen. Ein weiterer Schritt könnte es sein, dass sich die Mitarbeiter regelmäßig über ihren Glauben austauschen. Wenn einem Caritas-Direktor das wichtig ist, dann freilich muss er dafür auch Geld in die Hand nehmen. Denn Arbeit am Glauben ist auch Arbeit. Und Arbeitszeit will bezahlt sein. Bei uns jedenfalls ist das so. Da sind wir wieder bei unseren Privilegien als kleine Einrichtung.

Was empfehlen Sie der katholischen Kirche für die Zukunft?
Sie soll sich nicht dauernd mit sich selbst beschäftigen, mit ihrer Kleider- und Titelordnung. Ich merke, ich werde gerade richtig mutig. Da haben Sie mich rausgelockt! *(Lacht.)* Als der neue Papst sagte: »Geht an die Grenzen!«, da dachte ich spontan: »Das muss ich gar nicht. Unsere Gäste bringen uns ständig dazu, an die

Grenzen zu gehen und sogar darüber hinaus.« Klingt das arrogant? Soll es nicht. Was ich nur sagen will: Christliches Leben führt immer ins Engagement. Immer! Papst Franziskus sagt auch: »Der Geist treibt uns voran.« Nicht zurück. Voran!

Teil III:

Türen öffnen

Erfahrungen der Weltkirche

Was tut ein guter Katholik am Sonntagmorgen? Er geht zur Kirche. Möchte er sein Kind zur Taufe oder zur Erstkommunion anmelden, macht er sich auf den Weg zum Pfarramt. Das sind eingeübte Abläufe. Wie sollte es anders sein?

Als Jorge Bergoglio Anfang März vor dem Beginn des Konklaves in Rom zu den Kardinälen sprach, nahm er eine andere Blick- und Bewegungsrichtung ein: »Die Kirche ist aufgerufen, aus sich selbst herauszugehen.« Es gebe zwei Kirchenbilder, sagte der spätere Papst Franziskus, »die verkündende Kirche, die aus sich selbst herausgeht (…); und die mondäne Kirche, die in sich, von sich und für sich selbst lebt«.

Bergoglios Zuhörer verstanden sehr genau, dass ihnen hier keine pastorale Selbstverständlichkeit vorgelegt werden sollte, sondern das Kontrastprogramm einer erneuerten Kirche. Sie betrauten den Redner damit, es zu verwirklichen, und wählten ihn zum Papst.

Wenige Wochen später nahm dieser das Motiv seiner Ansprache aus den ersten Märztagen fast wortgleich wieder auf. Die Priester dürften nicht zu Verwaltern des Glaubens werden, sondern müssten dynamischer sein und an die »äußeren Ränder« gehen, sagte Franziskus zum Beginn der Osterfeierlichkeiten.

Aus seinen Worten sprechen die Erfahrungen der katholischen Kirche auf dem lateinamerikanischen Subkontinent: Die Kirche muss zu den Menschen gehen. Sie erreicht sie sonst nicht mehr – weder im wörtlichen noch im übertragenen Sinn. Die Kirche des Südens ist eine »Hingeh-Kirche«. Zur Kirche gehen? In diesem Begriff schwingt »Stillstand« mit, das Selbstverständnis einer Kirche, die alle Bewegung von den Menschen erwartet, aber selbst unbeweglich ist. Es sind solche Gegenbilder und -welten, von denen die Kirche in Deutschland lernen kann. Und der neue Papst ist dafür der beste Lehrmeister.

Dass zum ersten Mal ein Mann aus Übersee die katholische Kirche als Weltorganisation sichtbar macht, ist ebenso richtig wie leicht gesagt. Aber ist die von Europa aus gelenkte, von europäischem Denken und europäischer Tradition durchtränkte Kirche auch bereit, von sich selbst abzusehen? Auf Deutschland bezogen, fällt die Antwort zwiespältig aus. Stolz präsentiert die Bischofskonferenz regelmäßig die Bilanzen ihres Engagements für die Weltkirche. Schon bei der Gründung der großen Hilfswerke Misereor (1958) und Adveniat (1961) folgte der damalige Kölner Kardinal Josef Frings der Intuition, dass die deutschen Katholiken im Wiederaufbau die Solidarität mit der »Dritten Welt« nicht vergessen dürften – auch weil sie selbst in der Not der Nachkriegszeit Hilfe von außen erfahren hatten. Seither sind viele Milliarden Euro an Spendengeldern in die Entwicklungsarbeit geflossen. Im Jahr 2011 kamen über die Hilfswerke 415 Millionen Euro zusammen, dazu jeweils 100 Millionen aus den Orden und den 27 deutschen Bistümern; Hilfsaktionen der Pfarrgemeinden sowie private Initiativen von Katholiken noch gar nicht eingerechnet. Es gibt also in der deutschen Kirche ein lebendiges Bewusstsein dafür, über die eigenen Grenzen zu gehen. Bisweilen aber ist sie auf einer Einbahnstraße unterwegs: Die Kirche nimmt Geld in die Hand, verteilt es und tut Gutes. Das ist gut, aber zu wenig, sagen Misereor-Chef Pirmin Spiegel und der brasilianische Bischof Luís Flávio Cappio: Von einander zu lernen, heißt, einander zu bereichern. Und: Niemand ist so arm, dass er nichts zu geben hätte.

Anstöße für ein anderes Denken und neue Perspektiven zum Beispiel. In Deutschland passiert gern das Gegenteil. Der Hinweis auf die »Weltkirche« dient dazu, Grenzen zu befestigen, statt sie abzubauen. In den Diskussionen um Reformen und Veränderungen ist die angebliche Notwendigkeit »weltkirchlicher Lösungen« nicht selten ein Killerargument – egal, ob es um den Zölibat geht oder um das Frauenpriestertum. Die Katholiken in Deutschland, so heißt es dann, dürften sich nicht in einer Mischung aus Selbstbezogenheit und Arroganz zum Maß der Dinge machen. Ihre Diskussionen nähmen sich, »weltkirchlich gesehen«, provinziell aus. Andernorts seien die Katholiken erstaunt, worüber sich ihre deutschen Schwestern und Brüder dermaßen erhitzten.

Das ist höchstens die halbe Wahrheit. Wer genau auf die Botschaft der Weltkirche hört, der erfährt: Sie ist in vielen Fragen tatsächlich weiter als die deutsche. Weil sie längst praktiziert, worüber hierzulande noch diskutiert wird: Priester, die mit einer Frau zusammenleben – in Afrika nahezu selbstverständlich und in bestimmten Regionen nur insofern etwas Besonderes, als dort die Vielehe das gängige Modell der Partnerschaft ist und nicht eine monogame Beziehung. Männer und Frauen, die ohne Weihe Gemeinden leiten – für die Kirche Lateinamerikas überlebensnotwendig und kein Anlass für Kompetenzgerangel zwischen Klerikern und Laien.

Europa ist längst nicht mehr die Referenz – und selbst Rom nicht das Maß aller Dinge. »Ahnungslos, nicht hilfreich«, so schildert ein brasilianischer Bischof seinen Eindruck nach Gesprächen mit der Glaubenskongregation des Vatikans über Priestermangel, Laienmitarbeiter und die Leitung der kleinen Basisgemeinden. »Wenn Rom uns sagt, wir sollten uns Sibirien zum Vorbild nehmen – was sollen wir mit so was anfangen?« Darum spielt es für den Bischof »überhaupt keine Rolle, was die in Rom machen. Wir müssen selber sehen, wie wir klarkommen.«

Es ist, als hätte Papst Franziskus die Wortes des Mitbruders gehört. Die Grundhaltung jedenfalls kennt er, und sie ist ihm weder fremd noch zuwider. »Macht euch keine Gedanken, wenn ein Brief von der Glaubenskongregation kommt«, sagte der Papst Ordensleuten seiner Herkunftsregion im vertraulichen Gespräch. »Erklärt ihnen, was ihr erklären müsst, aber geht weiter!«

Argumente darlegen, aber darüber das Handeln nicht vergessen. Diese Maxime lässt sich passgenau auf die Debatten über die kirchliche Sexualmoral anwenden: In den Kirchen Afrikas hat die Sensibilität für die Lebenswirklichkeit der Menschen zu selbstbewussten pastoralen Strategien geführt, die sich nicht mehr an einer Verbotsmoral abarbeiten, sondern tun, was nottut. Zum Beispiel im Umgang mit Kondomen als Möglichkeit, HIV-Infektionen zu verhindern und die grassierende Aids-Epidemie einzudämmen. Kirchliche Helfer wie die deutsche Benediktinerin Raphaela Händler halten die Treue als zentralen christlichen Wert zwischenmenschlicher Beziehungen hoch. Doch sie wissen auch: Im Fall nicht gelebter Treue ist die Verwendung eines Kondoms besser als ungeschützter Sex mit dem Risiko, sich selbst und andere zu infizieren. Von diesem Prinzip lassen sie sich leiten und lösen den Loyalitätskonflikt, in den sie ihre Kirchenleitung bringt, mit allerlei Behelfskonstrukten. Trickreich oder doppelzüngig würden sie es nicht nennen, sondern lebensdienlich oder: jesuanisch. »Der Sabbat ist für den Menschen da, nicht der Mensch für den Sabbat.« Die Spielräume für Entscheidungen aus ortskirchlicher Kompetenz und Verantwortung zu stärken, liegt in der Logik einer »Hingeh-Kirche«, wie Papst Franziskus sie propagiert.

Von Randerfahrungen lernen kann die deutsche Kirche auch mit Blick auf Weltregionen, wo nur wenige Katholiken leben. In der nordindischen Diaspora etwa, wo die Herz-Jesu-Schwester Mary Laurence arbeitet, lebt die Kirche nicht für sich selbst, sondern aus dem Dienst an den anderen. Sie ist gefragt, weil sie hilft – nicht weil sie belehren will. Und sie wächst innerlich am Respekt vor den anderen Religionen: »Es ist nur ein Gott und Vater aller

Menschen« – ohne das Wort »nur« erschließt dieser Bekenntnissatz den Christen auch fremde religiöse Welten und macht sie achtsam für dort auffindbare Spuren des Göttlichen.

Ein sorgsames Hören auf die Erfahrungen der Weltkirche hebt nicht zuletzt auch jene Zweiteilung auf, die einer vom Mahlstrom der Säkularisierung zerriebenen, erschöpften Kirche in Europa die blühenden Glaubenslandschaften auf anderen Kontinenten entgegenhalten will. Auf dem »größten katholischen Kontinent« der Erde, Lateinamerika, hat die katholische Kirche nach Schätzungen der dortigen Bischöfe in den vergangenen Jahrzehnten ein Fünftel ihrer Gläubigen verloren, und gerade im »katholischsten Land«, Brasilien, spürt die Kirche den Druck von Globalisierung und Säkularisierung ähnlich wie im alten Europa. Es mag Phasenverschiebungen geben – aber die Gesamtentwicklung ist die gleiche. Immer gleich bleibt auch die Botschaft weltkirchlicher Erfahrung »an den Rändern« für die Kirche in Deutschland: Sie muss zu den Menschen gehen.

»Fortschritte macht die Kirche, wo die Laien vorn sind«

Luís Flávio Cappio
ist Franziskaner und Bischof von Barra im brasilianischen Bundesstaat Bahia.

Dom Luís, ist die Wahl von Papst Franziskus für Sie persönlich ein Aufbruchssignal?
In der Tat. Was mich seit der Papstwahl bewegt, drückte eine brasilianische Zeitung sehr treffend aus: »Mit einem einzigen Wort verkündet der neue Papst, wer er ist und wofür er steht: und zwar mit dem Namen, den er sich selbst gegeben hat – Franziskus.« Der heilige Franz von Assisi, der Gründer meines Ordens, war ja ein

großer Erneuerer der Kirche im Mittelalter. Deshalb habe ich die Hoffnung, dass Papst Franziskus ein ebenso großer Reformer, eine Art Restaurator unserer Kirche in der heutigen Zeit, sein könnte.

Wo sehen Sie den dringlichsten Reformbedarf?
Papst Franziskus nahm sehr bald nach seiner Wahl ein Wort auf, das er selbst geprägt hatte: Ein Hirte muss nach Schaf riechen. Ausgangspunkt einer notwendigen Reform unserer Kirche muss also die größere Nähe zu den Gläubigen sein. Wenn wir nämlich nahe genug an den Menschen sind, dann spüren wir auch, was sie nötig haben. Und das ist die Aufgabe der Kirche: den Menschen zu dienen, ihnen in allem beizustehen – besonders in dem, was ihren Glaubensalltag betrifft.

Woran fehlt es da aus Ihrer Sicht zurzeit am meisten?
Wenn ich von unserer Situation in Brasilien und Lateinamerika ausgehe, geht es um einen Perspektivwechsel der Kirche im Blick auf die Basisgemeinden. Die Basisgemeinden, diese einfachen Gemeinschaften von Gläubigen, müssen das Fundament unserer Kirche bilden. Und die Kirche muss ihre Struktur von den Basisgemeinden her bestimmen, also nicht von oben nach unten, sondern von unten nach oben. Schon die Tatsache, dass wir Bischöfe Brasiliens das Thema auf unserer Vollversammlung im Frühjahr 2013 in Aparecida behandelt haben, zeigt: Wir haben erkannt, dass wir uns bewegen müssen – und auch, wohin. Immer, wenn wir in engen Kontakt mit unseren Basisgemeinden treten, erkennen wir ein ganzes Kaleidoskop völlig verschiedener Lebenssituationen. Weitere vorrangige Reformthemen sind sozialer Art.

Woran denken Sie?
Zunächst an die gerechte Landverteilung. Ihr muss gerade die katholische Kirche noch viel größere Aufmerksamkeit widmen. Denn

daran hängen all die schwerwiegenden Probleme, mit denen die Menschen in den ländlichen Gegenden Brasiliens zu kämpfen haben. Ähnlich wichtig ist das Thema Wasser. In der gesamten Welt ist inzwischen der Kampf um die Versorgung mit Trinkwasser ausgebrochen.

Der lateinamerikanische Subkontinent verfügt über einen der größten Wasserspeicher der Erde. In Brasilien befindet sich das größte Süßwasservorkommen auf dem gesamten Planeten.

Trotzdem gibt es Regionen wie den Nordosten unseres Landes, in dem ich lebe, wo die Menschen wegen des Mangels an Wasser große Not leiden. Aber »Wassermangel« ist ein irreführender Begriff. Wasser haben wir eigentlich mehr als genug. Woran es tatsächlich mangelt, sind der ausreichende Zugang und die gerechte Verteilung des Trinkwassers. Als Kirche können wir uns die schiere Bequemlichkeit in diesen Fragen auf gar keinen Fall leisten.

Sie haben einmal erzählt, Sie hätten dem früheren Papst Benedikt vorgeschlagen, eine »Wasser-Enzyklika« zu schreiben. Er habe sie freundlich aus großen blauen Augen angeschaut und vom großen Kampf gesprochen, den Sie führen. Nun heißt die erste Enzyklika auch des neuen Papstes »lumen fidei« (Licht des Glaubens) und nicht »flumen aquae« (Strömen des Wassers). Glauben Sie trotzdem, dass Franziskus mehr tun wird, als freundlich zu schauen?

Papst Benedikt XVI. hat sich immer sehr um die großen theologischen Fragen der Weltkirche gesorgt. Ich habe nun den Eindruck, dass wir mit der Wahl des neuen Papstes Franziskus die Chance einer Öffnung haben, auch über solche Dinge zu sprechen, wie ich sie genannt habe. Und wer weiß – vielleicht gibt es auch einmal die Möglichkeit, ihn um ein päpstliches Wort zur Wasserfrage zu bitten.

Die »Option für die Armen« gilt als die große Intuition der latein-amerikanischen Kirche – nicht nur für den eigenen Kontinent. Kann eine »arme Kirche«, wie Papst Franziskus sie fordert, wirksam Partei für die Armen nehmen? Braucht es dafür nicht auch eine machtvolle Kirche? Und ganz nebenbei: Gerade die katholische Kirche in Brasilien ist weder arm noch ohnmächtig.

Beides ist notwendig: eine Kirche, die inmitten der Armen steht, ihnen dient und für ihre Anliegen kämpft. Aber selbstverständlich braucht die Kirche auch Strukturen und Ressourcen. Was wir uns aber immer fragen müssen: wofür und für wen? Hier muss unsere Antwort lauten: Der Zweck muss immer die Zuwendung zu den Armen sein. Nichts für uns selbst, alles für die Armen. Wir spüren ganz deutlich, dass die Welt sich ungeheuer nach einer einfache-ren Kirche sehnt, die näher an den einfachen Menschen ist, hilfs-bereiter, barmherziger – wie der Samariter. Das ist das Profil, das wir brauchen. Das ist die Kirche, die sich Menschen erhoffen.

Wie leben Sie das konkret?
Ich bin Bischof einer sehr armen Diözese. Meine Lebensführung ist dementsprechend einfach und schlicht. Ich bin als Bischof ge-nauso arm, wie es die Gläubigen in meinen Gemeinden sind. Al-les, was mir die Institution Kirche zur Verfügung stellt, verwende ich für meinen pastoralen Dienst. Und ich versuche, mich mög-lichst wenig mit internen Angelegenheiten der Kirche zu beschäf-tigen.

Wie nehmen Sie demgegenüber die Kirchen des Nordens wahr – in Europa, in Deutschland?
Meine Kenntnis ist sehr begrenzt. Aber mein Eindruck ist, dass die Kirche in Europa wegen ihrer Nähe zur Macht wohl nicht so sehr geliebt wird. Vielleicht ist das auch der Grund, weshalb sich viele Menschen immer weiter von ihr entfernen. Die Kirche ist kein Referenzpunkt mehr für ihr Leben. Sie bildet in den Augen

der Menschen nicht mehr das Evangelium Jesu Christi ab, weil sie zu mächtig, zu reich geworden ist. Umgekehrt erlebe ich, dass viele Europäer eher eine bewundernswerte Sensibilität für das kirchliche Leben in Lateinamerika, Asien oder Afrika entwickeln. Als ob sie spürten, dass die Kirchen dort dem Evangelium näher stehen als ihre eigene.

Am Rand des Zweiten Vatikanischen Konzils hat sich eine Reihe von Bischöfen im »Katakombenpakt« zu einem betont einfachen Leben entschieden. Zum Beispiel versprachen sie, keine prächtigen Insignien zu tragen. Ich sehe an Ihrem Finger einen Bischofsring aus Holz. Ist das Ihr Ausdruck für den »Geist der Schlichtheit«? Und was bedeutet es dann, wenn andere Bischöfe doch goldene Ringe und Brustkreuze tragen?

(Cappio greift in die Brusttasche seines Hemdes, holt sein Bischofskreuz heraus und zeigt es vor. Es besteht aus zwei schwarzen Stäbchen aus Ebenholz, demselben Material wie sein Ring.) Um Hirte zu sein, brauche ich kein Gold. Autorität erlange ich nicht mit äußerem Luxus. Das sehe ich als meine Form der Nachfolge. Jesus besaß nichts, genoss aber ungeheure Autorität. Er lebte, was er predigte. Er war sehr authentisch, wahrhaftig. Ich glaube, auch wir Bischöfe müssen auf alle äußeren Zeichen von Macht, Reichtum und Größe verzichten und ein schlichteres Leben führen. Ein Leben, das der Realität der Menschen entspricht.

Muss einem der Papst im Vatikan dann nicht leidtun? Er wohnt zwar nicht mehr im Apostolischen Palast, aber eben auch nicht in einer Hütte. Er kann den Vatikan ja nicht zusperren und nach Assisi ziehen.

Aber ab und zu wird er schon ein bisschen ausreißen können … (lacht). Nein, im Ernst: Ich bin davon überzeugt, dass Papst Franziskus allen in der Kirche helfen wird, Schritt für Schritt ein wenig schlichter zu leben.

Sie loben die Katholiken in Europa für die Hilfe, die sie Ihnen in den Ländern des Südens zugutekommen lassen. Was können Sie von hier aus in den Norden zurückgeben?

Solidarität ist niemals eine Einbahnstraße, sondern ein gegenseitiges Geben und Nehmen. Ich sage gern: Niemand ist so reich, dass er nicht noch etwas zu empfangen hätte; und niemand ist so arm, dass er nicht noch etwas weiterzugeben hätte.

Was also wäre das?

Unsere pastoralen Erfahrungen zum Beispiel können – trotz aller Unterschiede der kirchlichen Situation – anderswo hilfreich sein. Auch für Sie in Deutschland, von wo ich häufiger die Klage über Priestermangel höre. Den gibt es auch bei uns Brasilien, und zwar eklatant. In meiner Diözese arbeite ich mit 15 Priestern.

15 für mehr als 250 000 Bewohner, 90 Prozent von ihnen Katholiken.

An diesen Zahlen sehen Sie schon, dass wir damit niemals allein zurandekämen. Wir Priester sind angewiesen auf Kompetenz und Mitwirkung der Laien, speziell der Frauen, und wir geben ihnen dafür auch die entsprechende Autorität. Dadurch hat sich das kirchliche Leben bei uns sehr gut entwickelt. Ich sage: Fortschritte macht die Kirche, wo die Laien vorn sind. Wir Kleriker haben unsere Funktion, wir haben unseren Dienst. Aber die Mission des Laien in Kirche und Welt ist ebenso fundamental, und es ist vollkommen klar, dass die Kirche immer stärker an ihre Laien glauben und sie für ihren Dienst qualifizieren muss. Das ist ausgesprochen wichtig. Das Privileg einer erstklassigen theologischen wie pastoralen Ausbildung darf nicht den Klerikern vorbehalten sein, sondern muss gleichermaßen den Laien zugutekommen.

Qualifikation, Ausbildung – ja. Aber was ist mit der Kompetenz, zum Beispiel in der Gemeindeleitung? Diese Frage ist in Deutschland sehr umstritten.

Auch da muss die Kirche ihren Laien vertrauen und ihnen Kompetenzen anvertrauen. Erstens haben sie als Getaufte und Gefirmte das Recht darauf, und zweitens führt rein praktisch auch kein Weg daran vorbei. Nehmen wir allein meine Diözese: Wir haben dort an die 1000 Gemeinden, sind aber – wie gesagt – nur 16 Priester, mich eingeschlossen. Selbstverständlich muss ich die Laien in die Gemeindeleitung einbinden. Nur so kann die in den Gemeinden überhaupt noch präsent sein.

Aber wer entscheidet? Sind es letztendlich doch immer nur der Bischof und die Priester?
Im Hintergrund solcher Fragen meine ich immer das europäische Kirchen- und Gemeindemodell zu vernehmen. Ich denke: Es eignet sich nicht für eine lebendige Kirche der Zukunft. Zumindest ist es ungeeignet für uns. In Europa denken die Katholiken zu sehr in Strukturen, fragen zu sehr nach formaler Autorität. Wir müssen unseren Weg gehen und den Laien einfach die Eigenverantwortung und Kompetenz in der Leitung zugestehen, die ihnen ohnehin zukommt und die für unsere Situation notwendig ist.

»Mir ist das Gewese um das Kondom nicht geheuer«

Schwester Raphaela Händler
ist Missionsbenediktinerin und Ärztin. Jahrzehntelang hat sie sich in Afrika in der HIV-Prävention und Aids-Bekämpfung engagiert.

Schwester Raphaela, Sie kennen den Reflex in vielen deutschen Diskussionen über das HI-Virus, die Ansteckungswege und die Gefahren durch Aids: »Aids« hören – »katholische Kirche« sagen – »Kondomverbot« denken. Wie fügt sich dieser Dreischritt in Ihre Praxis?
Die HIV-Prävention und die Aids-Bekämpfung von der Frage her

aufzuziehen, ob Kondome eingesetzt werden oder nicht, ist komplett falsch. Es ist nicht so, dass das entscheidende Moment im Kampf gegen HIV der Gebrauch von Kondomen wäre und jeder, der gegen Aids kämpft, immer und zuallererst an Kondome denkt. Im Gegenteil: Das tut hier kein Mensch. Natürlich haben Kondome ihre Bedeutung, und ich scheue mich auch nicht, das zu sagen. Aber der wahre Stellenwert ist ein ganz anderer, als es in den Debatten über Rom und das Kondomverbot den Anschein hat.

Nämlich?

Ein erster Schritt zu einem umfassenderen Verständnis ist der Blick auf die soziale und kulturelle Situation. Die Gesellschaft ist weitgehend noch patriarchalisch geprägt, sodass von der Frau zunächst erwartet wird, dass sie Kinder gebärt, aufzieht und auf dem Feld arbeitet. Das Verhältnis zwischen den Geschlechtern ist oft nicht partnerschaftlich, deswegen ist auch die Polygamie immer noch legal und üblich. Die Familien sind oft nicht stabil. Jedes Kind verkörpert den großen Wert des Lebens. Deswegen fühlen sich Männer und auch Frauen durch eigene Kinder in ihrem Selbstwertgefühl gestärkt. Eine sterile Frau hat keinen sozialen Status. Ein zweiter wichtiger Schritt ist der Blick auf die Bevölkerungsverteilung. Seit den 1960er Jahren wird die Religionszugehörigkeit in Volkszählungen zwar nicht mehr erfasst. Doch klar ist: Katholiken sind vielerorts nur eine Minderheit. Da kommt es schon rein statistisch nicht so sehr darauf an, was die katholische Kirche lehrt und ob sie zum Beispiel den Gebrauch von Kondomen erlaubt oder verbietet. Wer nun meint, in Sachen der Sexualmoral gäbe es nichts Konservativeres oder Reaktionäreres als die katholische Kirche, der täuscht sich gewaltig. Beim Aufbau des nationalen HIV-Programms in Namibia seit Ende der 1990er Jahre, für das ich alle im Land tätigen christlichen Konfessionen gewinnen wollte, hatte ich die größten Schwierigkeiten überhaupt mit den Vertretern der evangelischen »Dutch Reformed Church«.

Denen waren wir Katholiken viel zu liberal, gerade wegen der Offenheit, mit der wir über den Gebrauch von Kondomen reden und aufklären wollten. Wir haben uns dann auf eine Art Arbeitsteilung geeinigt. Die Kirche leistet Enormes in der Krankenpflege. Da hat sie jahrhundertelange Erfahrung. Im Feld der Prävention tun wir auch schon einiges, aber es gibt Nachholbedarf, zweifellos.

Von welchen Prinzipien lassen Sie sich in Ihrer Arbeit leiten?
Der Schwerpunkt unserer Aids-Prävention liegt bei den Kindern und Jugendlichen: mit Bewusstseinsbildung, Sexualerziehung und Aufklärung. Natürlich werden auch Kondome erwähnt. Aber in erster Linie geht es darum, das Thema Sexualität zu enttabuisieren und »life skills« zu vermitteln – etwa, dass junge Frauen lernen, selbstbestimmt mit ihrer Sexualität umzugehen und Nein zu sagen. Ein enorm wichtiges Feld ist auch der Abbau der Stigmatisierung von HIV-Infizierten und Aidskranken. Es gab früher eine große Resistenz gegen Aids-Tests insbesondere bei Frauen, aus Angst vor der Stigmatisierung durch die Familie und das soziale Umfeld samt der Verstoßung durch den eigenen Mann. Da haben wir schon sehr viel erreicht und kommen inzwischen auf Testraten von fast 100 Prozent – ohne irgendeinen Konflikt mit kirchlichen Normen. Gesunde scheuen sich nicht mehr, sich freiwillig testen zu lassen, um ihren HIV-Status zu erfahren. Erkrankte sind leichter bereit, darüber zu sprechen, auch mit ihrem Partner. Wir haben heute zudem Medikamente, die den Krankheitsverlauf bremsen oder eine Übertragung von der Mutter auf ihr ungeborenes Kind verhindern können. Aber dafür müssen wir testen. Hier retten oder verlängern wir vielen Menschen das Leben.

Wissen die örtlichen Bischöfe, was Sie in der Aids-Prävention sagen und tun?
Hätten wir ein Programm, in dem wir Kondome verteilen, und der

Bischof erführe das, dann gäbe es Schwierigkeiten. Das ist mir klar, ich bin ja nicht naiv. Aber gerade darum habe ich zum Beispiel in Namibia mit jedem Bischof einzeln gesprochen und gesagt: »Hören Sie, wir müssen etwas unternehmen gegen Aids, weil die Krankheit zur größten medizinischen, humanitären und sozialen Bedrohung überhaupt wird.« Große Zustimmung. »Unverzichtbarer Bestandteil eines wirksamen Kampfes gegen Aids ist die Prävention.« Wieder Kopfnicken. »Wenn wir aber in der Präventionsarbeit nicht auch über den Gebrauch von Kondomen aufklären dürfen, dann fangen wir besser gar nicht erst an.« Auch das wurde akzeptiert, und so halten wir es auch. Ich habe den Bischöfen zugesichert, dass wir Kondome nicht selbst verteilen. Aber das müssen wir auch nicht. Erstens sind Kondome an jeder Ecke zu haben, und zweitens gibt es dafür immer Partner wie die GIZ, die staatliche deutsche »Gesellschaft für Internationale Zusammenarbeit«. Aber noch einmal: Die Ursachen des Problems werden mit der Verteilung der Kondome nicht gelöst.

Wenn Sie aber nach Kondomen gefragt werden, verweisen Sie also auf Dritte?
Wir haben überhaupt keine Schwierigkeiten damit, den Leuten in der Sexualaufklärung zu sagen, wo sie die Kondome bekommen. Aber das ist ja eben nur ein Element in einer Gesamtprävention, die unter dem Kürzel ABC läuft. Wir selber forcieren die sexualethische Erziehung mit den Kennbuchstaben A und B. A: Abstinence – sexuelle Enthaltsamkeit, speziell vor der Ehe oder einer festen Partnerschaft. B: Be faithful – treu sein, was die Angelegenheit beider Partner ist, wie man immer wieder betonen muss. Beide Verhaltensweisen decken sich nun ganz offensichtlich mit der offiziellen kirchlichen Lehre, und wir sagen den Leuten: »Das ist die katholische Lehre. Wenn ihr euch daran haltet, könnt ihr euch nicht anstecken.« Nach einer Pause fahren wir dann fort: »Wenn ihr aber nun meint, ihr könnt oder wollt euch nicht so ver-

halten, dann bitte das C.« – C wie Condomize – Kondom verwenden! So, und dann fügen wir dem Ganzen noch ein viertes Kürzel hinzu: »Wenn ihr glaubt, ihr bräuchtet weder A noch B noch C zu beachten, dann landet ihr bei D wie Death, das heißt, ihr holt euch den Tod.«

Inwieweit wird denn deutlich, dass die Pause nach den Elementen A und B die Grenze markiert, die das kirchliche Lehramt bislang zieht?
Danach fragen die Leute nicht. Ein großer Teil der Menschen, mit denen wir es zu tun haben, ist schließlich nicht einmal katholisch. Was sollen wir die mit dem kirchlichen Standpunkt behelligen oder sie indoktrinieren? Das ist natürlich etwas anderes in Workshops mit Priestern oder kirchlichen Mitarbeitern. Da habe ich es schon öfter erlebt, dass wir gefragt wurden: »Ja, ist das denn nun erlaubt oder nicht?« Ich habe dann immer den Punkt stark gemacht, dass jeder Mensch zuerst und vor allem seinem Gewissen folgen muss. Zwar muss er als Katholik die Vorgaben der Kirche berücksichtigen, darf sich aber letztlich nicht von der Autorität abhängig machen.

Würde es Ihre Arbeit dann nicht erleichtern, wenn ein Verhalten, das Sie als richtig und sachdienlich erkannt haben, auch von der Kirchenleitung als legitim angesehen würde und man dafür keine Gewissensentscheidung bemühen müsste?
Entscheidungen sollten immer vom eigenen Gewissen gerechtfertigt werden, da ist die Sexualität nur ein Anwendungsfeld neben vielen anderen. Die viel größere Mühe in unserer Region bedeutet es oft, Bedenken und Vorbehalte gegen den Gebrauch von Kondomen zu überwinden, die rein gar nichts mit der katholischen Sexualmoral zu tun haben, ja noch nicht einmal etwas mit Religion. Kondome werden, wie bereits angedeutet, in weiten Teilen Afrikas rundweg abgelehnt. Sie gelten entweder als lustmindernd oder – sozusagen die gegenteilige Position – als Einladung zur

Promiskuität. Katechetinnen, die in der Jugendarbeit tätig sind, sagen mir: Der katholische Standpunkt speziell zu Kondomen, aber auch zu den Methoden der künstlichen Empfängnisverhütung ist den jungen Leuten zwar durchaus bekannt. Nur vermuten sie andere Motive, als die Kirche sie tatsächlich verfolgt. Das gilt übrigens sogar für die Katechetinnen selbst. Sie sagen zum Beispiel, mit ihrem Nein zur künstlichen Empfängnisverhütung, zur Pille, wolle die Kirche die Frauen vor den Nebenwirkungen schützen, die bei den hierzulande verwendeten Hormonpräparaten in der Tat erheblich sein können.

Zu den Stereotypen deutscher Debatten gehört das Argument, gerade die Päpste machten auf ihren Afrika-Reisen durch ablehnende Äußerungen zum Kondomgebrauch das zunichte, was auch katholische Organisationen zuvor an Aufklärungsarbeit geleistet hätten.
Diese Erfahrung habe ich nicht gemacht. Man darf die Durchschlagskraft einzelner Äußerungen auch nicht überbewerten. Ich fand es viel schlimmer, dass etwa der Afrika-Besuch Papst Benedikts XVI. im Jahr 2009 von der westlichen Presse als einziges Desaster gewertet wurde – nur wegen der paar Sätze zum Kondomverbot. Das wurde der pastoralen Realität dieser Reise überhaupt nicht gerecht.

Besonders kritisch wurde damals der Satz kommentiert, Kondome verschlimmerten das Aids-Problem.
So pauschal kann man das nach meiner Erfahrung nun auch wirklich nicht sagen. Allerdings würde die Bevölkerung in Tansania – egal ob katholisch oder nicht – diesem Satz des Papstes sofort zustimmen, wenn dabei an die Verteilung von Kondomen in Schulen gedacht wäre. Diese heute zumeist nicht mehr geübte Praxis haben die Menschen durchweg als ein falsches Signal verstanden, nämlich als faktische Aufforderung zu einer gedankenlos, unverantwortlich praktizierten Sexualität, und damit tatsächlich zu ei-

ner Verschlimmerung des Aids-Problems. Aber sonst? Mir ist das Gewese um das Kondom mitunter nicht geheuer. Mein Gott – es ist doch nur ein harmloses Stückchen Latex! Ich bin dagegen, es zu verteufeln, aber es ist eben auch nicht das Allheilmittel in der Aids-Prävention, ja noch nicht einmal das wichtigste Element. So viel ist sicher: Mit Kondomen allein – mag man sie noch so sehr anpreisen – hat man das Aids-Problem noch nirgends auf der Welt in den Griff bekommen.

Trotzdem bleibt ja die Frage, ob die katholische Kirche nicht besser daran täte, ihre sexualethischen Normen – und hier eben speziell die Haltung zum Kondomgebrauch – den Erfordernissen anzupassen.
Sicher wäre das begrüßenswert, aber es hängt in Wahrheit nicht so viel davon ab. Innerhalb der katholischen Lehre kann der Gebrauch des Kondoms angesichts der Möglichkeit, sich mit HIV anzustecken, als das geringere Übel gesehen werden: das Kondom verhindert, dass aus dem Geschlechtsakt ein Akt der Weitergabe des Todes wird. Leben wird geschützt.

Anders ist es aus meiner Sicht mit der Haltung der Kirche zur künstlichen Empfängnisverhütung. Das Verbot führt hier zu deutlich größeren Schwierigkeiten. In Sachen Geburtenregelung bieten die katholischen Krankenhäuser den Paaren nämlich nichts anderes an als die »natürliche Familienplanung«. Nun versuchen wir aus medizinischen, psychologischen und sozialen Gründen, den Menschen nahezubringen, dass zwischen zwei Geburten möglichst drei Jahre liegen sollten. Die Frauen sind dafür relativ gut zu gewinnen. Schwierigkeiten machen eher die Männer, die nach ihrer Vorstellung immer dann Sex haben wollen, wenn ihnen danach ist. Oft verschlimmert Alkohol die Situation, denn was will die Frau tun, wenn ihr Mann betrunken nach Hause kommt und Sex verlangt?

Es wäre demnach gut, eine größere Palette empfängnisregelnder Methoden anbieten zu können, als dies nach der offiziellen katholischen Lehre möglich ist.

Ja. Allerdings gilt für die Empfängnisregelung das Gleiche, was ich zur Aids-Prävention gesagt habe: Verantworteter Umgang mit Sexualität und Verhütungsmitteln sollte das Ziel unserer Aufklärungsarbeit sein. Die technischen oder pharmazeutischen Hilfsmittel allein reichen nicht aus. Ich erinnere mich an ein muslimisches Ehepaar, das zu mir kam, weil die Frau ihr zwölftes Kind erwartete. Sie war völlig ausgepowert, hatte große medizinische Probleme mit der Schwangerschaft. Am Ende ging alles gut, die Frau brachte ein gesundes Kind zur Welt. Ich dachte aber: Du musst diesem Paar sagen, dass es auf keinen Fall ein weiteres Kind bekommen sollte, und ich habe der Frau zur Sterilisation geraten. Die Reaktion war blankes Entsetzen: »Nein, das kommt überhaupt nicht infrage! Dass Sie als katholische Nonne so etwas vorschlagen! Jedes Kind ist doch ein Geschenk Gottes, und wir nehmen auch das nächste Kind als Geschenk an.« Auch wenn die Frau dabei sterben sollte! Das haben beide ausdrücklich gesagt. Das war nun kein Einzelfall, sondern spiegelt die Mentalität der Gesellschaft insgesamt – mit einem uneingeschränkt positiven Verhältnis zum Kind. Sie sehen daran: Die katholische Sexualmoral ist nicht – wie in Europa dann gern behauptet wird – die »Wurzel allen Übels«.

Dass ein Kind »Geschenk Gottes« ist, gehört nun wesentlich zum katholischen Verständnis von Elternschaft, Familie und der Weitergabe des Lebens.

Gewiss: Das Kind als »Geschenk Gottes« – das ist etwas ganz Großes. Aber wenn ich mit den Menschen über die Weitergabe des Lebens spreche, sage ich: »Auch der Verstand ist ein Geschenk Gottes, das wir für ein verantwortungsvoll geführtes Leben gebrauchen sollen und dürfen. Denkt doch an eure Kinder, die schon geboren sind, die unterernährt sind und kein gesundes Essen bekommen!« Leben weiterzugeben, heißt mehr, als ein Kind in die Welt zu setzen, es bedeutet, ihm auch das zu vermitteln, was es braucht, um ein verantwortungsbewusster Mensch zu werden.

»Wir fragen nicht nach Konfession und Religion. Für uns zählt allein der Mensch, der Hilfe braucht«

Schwester Mary Laurence Kappen
gehört dem indischen Orden der Sacred Heart Sisters an. Sie ist Direktorin eines von ihr gegründeten Krankenhauses in Jalandhar/Provinz Punjab im Norden Indiens.

Schwester Laurence, in Indien leben nach offiziellen Statistiken 24 Millionen Christen, zwei Drittel davon sind Katholiken. Insgesamt bekennen sich nur 2,3 Prozent der Inder zum Christentum. Allerdings sind die Anteile sehr unterschiedlich verteilt. Bei Ihnen in der nördlichen Provinz Punjab kommen knapp 300 000 Christen auf 24,3 Millionen Einwohner. Das ist nur etwas mehr als ein Prozent. Was bedeutet diese Minderheiten-Situation für Ihr christliches Zeugnis?
Seit der Gründung unserer Kongregation, der Herz-Jesu-Schwestern, durch einen indischen Priester im Jahr 1911 sehen wir unser Charisma darin, die Liebe Jesu durch die Sorge für die Kranken, die Armen, die hilfsbedürftigen Alten und Kinder – und hier besonders für Mädchen – aufscheinen zu lassen. Wir fragen nicht nach Konfession und Religion. Für uns zählt allein der Mensch, der Hilfe braucht. Nach meinem Medizinstudium an der Universität Bonn kamen drei Mitschwestern und ich 1983 nach Jalandhar, wo ich mit anfänglicher Unterstützung des Hilfswerks Misereor ein katholisches Krankenhaus aufgebaut und viele Jahre als Chefärztin für innere Medizin geleitet habe. Es ist heute Referenz-Hospital für die ganze Region mit modernstem Gerät, einer

Intensivstation, drei Operationssälen und einem gut ausgerüsteten Labor. Für die Ausstattung konnten wir uns auf die großzügige Hilfe eines Kölner Spenders stützen. »Arme Kirche«, das heißt für die 40 Ordensschwestern im Krankenhaus, unter ihnen drei Ärztinnen, auf ein eigenes Einkommen zu verzichten. So finanzieren sie die Gehälter der 20 weiteren Ärzte und der Angestellten.

»Arm« heißt aber nicht »mittellos«?
Der Unterhalt des Krankenhauses ist teuer und schwierig. Nur die Mittel- und Oberschicht kann für die medizinische Behandlung selbst aufkommen. Im Gegensatz zu den meisten öffentlichen und den privaten Kliniken haben wir es uns von Beginn unserer Arbeit an zum Prinzip gemacht, niemanden des Geldes wegen abzuweisen. Wir unterhalten auch eigene kostenlose Krankenstationen, und einige Schwestern sind ausschließlich als Sozialarbeiterinnen in den Armenvierteln tätig. Wir sind heute in Jalandhar das einzige Haus mit einer Notfallaufnahme für mittellose Kranke. Für diesen Dienst reservieren wir mindestens 15 Prozent unserer Einnahmen aus dem medizinischen Betrieb. Das ist insofern besonders bedeutsam, als es in Punjab viele Wanderarbeiter aus ärmeren Gegenden Indiens gibt. Natürlich ohne Krankenversicherung. Nach Unfällen oder bei schweren Erkrankungen nimmt kein Privathospital sie auf, wenn sie nicht vorab eine ansehnliche Summe hinterlegen. Dass wir anders handeln, hat sich in Stadt und Land herumgesprochen. Die Sikhs, die in Punjab religiös in der Mehrheit sind, schätzen unsere Arbeit genau wie Christen oder Hindus.

Setzen Sie in Ihrem Haus bewusst religiöse Akzente?
Es gibt jeweils ein kurzes Morgen- und Abendgebet, das in die Krankenzimmer übertragen wird. Am Rosenkranz-Gebet in einer Mariengrotte vor dem Krankenhaus nehmen im Rosenkranz-

Monat Oktober auch viele Nichtkatholiken teil, Patienten wie auch Angehörige und andere Besucher. Die Sikh-Religion ist ihrem Wesen nach sehr tolerant.

Es wird berichtet, Sie gingen Ihrerseits zum Gebet gelegentlich in den Goldenen Tempel von Amritsar, das Zentralheiligtum der Sikhs.
Das stimmt so nicht ganz. Der Goldene Tempel ist ein wunderbares Bauwerk, erfüllt vom Geist der Verehrung Gottes und des Gebetes. Wir schätzen es sehr, wie herzlich die Sikh-Priester uns als katholische Nonnen willkommen heißen und wie selbstverständlich sie vor uns ihre Gebete und Rituale verrichten. Wir beten im Tempel nicht selbst, aber wir fühlen uns den Sikhs im Geist des Gebetes verbunden. Es ist der gemeinsame Weg der Gotteserfahrung, und da es nach unserem Glauben nur einen Gott gibt, glauben wir auch, dass wir uns im Gebet an ein und denselben Gott wenden. Mag sein, dass dieses friedvolle Miteinander typisch indisch ist. Unser Land ist der Ursprung großer Religionen. Die Hindus gibt es hier seit bald 3500 Jahren, der Buddhismus entstand 1000 Jahre vor Christi Geburt. Christen leben in Indien – der Überlieferung nach – schon seit der Missionsreise des Apostels Thomas um das Jahr 52 nach Christus. Die Sikh-Religion nahm im 15. Jahrhundert ihren Ausgang in unserer Region Punjab. Entgegen politisch motivierten und geschürten Auseinandersetzungen der Religionen in anderen Teilen Indiens geht es bei uns sehr harmonisch und friedlich zu. Ich finde das wunderbar.

Zwischen Jalandhar und Rom liegen 5630 Kilometer Luftlinie. Wie nahe ist Ihnen die Wahl von Papst Franziskus gekommen?
Die Franziskus-Welle ist sogar in die indischen Medien geschwappt. Fast täglich lesen wir etwas Nettes über den neuen Papst. Und wir sind elektrisiert: Eine arme Kirche für die Armen, wie Franziskus es umschreibt – das ist von jeher unser Selbstverständnis. Wir haben uns immer eine Kirche gewünscht, die sich

den Armen zuwendet, auf ihre Nöte hört und sie – so gut es geht – zu beheben sucht. Ordensmänner, Schwestern und Weltpriester sollten ihr Leben mit den Menschen teilen und keine Funktionäre sein, keine Apparat-Christen. Ich hoffe sehr, dass Franziskus die schwankende Kirche in diesem Sinne neu aufbaut – wie sein Namenspatron, der heilige Franz von Assisi. Und wir warten gespannt auf seine ersten Baumaßnahmen.

»Die Menschen ›an den Rändern‹ haben uns etwas zu sagen«

Pirmin Spiegel

ist Hauptgeschäftsführer des bischöflichen Hilfswerks Misereor.

Pfarrer Spiegel, »an die Ränder« zu gehen, das ist schon nach kurzer Zeit zum Programmwort von Papst Franziskus für die Kirche geworden. Nur: Ist sie dort nicht längst – in Afrika, Asien, Lateinamerika? Wer bestimmt, was Ränder sind? Ränder sind immer von einem Zentrum her gedacht. Ich glaube, damit hat der Papst gar nichts im Sinn. Er will sagen: Es gibt geografische, soziale, politische, ökonomische, kulturelle und religiöse Ränder. Die können aber direkt im vermeintlichen Zentrum liegen. Genau darum ist er auf die Flüchtlingsinsel Lampedusa gefahren. Ränder gibt es auch in Deutschland. Wir müssen nur hingehen. Hinter der Rede des Papstes von den Rändern steht, so scheint mir, eine biblische Kategorie: die Umkehr. Im Geiste Jesu lädt der Papst dazu ein, am Rand die Mitte der Welt und des Glaubens zu suchen. Darum geht es: die Armen, die anderen in die Mitte zu stellen.

Im Zentrum der Kirche ist also jetzt von den Rändern die Rede. Dazu passen nur bestimmte Bilder so schlecht: der Vatikan, der Petersdom, der sakrale Glanz – das alles ist wenig randständig, oder?

Das stimmt schon. Die Kirche trägt schwer an ihrem – buchstäblich – reichen Erbe. Aber sie hat sich immer wieder zu vergegenwärtigen: Ihre Ursprungsorte liegen in Palästina in einem Stall und auf einem Hinrichtungshügel. Diese Spannung darf die Kirche nie auflösen, um ihrer Identität willen.

Wie kann sie heute und in Zukunft die Spannung halten?
Die Reformkommission aus acht Kardinälen, die der Papst eingesetzt hat, ist ein Versuch. Denn die Mitglieder aus allen fünf Kontinenten sollen die Erfahrungen der Peripherie ins Zentrum der Kirche tragen. Auf der jüngsten Versammlung der lateinamerikanischen Bischofskonferenzen CELAM habe ich etwas Tolles erlebt: Unter den Teilnehmern war der emeritierte Erzbischof von Santiago de Chile, Kardinal Errazuriz, der zu diesem Beratergremium des Papstes gehört. Er sagte: »Ich bin gekommen, um zuzuhören. Was tut not? Was soll ich nach Rom mitnehmen?« Da wird eine ganz andere Logik erkennbar: Die Kirche lernt vom Leben der Menschen, und nicht umgekehrt. Wenn wir das einmal weiterdächten …

Was wäre dann?
Dann könnte man auf ganz verwegene Ideen kommen. Warum nicht auf jedem Kontinent eine eigene Abteilung der Kurie eröffnen? Dezentral und mit spezifischen Kompetenzen. Mit Befreiungstheologen haben wir das schon mal durchgespielt: Eine Kongregation für die Evangelisierung säße dann in Lateinamerika. Interkulturelle Fragen würden von einer Behörde mit Sitz in Asien behandelt, und in Afrika würde alles gebündelt, was mit politischer und gesellschaftlicher Entwicklung zu tun hat. Auch so würde die Kirche wirklich Weltkirche, und das alte Denken in den Kategorien von »Zentrum« und »Peripherie« würde nach und nach aufgehoben.

Verstehen Sie kirchliche Entwicklungszusammenarbeit als Einsatz an den Rändern?

Wir glauben bei Misereor, dass die Menschen an den »Rändern« uns etwas zu sagen haben. Wir sind bei ihnen nicht in erster Linie wegen des Geldtransfers, sondern wir brauchen ihre Erfahrungen, ihre Stimme, damit wir uns nicht verlieren. Das Schema von »Geben und Nehmen«, das häufig mit Entwicklungshilfe verbunden wird, hat mit »Oben und Unten« zu tun. Der Helfer beugt sich zum Hilfsbedürftigen hinunter. Aber es findet keine Gegenbewegung statt.

Materiell gesehen ist es aber doch auch so: Die Kirche in Deutschland ist unermesslich viel reicher als die Kirchen in Ihren Partnerländern. Berührt Sie das nicht peinlich?

Aus meinen Erfahrungen in Lateinamerika habe ich gelernt, von einer Option mit den Armen auszugehen: Wir haben voneinander zu lernen und die Reichtümer, die jeder hat, wechselseitig zur Geltung zu bringen. Das ist vor allem auch eine spirituelle Herausforderung. Die Kirchen des Südens stellen ja weniger unseren Besitz infrage als unseren gesamten Lebensstil. Sie laden uns zur Besinnung und – ich wiederhole es – zur Umkehr ein.

Ich vermute, es war kein Versprecher, dass Sie gerade »Option mit den Armen« und nicht, wie sonst geläufig, »Option für die Armen« gesagt haben?

Auch in diesem »Für« kann etwas von Fürsorge, Bevormundung, Paternalismus mitschwingen. Das ist ursprünglich nicht gemeint. Wenn ich »mit den Armen« sage, heißt das: Wir bauen gemeinsam die Eine Welt auf – und wollen nicht die Trennung in Erste, Zweite, Dritte, Vierte Welt verlängern.

Ohne die reiche Kirche in Deutschland, ohne ihr Geld und ihre Strukturen, zu denen auch die Kooperation mit dem Staat gehört, gäbe es kein Misereor und keine kirchliche Entwicklungshilfe. Wie gehen die Partnerkirchen damit um?

Gewiss, wir sind in Deutschland eine reiche Kirche. Aber wenn wir unseren Reichtum einsetzen für die Vision einer besseren, gerechteren, an der Bewahrung der Schöpfung orientierten Welt, dann ist das wegweisend. Ich habe bei meinem jüngsten Aufenthalt in Kenia in einem Slum von Nairobi immer wieder das Wort »kutoka« gelesen. Das bedeutet »Exit«, »Ausgang«: heraus aus der Ungerechtigkeit, aus sozialer Exklusion! Weg vom Hunger! Dafür müssen wir mit unseren Möglichkeiten arbeiten. Nicht mit Geld allein. Zum Verhältnis »reiche Kirche, arme Kirche« gehören Solidarität, Teilhabe am Leben und Glauben der anderen. Das ist ein viel größeres Projekt, als Geld von hier nach dort zu leiten.

Sie sagen: »Wenn wir unseren Reichtum richtig einsetzen.« Ist diese Bedingung denn erfüllt?

Nun ja. Manche deutsche Unternehmen geben im Jahr mehr für Werbung aus, als wir bei Misereor mit unserem 180-Millionen-Budget für Entwicklungsprojekte und Nothilfe. Da können Sie sich die Frage nach den Relationen selbst beantworten.

Sprechen wir nicht nur von der Wirtschaft! 2012 hat die katholische Kirche in Deutschland die Rekordsumme von 5,2 Milliarden Euro an Kirchensteuern bekommen. Auch dagegen nimmt sich Ihr Budget spärlich aus.

Wir verhandeln permanent mit den Bischöfen. Wenn sie sagen, die Hilfswerke gehören zur Identität unserer deutschen Kirche, muss sich das auch in der Verwendung der Kirchensteuer deutlich zeigen. Den Ist-Zustand zu halten, ist das Mindeste. Besser wäre es, die Mittel zu erhöhen. Und ich bin zuversichtlich, dass die Worte des Papstes hier nicht ungehört bleiben.

Die Kirche und ihre römische Zentrale

Für die Lektüre offizieller Texte der katholischen Kirche gibt es einen heimlichen Verständnisschlüssel: Was besonders betont wird, liegt besonders im Argen. Der Theologe Guido Bausenhart spricht mit leicht spöttischem Unterton von einem »normativen Indikativ«: Indem die Kirche einen bestimmten Grundsatz behauptet, will sie ihm Geltung verleihen.

Im Dekret »Christus Dominus« des Zweiten Vatikanischen Konzils über die Bischöfe aus dem Jahr 1965 kommt die höchste gesetzgebende Versammlung der Kirche auch auf die römische Kurie zu sprechen, den päpstlichen Verwaltungsapparat mit seinen Behörden, die ihr »Amt erfüllen zum Wohl der Kirchen und zum Dienst an den Heiligen Hirten« (Christus Dominus 9).

Wäre dem wirklich so gewesen, hätte es des folgenden Satzes nicht bedurft: »Die Väter des Heiligen Konzils wünschen jedoch, dass diese Behörden, die zwar dem Papst und den Hirten der Kirche eine vorzügliche Hilfe geleistet haben, eine neue Ordnung erhalten, die den Erfordernissen der Zeit, der Gegenden und der Riten stärker angepasst ist, besonders was ihre Zahl, Bezeichnung, Zuständigkeit, Verfahrensweise und die Koordinierung ihrer Arbeit angeht.« Die Konzilsteilnehmer formulierten damit den Auftrag zu einer Modernisierung der Kurie und ließen erkennen, woran es ihrer Meinung nach im Betrieb der Kurie haperte: zu antiquiert, zu groß, zu intransparent, zu schwerfällig und unstrukturiert. Nähme man den Hinweis auf Herkunft und Entstehungsjahr eines solchen Textes weg – er hätte heute geschrieben sein können. Die Klagen über den Vatikan und seine Verwaltung, über zu viel Zentralismus der »Römer« und mangelnde Rücksicht auf die Belange der Ortskirchen zogen sich als wesentlicher Kritikpunkt durch die Ansprachen der Kardinäle vor dem Konklave

2013. Die Hoffnungen, die sich mit der Wahl von Papst Franziskus verbanden, richteten sich nicht zuletzt darauf, dass der Argentinier als praxiserfahrener Mann »von außen« mit internen Missständen aufräumen werde.

Die Anfänge der Kurie reichen ins 11. Jahrhundert zurück. Die begriffliche Anleihe bei den weltlichen Fürstentümern macht deutlich, woran die Päpste des Hochmittelalters mit der »Curia Romana« Maß nahmen: beim fürstlichen Hofstaat als Personengruppe und als beratende Versammlung – gebildet durch die Kardinäle. Es ist interessant zu sehen, dass sich die Kurie als neue Institution mit dem monarchischen Herrschaftsanspruch der Päpste sehr schnell zu einem bedeutenden Instrument ihrer Regierung entwickelte. Auf dem Höhepunkt der Ideologie des Papsttums unter Innozenz III. (1198–1216), der sich als »geistlicher Imperator der Welt« verstand, tagten die Kardinäle als sein – modern formuliert – Kabinett bereits dreimal wöchentlich. Im Vergleich mit Standards zeitgenössischer weltlicher Verwaltungen, vermerkt die hannoversche Kurien-Historikerin Brigide Schwarz, habe die mittelalterliche Kurie »doch einen Rationalitätsvorsprung« gehabt.

Das ist umso bemerkenswerter, als 800 Jahre später im Pontifikat Papst Benedikts XVI. das Fehlen regelmäßiger Konsultationen und interner Abstimmungen der verschiedenen »Dikasterien« (Sammelbegriff für die Vatikan-Behörden) mit dem Papst sowie untereinander als ein besonders missliches Defizit kurialer Praxis ausgemacht wurde.

Heute stellt sich das Organigramm der Kurie so dar:

Papst Franziskus

Staat der Vatikanstadt
Staatsoberhaupt: Papst Franziskus
Päpstliche Kommission für den Staat der Vatikanstadt und Governatorat der Vatikanstadt
Präsident im Rang eines Kardinals

Staatssekretariat
Kardinalstaatssekretär
Pietro Parolin

Kongregationen: [9]	Gerichtshöfe: [3]	Päpstliche Räte: [12]
für die Glaubenslehre	Apostolische Pönitentiarie	für die Laien
für die orientalischen Kirchen	Oberster Gerichtshof der Apostolischen Signatur	zur Förderung der Einheit der Christen
für den Gottesdienst und die Sakramentenordnung	Gericht der Römischen Rota	für die Familie
für die Selig- und Heiligsprechungsprozesse		für Gerechtigkeit und Frieden
für die Bischöfe		»Cor unum«
für die Evangelisierung der Völker		der Seelsorge für die Migranten und Menschen unterwegs
für den Klerus		für die Pastoral im Krankendienst
für die Institute geweihten Lebens und für die Gesellschaften apostolischen Lebens		für die Interpretation von Gesetzestexten
für das katholische Bildungswesen		für den interreligiösen Dialog
		für die Kultur
		für die sozialen Kommunikationsmittel
		für die Förderung der Neuevangelisierung

1. Sektion: Allgemeine Angelegenheiten
Substitut – im Rang eines Erzbischofs

2. Sektion: Beziehungen mit den Staaten
Sekretär – im Rang eines Erzbischofs

Päpstliche Kommissionen/Komitees: [u.a.]	Besondere Einrichtungen: [u.a.]
Päpstliche Bibelkommission	Apostolische Kammer
Päpstliche Kommission für Lateinamerika	Präfektur für die wirtschaftlichen Angelegenheiten des Heiligen Stuhls
Päpstliche Kommission für die Kulturgüter der Kirche	Verwaltung der Güter des Apostolischen Stuhls (APSA)
Päpstliche Kommission für sakrale Archäologie	Institut für kirchliche Einrichtungen (IOR) = Vatikanbank
Päpstliche Kommission »Ecclesia Dei«	Finanzaufsichtsbehörde (AIF)
Internationale Theologenkommission	Päpstlicher Wohltätigkeitsdienst
Päpstliche Kornmission für die internationalen Eucharistischen Kongresse	Arbeitsbüro des Apostolischen Stuhls (ULSA)
Päpstliches Komitee für Geschichtswissenschaften	Amt für die liturgischen Feiern des Papstes
	Präfektur des Päpstlichen Hauses
	Päpstliche Schweizergarde

Wahrscheinlich gehört es zum Wesen einer jeden Verwaltung, dass die Verwalteten mit ihr unzufrieden sind. Die Kirche unterscheidet sich hier nicht von Staaten und anderen öffentlichen Institutionen. So sind Veränderungen in Organisation und Arbeitsweise der vatikanischen Behörden fester Bestandteil im Repertoire päpstlichen Handelns. Allerdings hat sich die Abfolge grundlegender Reformen der Kurie im Lauf der Jahrhunderte deutlich verkürzt. Die von Kardinälen geleiteten Kongregationen als die zentralen »Ministerien« gehen auf Papst Sixtus V. (1585–1590) zurück, einen Organisationsfanatiker, der als Bauherr und Städteplaner auch das Stadtbild Roms prägte. Die Reformen Sixtus' V. hatten mehr als 300 Jahre Bestand, ehe Pius X. (1903–1914) sie 1908 einer Generalrevision unterzog. Danach sollte es nur 60 weitere Jahre dauern, bis Paul VI. (1963–1978) den Konzilsauftrag umsetzte und die Kurie den »Erfordernissen der Zeit« anzupassen versuchte. Sowohl Johannes Paul II. als auch – in geringerem Maße – Benedikt XVI. besserten ihrerseits nach. Erklärte Absicht des polnischen Papstes etwa war es, mit seinem Reformdekret »Pastor Bonus« von 1988 den Zentralismus der kirchlichen Regierung zu mindern und ihre pastorale Funktion zu stärken. So richtete er zum Beispiel neue Päpstliche Räte für die Gesundheits- und Migrantenpastoral sowie für die Medienarbeit ein.

Nur den vermaledeiten Zentralismus – den hat noch kein Papst in den Griff bekommen. In blumig-diplomatischem Kirchenjargon äußerte eine Reihe von Bischöfen vor der Bischofssynode im Jahr 2001 den Wunsch, »dass die Beziehung zwischen dem Nachfolger des Petrus und den Diözesanbischöfen über die Dikasterien des Heiligen Stuhls und die päpstlichen Vertreter immer stärker vom Kriterium der gegenseitigen Zusammenarbeit und brüderlichen Hochachtung geprägt« sein möge. Und gleichsam als ständiges Echo ließ Johannes Paul II. in seinem Schreiben zum Millenniums-Jahr an der Schwelle zum dritten nachchristlichen Jahrtausend verlauten: Was die Reform der römischen Kurie betreffe, sei zwar viel geschehen. »Aber es bleibt sicherlich noch viel zu tun.« (Novo millennio ineunte 44).

Faktisch aber ist es gerade in der Zeit des »Megapontifikats« Johannes Pauls II. zu einer kirchengeschichtlich einmaligen Forcierung des Zentralismus in der Kirche gekommen. Der Papst, der 104 Mal im Ausland war und damit häufiger unterwegs, als seine Vorgänger in 400 Jahren zusammengenommen, verkörperte die Allgegenwart Roms in einer nie da gewesenen Form. Billige Flugverbindungen in alle Welt, Telekommunikation und Internet tun ein Übriges, und zumindest an diesen logistischen Faktoren kann kein Papst etwas ändern, und sei der Wille zur Dezentralisierung und zur Stärkung ortskirchlicher Autonomie auch so groß wie jener, den Franziskus bislang bekundet hat.

An anderen Stellschrauben zur Reform der Kurie kann der Papst hingegen sehr wohl mit Erfolg drehen. Menschenkenntnis und soziale Kompetenz als notwendige Soft Skills bringe er mit, attestiert ihm der frühere Chef des Hilfswerks Misereor, Joseph Sayer, der Jorge Bergoglio als Kardinal in der Lateinamerikanischen Bischofskonferenz CELAM intensiv beobachtet hat. Er nennt ihn einen Teamarbeiter.

Arbeit zum Wohl des Ganzen gibt es genug. Im Dauerskandal um die Vatikanbank IOR ist die Kurie als Biotop für Korruption und mafiöse Verflechtungen erkennbar geworden. Die nach wie vor höchst dubiose »Vatileaks«-Affäre um Dokumentenklau im direkten Umfeld Benedikts XVI. hat Eitelkeiten, Machtkämpfe und Intrigen an der Kurie zutage treten lassen.

Zwei erste Gegenmaßnahmen hat Franziskus gleich am Beginn seines Pontifikates ergriffen. Die eine ist die »Evakuierung« des päpstlichen Palastes. Der Einzug des Papstes in das Gästehaus

Santa Marta war weit mehr als eine Geste der Bescheidenheit. Sie hat in ungeahnter Geschwindigkeit zur Selbstauflösung des »Apartamento« geführt – der päpstlichen »Wohnung« als Synonym für die geheimnisvolle, schwer zugängliche und von einer Kamerilla reglementierte Schaltzentrale der Macht. Für den Apparat ist das eine gewaltige Verunsicherung.

Gleiches gilt für einen weiteren, strukturell noch weit bedeutsameren Schritt des Papstes, die Berufung der achtköpfigen Kardinalskommission, die ihn bei der Reform der Kurie beraten soll. Die Mitglieder der »K8«, wie sie im Vatikan-Jargon bezeichnet wird, stammen aus allen Erdteilen und sind – mit einer Ausnahme – nicht im Vatikan tätig, sondern Oberhirten teils bedeutender Diözesen. Der »Koordinator«, Óscar Rodríguez Maradiaga, ist nicht nur Theologe, sondern auch Philosoph und Psychotherapeut. Maradiaga ist zudem seit vielen Jahren ein Hoffnungsträger liberaler Katholiken und als Präsident der internationalen Caritas einer der profiliertesten Kardinäle weltweit.

Dem Papst, das macht die Besetzung klar, liegt etwas am Blick »von außen«. Er umgeht die Strukturen der Kurie, ohne sie unmittelbar anzutasten. Nicht ausgeschlossen, dass er sich bei seinem Vorgehen an den Jesuiten orientiert, seinem eigenen Orden. Der Ordensobere, Adolfo Nicolás, richtete vor einiger Zeit einen Thinktank aus einer Riege von Professoren ein, dem in Grundsatzfragen eine Art Richtlinienkompetenz für den Orden zukommen, während sich die traditionelle Ordensverwaltung um das operative Geschäft kümmern soll. Ähnlich könnte eine effizientere Struktur der Kirchenleitung aussehen: die K8 als »Denkfabrik«, die zusammen mit dem Papst Themen- und Handlungsfelder definiert, auf denen die Kirche gefragt ist; die Kurie hingegen als ausführendes Organ. Damit würde ihr wieder eine eindeutig dienende Funktion zugewiesen.

Als praktische, leicht umsetzbare Konsequenz aus den vielen Pannen und Reibungsverlusten der jüngsten Vergangenheit sollte es – wie in staatlichen Regierungen – wenigstens einmal wöchentlich wieder ein Treffen (Kabinettrunde) geben, wo die Präfekten der Kongregationen (Minister) und ihre Sekretäre (Staatssekretäre) ihren Wissensstand zu bestimmten Vorhaben austauschen und einander über eigene Projekte informieren. Die mit Rücksicht auf das Alter und die nachlassenden Kräfte Papst Benedikts eingeschränkten oder abgeschafften regelmäßigen »Tabellen-Audienzen« für die Chefs der Kongregationen und Räte gehören wieder eingeführt. Im weiteren geschichtlichen Rückblick zeigt sich, dass die Kirchenverwaltung manches von dem längst beherzigt hatte, was ihr inzwischen abgeht. So gab es im 19. Jahrhundert die »Kongregation für die Außerordentlichen Angelegenheiten«. Sie wurde 1815 geschaffen, nach den traumatischen Erfahrungen der napoleonischen Besatzung. Die neue Kongregation sollte den Papst künftig in ähnlich schwierigen Krisensituationen beraten – eine Blaupause dessen, worüber heute nachgedacht wird. »Die Kirche reagierte auf neue Herausforderungen mit einer neuen Struktur«, schlussfolgert der Münsteraner Kirchenhistoriker Hubert Wolf, »und das, wie wir aus den Akten im vatikanischen Archiv wissen, sehr effizient.« Allerdings wurde dieses Instrument im 20. Jahrhundert seit dem Pontifikat Papst Pius' XI. (1922–1939) systematisch ausgeschaltet.

Vom italienischen Kurienkardinal Francesco Coccopalmerio, unter Benedikt XVI. Präsident des Päpstlichen Rates für die Gesetzestexte, stammt der Vorschlag, einen »Moderator Curiae« zu installieren. Das bedeutete, in die deutsche Praxis übertragen, eine Art Kanzleramtsminister, der die Arbeit der römischen Dikasterien koordiniert. Dies hätte auch eine Neudefinition des Kardinalstaatssekretärs zur Folge, der im Wesentlichen auf seine Aufgabe als »Außenminister« des Vatikans beschränkt würde.

Was immer Papst Franziskus an Reformen der Kurie anstößt: Die Auswahl des Führungspersonals entscheidet über seinen Erfolg. Ein förderliches Kriterium kann die Technik der Komplementarität sein: Für alles, was einer selbst nicht kann, holt er sich Mitarbeiter, die es können. Und zwar möglichst die besten. Darin liegt die Größe einer Führungsfigur, und als Staatschef ist das vielleicht Franziskus' größte Aufgabe.

Wollte er über den Kurienreformer hinaus zum sanften Revolutionär werden, stellte ihm die Kirchengeschichte auch dafür diverse Vehikel bereit. So variierten im Laufe der Zeit die Bedingungen für den Ehrentitel des Kardinals ebenso wie für das Papstamt selbst. Einmal, 1276, wurde sogar ein Kardinal zum Papst gewählt, der Laie war: Hadrian V. (1215–1276). Er amtierte bis zu seinem überraschenden Tod zwar nur 38 Tage, wird aber in allen Listen als Papst geführt – ohne Priester- und Bischofsweihe.

Kardinäle mussten bis 1983 ehelich geboren sein, brauchten aber nicht unbedingt Bischof zu sein. Diese Verpflichtung führte erst Pius XII. im Jahr 1957 ein. Das Mittelalter nahm es mit den Weihen für Kardinäle ohnehin nicht so genau. Ein Weiheamt war das Kardinalat jedenfalls nie.

Sollte bei solchem Hin und Her nicht auch heute etwas gehen, wenn die Kirche Frauen wirklich den Weg in alle Funktionen ebnen wollte, die nicht der Weihe bedürfen? So hat es Johannes Paul II. 1988 im Apostolischen Schreiben »Mulieris Dignitatem« formuliert.

Für den Tübinger Dogmatiker Peter Hünermann hatte die Idee, Kardinälinnen zu ernennen, noch bis vor Kurzem primär Aperçu-Charakter: In theologischem Disput verblüffte er damit seine Diskussionspartner. Dem früheren Mailänder Kardinal Carlo Maria Martini war die Sache schon ernster, als er im letzten Interview vor seinem Tod 2012 dem Papst und den Bischöfen empfahl, »zwölf ungewöhnliche Menschen« in ihre Leitungsgremien aufzunehmen – Glaubensvorbilder mit Ausstrahlung, ein Apostel-kollegium der dritten Art sozusagen. Sind solche Ideen nicht zu wertvoll, als dass sie bloße Gedankenspiele bleiben sollten? Wenn Päpste zurücktreten und Lateinamerikaner Papst werden können – warum dann nicht auch Frauen Kardinälinnen?

»Der Papst im Gästehaus schmiedet an einem neuen Denken«

Thomas Frauenlob
war von 2006 bis 2013 Mitarbeiter der »Kongregation für das Katholische Bildungswesen« im Vatikan.

Monsignore Frauenlob, mit welchen Erwartungen sind Sie 2006 nach Rom an die Kurie gegangen?
Obwohl ich bereits sechs Studienjahre in Rom verbracht hatte, waren meine Vorstellungen von der Kurie nur vage. Zwar hatte ich einige Informationen von meinem Vorgänger erhalten, war aber letztlich relativ unvoreingenommen.

Wie kamen die Römer denn auf Sie?
Zwischen meinem Studienende und der Rückkehr nach Rom lagen elf Jahre Dienst in meinem Heimatbistum München und Freising, von denen ich die meiste Zeit im Bereich Schule und Erziehung gearbeitet habe und auch bildungspolitisch aktiv gewesen bin. Als 2006 ein deutschsprachiger Mitarbeiter für die Bildungskongregation gesucht wurde, gab es also durchaus gute Gründe, dass mein Name fiel. Freilich gab es nach der Papstwahl 2005 auch einen – sagen wir mal – privaten Aspekt: Traunstein, wo ich neun Jahre Direktor eines Jungeninternats und Religionslehrer am Gymnasium war, ist die Vaterstadt der Brüder Ratzinger. Jedes Jahr kamen sie einige Tage zu Besuch, wohnten im Studienseminar, des-

sen Schüler sie einst waren, und ich fungierte als Gastgeber. So war kein Geringerer als der Papst selbst im neuen römischen Umfeld für mich ein Altbekannter. Damals ein durchaus beruhigender Gedanke: Der Papst ist ein Landsmann. Wir stammen sogar aus derselben Region. So hatte ich beim Wechsel nach Rom ein gewisses Sicherheitsgefühl: Wenn's mal ganz kompliziert werden sollte, kannst du dich an den Chef wenden – von Bayer zu Bayer, sozusagen.

Haben Sie das getan?
Sehr selten! Wir hatten immer wieder Kontakt. Aber allein das Wissen um die Möglichkeit war schon entlastend. Wenn man das Pensum eines Papstes aus der Nähe verfolgt, werden die eigenen Anliegen ziemlich klein, und irgendwie verbietet es sich da, Zeit für Smalltalk in Anspruch nehmen zu wollen. Natürlich wusste mein Umfeld, dass ich aus dem Heimatbistum Papst Benedikts stammte. Die Informationen sind im Internet ja leicht zu finden. So mutmaßten wohl viele, ich hätte einfachen Zugang zum Papst, so ähnlich wie es mit den Polen in den Zeiten Johannes Pauls II. gewesen war. Bei Benedikt war das aber anders, er war sehr konzentriert auf sein Amt und seine Aufgaben, einfach diszipliniert.

Wie haben Sie die Arbeit an der Kurie erlebt?
Ich selbst – meist positiv! Natürlich muss ich hinzufügen, dass jede Behörde in der Kurie ihren speziellen Stil, also ihre eigene Arbeitsweise hat. In der Bildungskongregation habe ich seitens meiner Oberen und Kolleginnen und Kollegen einen sehr unkomplizierten, freundschaftlichen Umgang erlebt, Offenheit und Vertrauen. Das ermöglichte mir ein hohes Maß an Selbstständigkeit für meine Arbeit. Wegen ihrer Zuständigkeit für den gesamten Bereich der Bildung, ein großes Anliegen der katholischen Kirche, ist die Kongregation ein Schlüsselressort. In den drei Abteilungen für Schulen, Hochschulen/Universitäten und internatio-

nale Organisationen laufen alle Fäden weltweit zusammen. Und für all das gibt es nur 20 Mitarbeiter, was mich anfangs sehr überrascht hat. Die Zahl ergibt sich übrigens aus dem Grundsatz, dass die großen Weltsprachen in jeder Abteilung muttersprachlich vertreten sein sollen. Einmal, um die umfangreiche Korrespondenz zu bewältigen, aber noch mehr wegen der möglichst soliden Kenntnis der jeweiligen, nicht selten komplexen Bildungssysteme.

20 Leute für eine Milliarde Katholiken – Wie soll das gehen?
Ja, man wundert sich! Zweierlei jedoch habe ich sehr schnell gelernt: Was ich als Vertreter des Heiligen Stuhls bei Begegnungen oder auf Reisen, in persönlichen Gesprächen oder Telefonaten an Einschätzungen äußere, das entfaltet Wirkung. Dessen muss man sich auch sehr bewusst und entsprechend umsichtig sein. Andererseits ist der gern bemühte »Arm des Vatikans« nicht so lang, wie man meint. Die schlanke Struktur ist nur mit konsequenter Anwendung des Subsidiaritätsprinzips möglich. Der Schlüssel liegt bei den Bischöfen vor Ort oder den Ordensoberen. Das Miteinander zwischen Rom und den Ortskirchen funktioniert darum keineswegs nach einer Art »Knüppel aus dem Sack«-Prinzip: ein Anruf aus Rom, und schon springen alle!

Sondern?
Es braucht vielmehr gute Argumente und kluge Diplomatie, um etwas zu erreichen. Das musste ich erst lernen. Als Internatsleiter war ich es gewohnt, kurz und unmissverständlich zu kommunizieren, sodass jedermann wusste, woran er ist. In Rom habe ich gelernt, dass die Kommunikation – speziell mit den Bischöfen – anders läuft. Die Folge ist ein etwas dekorativer, manchmal weitschweifiger Stil, der von außen wohl als antiquiert und nicht zu Unrecht als »typisch kurial« wahrgenommen wird. Am Beginn meiner römischen Jahre hat mich das fast ein wenig amüsiert, manchmal auch befremdet. Aber mit der Zeit wurde mir klar, dass

die Form ein hilfreiches Instrument ist, dem Gesprächspartner nicht gleich mit dem Autoritätsgestus zu begegnen, sondern ihn zu gewinnen und vor allem den Respekt zu wahren. Wenn er sich den Vorstellungen Roms anschließt oder auch fügt, dann ohne Gesichtsverlust.

Diskursiv, argumentativ, werbend, so beschreiben Sie also den Stil der kurialen Kommunikation. Sie wissen, dass dies recht präzise das Gegenteil dessen ist, wie das Auftreten Roms gegenüber den Ortskirchen landläufig wahrgenommen wird, nämlich als autoritär und unzugänglich.

Diese Außenwahrnehmung mag im Einzelfall zutreffen, ist aber die Ausnahme. Vermutlich liegt das daran, dass man meist nur die Entscheidung sieht, nicht aber den Weg dorthin. Da mag das Agieren der Kurie dann bisweilen tatsächlich kompromisslos und irgendwie brachial wirken. Dass oft jahrelang Diskussionen laufen, wird selten gesehen. Und es passt ja auch nicht ins öffentlich so gern gepflegte Image der römischen Kurie. Ich kenne beispielsweise den Fall eines Theologieprofessors, der aufgefordert wurde, einige fragwürdige Thesen zu korrigieren. Dieses Verfahren zog sich über zehn Jahre hin. Zehn Jahre, um einen Standpunkt zu klären! Welches Unternehmen würde mit einem Mitarbeiter so geduldig sein, der zukünftige Führungskräfte ausbildet, also eine Schlüsselfunktion innehat? Hier habe ich die Kurie als ausgesprochen menschlich erlebt. Nur ist auch klar, dass am Ende eines so langen Konflikts irgendwann eine Entscheidung fallen muss – allein schon, um glaubwürdig zu bleiben. Wobei man sich auch da nicht täuschen darf: Es gibt nur wenig Sanktionsmöglichkeiten.

Einem Theologieprofessor etwa die Lehrbefugnis zu entziehen, ist aber schon eine einschneidende Sanktion – für den Betroffenen, für sein Werk, aber auch für seine Schüler.

Ein gutes Beispiel, da es ein sensibles Gebiet betrifft! Natürlich ist ein Entzug der Lehrbefugnis bitter, kommt aber nur selten vor und ist obendrein für alle Beteiligten unangenehm, wobei dem Professor in der Öffentlichkeit reflexartig die Opferrolle zufällt – Ihre Frage zeigt das ja! Schon wegen des öffentlichen Aufsehens, das immer negativ für die Kirche ausgeht, wird also niemand in der Kurie leichtfertig handeln. Ich werbe aber auch dafür, die Verantwortung der Kirche zu sehen. Jeder Professor, jede Professorin eines kirchlichen Studiengangs lehrt in ihrem Namen. Als Kirche dürfen wir von ihnen ein »sentire cum ecclesia«, eine grundsätzliche kirchliche Gesinnung erwarten. Manchmal aber hat man den Eindruck, dass Professoren mit steilen Thesen bewusst provozieren oder sich profilieren wollen. Da kann die Kirche nicht einfach zusehen. Aber wie gesagt, sie nimmt sich Zeit. Für einen Neuling an der Kurie ist der Umgang mit dem Thema »Zeit« überhaupt irritierend. Es mag jetzt skurril klingen, aber das interne Regelwerk der Kurie sieht zum Beispiel vor, dass Briefe innerhalb eines Vierteljahres zu beantworten sind.

Drei Monate! Im E-Mail-Zeitalter ist das ja eine Ewigkeit.
Da war ich selbst nun auch wirklich anderes gewohnt. Die Arbeit in der Kurie bedeutete somit für mich auch die Erfahrung einer erheblichen Entschleunigung – nach dem bekannten Roman könnte man das die »Entdeckung der Langsamkeit« nennen. Heute wird Entschleunigung ja durchaus als Zuwachs an Lebensqualität gewertet – da lässt sich von der Kurie sogar was lernen *(lacht)*. Wir sind an schnelle Reaktionen gewöhnt und finden es irritierend bis ärgerlich, wenn es nicht voranzugehen scheint. Doch hat eben auch Langsamkeit positive Seiten. Es findet im Normalfall ein langes Abwägen statt, bevor ein Schriftstück den Vatikan verlässt. »Schnellschüsse« sind damit so gut wie ausgeschlossen. Hier hat sich in der Kurie ein Relikt vergangener Epochen erhalten, als die Kommunikation insgesamt noch sehr viel mehr Zeit benö-

tigte. Die Dienstwege über die päpstlichen Nuntiaturen nach Rom und zurück waren lang. Dazu kam der römische Ferragosto – im August war die Kurie früher praktisch geschlossen, da flüchteten vor der Hitze alle aufs Land. Heutzutage ist das zwar nicht mehr so. Aber geblieben ist, dass die Abläufe ausgedehnter sind.

Wie haben Sie Konflikte in der Kurie erlebt?
Wo Menschen sind, da menschelt es. Ja, natürlich gibt es Zuständigkeitsgerangel, Einmischungen oder Kompetenzüberschreitungen. Es gibt das Phänomen, dass Vorgänge »per competenza« zwischen den Kongregationen hin- und herwandern, weil nämlich in Wahrheit keine von ihnen »kompetent«, zuständig, ist oder sein will. In »interdikasteriellen« Fragen, die also mehrere Stellen betreffen, gibt es nicht selten unterschiedliche Einschätzungen und Ziele. Probleme bereitet die strukturell herausragende Position des Staatssekretariats – ein Ergebnis der Kurienreform Papst Pauls VI. von 1970. Unter Federführung des späteren Kardinals Giovanni Benelli wurde das päpstliche Sekretariat zu einer starken Zentralbehörde geformt. Ziel war es, die Abläufe zu bündeln, zu koordinieren und das »Eigenleben« der Dikasterien zu begrenzen. Man wollte wohl eine klare Linie in die verschiedenen Aktivitäten des Heiligen Stuhles bringen. Durchaus ein berechtigtes Anliegen und wohl für jeden »Weltkonzern« wichtig. Das Staatssekretariat ist Zentrum der Vatikan-Diplomatie und irgendwie das Rückgrat der gesamten Kurie. Gerade deshalb müssen die weitreichenden Befugnisse vorsichtig eingesetzt werden. Manchmal gewinnt man aber dann doch den Eindruck: Das Staatssekretariat sieht sich als eine Art »Superbehörde«, die alles besser weiß und besser kann.

Und wie steht es mit der Rolle der Glaubenskongregation?
Ich halte die Glaubenskongregation für öffentlich eher überbewertet! Das mag historisch daher kommen, dass immer noch die

»sfumatura«, der Ruch der »Inquisition«, um sie wabert. Die Öffnung der Archive für die Forschung hat hier schon manche Ernüchterung und Versachlichung gebracht. Natürlich haben große Persönlichkeiten wie Kardinal Joseph Ratzinger, der auch als Präfekt theologische Streitlust zeigte und heiße Eisen angepackt hat, die Außenwahrnehmung der Glaubenskongregation bestimmt, gerade in Deutschland. Die Medien pflegen ja ganz gern das Negativbild der übermächtigen Behörde, die maßregelt, straft und alles verbietet. Die Glaubenskongregation soll das Glaubensgut wahren und verteidigen. Sie soll aber auch aktiv den Glauben befördern – eine Aufgabe, die künftig wohl noch wichtiger werden wird. Und sie ist für die Disziplin der Priester zuständig, behandelt also zum Beispiel zentral alle Fälle von Pädophilie im kirchlichen Umfeld. Dieses Paket an Aufgaben ist nicht gerade angenehm.

Was sind die größten Probleme der Kurie heute?
Die Kurie ist zunächst eine Behörde mit den dafür typischen Merkmalen: Die Beharrungstendenzen sind stark, und die Bereitschaft zur Veränderung oder gar Erneuerung ist eher gering ausgeprägt. Mir scheint, dass intern die Überbetonung des »Anciennitätsprinzips« hinderlich ist. Zu häufig ist nämlich die Verweildauer eines Mitarbeiters ausschlaggebend, wenn es um mehr Verantwortung geht – und nicht seine Qualifikation. Eine zweite Schwäche ist sicher auch das Prinzip »promoveatur ut amoveatur«, also jemanden zu befördern, um ihn elegant aus einer Position zu bugsieren, für die er sich als nicht tauglich erwiesen hat. Hier wäre mehr Sachorientierung und weniger Rücksichtnahme auf den Ruf eines Einzelnen wünschenswert. Das gilt vor allem, wenn solche Mitarbeiter dann als Bischöfe an die Spitze von Diözesen versetzt werden. Immerhin werden ihnen damit oft Hunderttausende Gläubige anvertraut. Gewiss ist auch die straffe Vertikalstruktur der Kurie ungünstig: Probleme und Fragen einzelner

Dikasterien können häufig nur über das Staatssekretariat an den Papst herangetragen werden. Das führt dazu, dass die horizontale Vernetzung und das Beleuchten eines Themas aus mehreren Perspektiven weitgehend entfällt.

Abgesehen von solchen grundlegenden Schwächen ist auch im Detail manche Unbeweglichkeit ärgerlich. Etwas so Banales wie der Einbau von Thermostatventilen wird in einem Wirrwarr von Zuständigkeiten und Bedenken zum Ding der Unmöglichkeit. Oder der naheliegende Gedanke, im digitalen Zeitalter so etwas wie eine elektronische Terminplanung per Intranet zu ermöglichen – undurchführbar! Und von solchen Dingen könnte ich leider noch mehr erzählen.

Bis man sich dann halt damit begnügt, wie's ist?
Leider! Nach mehreren solchen Erfahrungen lässt der Enthusiasmus zur Veränderung nach. Man resigniert – und wird Teil eines »Systems«, von dem man eigentlich weiß, dass es anders und manchmal besser laufen könnte.

In vielen Diskussionen geht es um die Fragen von Zuständigkeit, Kompetenz und Entscheidungsbefugnis. Sind die Ortskirchen mit ihrer deutlich besseren Kenntnis der lokalen und regionalen Gegebenheiten besser dazu befähigt, ihre Angelegenheiten zu ordnen und zu regeln, als eine ferne Zentrale mit einem – wie Sie es eben selbst beschrieben haben – minimal besetzten Stab?
Eine gewisse Polarität zwischen Rom und den Ortskirchen ist aufgrund der unterschiedlichen Perspektiven wohl unvermeidbar. Umso wichtiger ist eine lebendige Interaktion, die auf gegenseitigem Vertrauen basiert. Die Menschen heute sind mobil, die Kommunikationswege fast bis auf Echtzeit reduziert. Diese Faktoren spielen Ambitionen in der Zentrale einer Weltorganisation in die Hände, alles zu regeln und überall selbst zu entscheiden. Umgekehrt neigen die Ortskirchen dazu, ihre Belange absolut zu setzen,

also zu wenig den Aspekt »Weltkirche« zu beachten. Als Deutschem fällt mir diese Haltung besonders auf, es gibt sie aber in jedem Land: Die Kirche soll bitte überall so sein, wie wir's gewohnt sind. Ich gebe zu, das ist ein wenig karikiert, aber völlig entfernt von der Wirklichkeit ist es eben auch nicht. Und da ist es Aufgabe einer Zentrale, örtliche Standpunkte zu relativieren und den Horizont zu weiten. Das gelingt mal besser, mal schlechter. Meine Erfahrung aus sieben Jahren Kurie sagt mir: Entscheidend für den Erfolg ist das wechselseitige Vertrauen zwischen Rom und den Ortskirchen. Und dann hängt es – auch das muss man sagen – sehr stark am guten Willen und an den kommunikativen Fähigkeiten der Beteiligten.

Wie ist es um die Qualität derer bestellt, die in der Kurie arbeiten?
Im Qualitätsmanagement, also einer professionellen Personalentwicklung, sehe ich eine entscheidende Herausforderung, eben weil die Zentrale in Rom schlank aufgestellt ist, faktisch größere Bedeutung hat als in vergangenen Jahrhunderten und auch noch bis vor 30, 40 Jahren. Es gab zum Beispiel im 19. Jahrhundert Bischöfe, die in ihrem ganzen Leben nie in Rom waren, geschweige denn, dass sie den Papst jemals gesehen oder gesprochen hätten. Der ständige, auch persönliche Austausch zwischen Rom und den Ortskirchen ist neueren Datums. Umso wichtiger ist Professionalität der Kurienmitarbeiter, nicht nur fachlich, sondern auch kommunikativ – Persönlichkeiten sind gefragt. Leider gibt es aber kaum eine nennenswerte Personalentwicklung, es fehlt uns zum Beispiel eine Führungsakademie. Ich habe in Gesprächen mit Bischöfen immer wieder angeregt, die Entsendung von Mitarbeitern an die Kurie systematisch zu organisieren. Man müsste wohl im deutschsprachigen Raum einen Pool von zwei Dutzend Kandidaten im Blick haben. Faktisch verläuft die Personalauswahl für Rom oft zufällig oder über Orden und geistliche Gemeinschaften. Ich glaube, wir können uns das einfach nicht mehr leisten! Natür-

lich sind nicht alle für den Kuriendienst geeignet, und gute Leute werden auch daheim benötigt. Aber es gibt doch eine weltkirchliche Verantwortung, selbst wenn es im Einzelfall schmerzt. Nach einigen Jahren kehrt ein Mitarbeiter ja zurück in die Diözese, kann dann weltkirchliches Denken einbringen und kennt die Gepflogenheiten »in Rom« – was durchaus nützlich sein kann. Im Grunde entsteht so für Kurie und Diözese eine klassische »Win-Win-Situation«.

Wenn es einen solchen »Pool« und eine professionelle Personalauswahl gäbe – was wären die erforderlichen Kriterien?
Sprachkenntnisse, theologische Qualifikation, kommunikative Fähigkeiten, charakterliche Eignung und pastorale Erfahrung. Gerade letzteres – die Bewährung als Seelsorger – halte ich für ausgesprochen wichtig, schließlich hat man es in der Kurientätigkeit zumeist mit diözesanen Strukturen und Fragen zu tun. Es sollte also niemand in die römische Verwaltung eintreten, der nicht mindestens fünf bis zehn Jahre in einer Pfarrei oder in einer anderen pastoralen Verwendung gearbeitet hat. Einfach um die nötige Bodenhaftung zu haben. Der päpstliche Hof ist nicht selten ein glattes Parkett, auf dem man ausrutschen oder auch etwas weltfremd werden kann. Aus dem gleichen Grund sollte die Entsendung nach Rom befristet sein. Fünf bis zehn Jahre, das ist genug. So lange sollte ein Bischof dann aber auch auf diesen qualifizierten Mitarbeiter verzichten können.

Das klingt so naheliegend. Sie formulieren das aber alles im Konjunktiv: Was wäre, wenn …
Ja, ich zeichne ein Ideal, dem die Realität hinterherhinkt. Wenn ich solche Vorstellungen äußere, höre ich allenthalben: »Ja, ja, Sie haben völlig recht. So müssen wir es machen.« Aber dann ist da die Wirklichkeit: Priestermangel, viele offene Stellen im Bistum und so fort. Die Folge ist, dass andere kirchliche Gruppierungen

die personellen Lücken füllen, die ihnen die Bischöfe lassen. So kommt es, dass manche kleine Gemeinschaft zahlenmäßig in der Kurie schlicht überrepräsentiert ist. Ich sage manchmal spöttisch, der Heilige Geist hat Berufung und Charisma für die Mitarbeit in der Kurie offenbar sehr einseitig verteilt.

Ich kenne sehr gute Mitarbeiter aus geistlichen Gemeinschaften, aber objektiv arbeitet die Kurie – ich würde mal sagen – zu 90 Prozent für die Belange der Diözesen. Also müssen die Mitarbeiter wissen, wie es dort zugeht. Dies müsste sich auch in der Besetzung der Kurie widerspiegeln. Man könnte aber durchaus noch weiter denken: Braucht es wirklich überall Priester oder Ordensleute? Warum sollten nicht auch mehr Laien in der Kurie arbeiten? Allerdings müssten sie ein entsprechendes Auskommen haben, damit sie mit ihren Familien auch in Rom leben könnten. Die Stadt ist schließlich ziemlich teuer.

Wegen der unterschiedlichen Situationen, in denen die Kurie weltweit agieren muss, ist sie nach außen nicht direkt mit einer staatlichen Behörde vergleichbar. Wie beschreiben Sie den Unterschied zu einer weltlichen Verwaltung nach innen?
Ich kenne weltliche Verwaltungen zu wenig, als dass ich es im Vergleich en détail sagen könnte. Ich beschreibe einfach mal die Eigenheiten hier. Das Ambiente eines Hofstaats bringt einen Strauß von Eitelkeiten mit sich: Titel, Kleidung, Sitzordnung. Vermutlich kann man das nur historisch verstehen und muss dafür zurückgehen bis ins antike Rom. So ist das Kardinalskollegium als Versammlung älterer Männer ein recht getreues Abbild des römischen Senats – bis hin zu den Physiognomien *(lacht)*. Das römische Klientelwesen scheint bis heute fast unverändert überdauert zu haben – übrigens ein ständiger Anlass zum Ärger, insbesondere in Personalangelegenheiten, wenn nicht objektive Qualifikationen, sondern persönliche Beziehungen Priorität haben. Im Zusammenhang mit »Vatileaks« ist das – bis hinein in wirt-

schaftliche Fragen, Geldverschwendung und Korruption – ja sichtbar geworden. Selbstverständlich findet man das auch in anderen Verwaltungen, gerade in Italien, aber es zehrt an der Glaubwürdigkeit des Vatikans und der Kirche. Ich liebe Italien, sage aber etwas scherzhaft: Der größte Konstruktionsfehler des Vatikans besteht darin, dass er in Italien liegt. Die Entwicklung zu einer Weltkirche hat noch keine angemessene Entsprechung im Denken gefunden. Die Italiener sehen die Zentrale als »cosa nostra«, unsere Sache. Da gibt es ganze Familiendynastien – und die bringen jenen Stil mit in den Vatikan, der Italien seit Jahren auf der Stelle treten lässt. Die Enge der Italianità in diesem negativen Sinn steht natürlich in krassem Gegensatz zum weltkirchlichen Anspruch und Auftrag der Kurie.

Was ist mit der Dominanz von Klerikern?
Der fast überbordende Episkopalismus stellt ein weiteres Problem dar. Man müsste mal die Frage stellen – und ich meine, dass Papst Franziskus dies jetzt tut –, ob wirklich alle Führungsaufgaben, die derzeit von Bischöfen wahrgenommen werden, an das Weiheamt gebunden sein müssen. Mir scheint, hier sollte man das Ganze mal etwas heruntertransformieren und Spielräume nutzen. Da war man in früheren Zeiten weitaus offener, als zum Beispiel das Governatorato, die Regierung des Vatikans, von Laien verwaltet wurde. Auch die Zahl der Kurienkardinäle wird überdacht werden müssen. Allein für die wirtschaftlichen Angelegenheiten des Vatikans gibt es drei italienische Purpurträger. Es ist zweifellos eine Schieflage, wenn beim vorigen Konklave ganz Südamerika – immerhin lebt dort fast die Hälfte der Katholiken weltweit – mit 16 Kardinälen vertreten war, während 22 Kurienkardinäle in die Sixtina einzogen. Also, hier gibt es viel Handlungsbedarf und eigentlich auch den nötigen Spielraum.

Wofür noch?

Es wäre möglich, Dikasterien zusammenzulegen. Damit würde sich die Stellenzahl für Kurienkardinäle schon einmal verringern. Aber man sollte wohl auch vor weitergehenden Überlegungen nicht zurückschrecken: Warum reicht an der Spitze einer Behörde nicht ein Erzbischof als Präfekt oder Präsident? Und als Sekretär ein Prälat? Das gäbe ganz neue Perspektiven in der Kurie – auch für Laien und auch für Frauen.

Es wirkt befremdlich, dass Ihnen Ränge und Titel einfallen, wenn es um Veränderungen geht.

Titel sind nicht an sich von übel. Sie sind wie ein guter Anzug und protokollarisch vor allem im Kontakt mit staatlichen Stellen ein wichtiges Instrument. So läuft das halt mal in der Welt. Schwierig wird es, wenn das Hilfsmittel zum Selbstzweck für die Befriedigung von Eitelkeiten wird. Dann kann das zu einem hypertrophen, überzüchteten System führen, das benebelt und sich für die Aufgaben der Kurie und damit für die katholische Kirche insgesamt negativ auswirkt. Jenem überzogenen Ehrgeiz, den man Karrierismus nennt, sind damit Tür und Tor geöffnet. Dagegen hat sich schon Papst Benedikt XVI. mit Vehemenz gewandt, und auch Papst Franziskus hat dem Karrierismus jetzt klar den Kampf angesagt.

Sehen Sie die Gefahr, dass der Papst damit am Kurienbetrieb scheitert?

Diese Gefahr ist real und lässt sich in der Geschichte ja auch belegen. Vor allem besteht die Gefahr, dass sich Reformen im Klein-Klein des Alltags verlieren, ausgebremst werden oder im Kompetenzwust ersticken. Eine Reform wird dann nicht scheitern, wenn die große Linie, eine Art Grundvision, im Blick bleibt. Die Analyse von Kardinal Bergoglio, dem späteren Papst, im Vorkonklave ist dafür ein sehr gutes Beispiel, weil es auch die Kontinuität zwischen den beiden Päpsten deutlich macht: Benedikt XVI. ging es darum, die Gottesfrage aufzuwerfen und in seiner Jesus-Trilogie Christus wieder in die Mitte zu stellen, als Neuorientierung und Vergewisserung des Glaubens. Nun gilt es – und darin erkennt Papst Franziskus seinen Auftrag –, diesen Christus zum Maß kirchlichen Handelns zu machen, sowohl nach außen wie nach innen. Mittlerweile können wir an den starken Zeichen des Papstes ja überdeutlich erahnen, was das für die Kurie bedeutet: Franziskus will weniger Hofstaat und mehr apostolischen Eifer, weniger Zeremoniell und mehr Orientierung an Christus, der arm in die Welt gekommen ist und sich den Armen zugewandt hat. Der Papst im Gästehaus schmiedet an einem neuen Denken.

Ich habe das selbst einmal bei einem Dienstessen in der Casa Santa Marta erlebt. Der Papst saß mit seinen Gästen am Nebentisch – eine Situation, die noch vor wenigen Monaten undenkbar war. Die Botschaft ist klar: Wir arbeiten alle gemeinsam für etwas, das uns alle übersteigt. Jeder an seinem Platz – der eine als Papst oder Bischof, andere als Pfarrer, Missionar, Krankenschwester, Lehrerin, genauso wie der Koch und der Ober wichtig sind. So etwas schafft Korpsgeist. Es ist vielleicht die historische Chance für die Kurie und die Kirche in den nächsten Jahren, dem Evangelium, Christus wieder näherzukommen, verlorenes Terrain zurückzugewinnen und so dem Auftrag Jesu gerecht zu werden. Entscheidend wird sein, ob die Bischöfe dem heutigen Petrus auf diesem Weg folgen werden.

Und was, wenn nicht?

Es gibt ja verschiedene subtile Methoden, Reformen – nicht nur im Vatikan – zu hintertreiben. Papst Franziskus wird sicherlich von vielen Seiten bedrängt oder gelockt, Strukturen, Privilegien oder Traditionen nicht anzutasten. Zu viele haben etwas zu verlieren und neigen naturgemäß kaum dazu, Motoren großer Veränderungen werden. Es ist möglich, dass die Impulse des Papstes mehr oder minder ignoriert werden. Er kann ja – wie der Chef eines Unternehmens – nur die Richtung vorgeben. Die Aufgabe einer funktionierenden Verwaltung ist es, die Forderungen des Chefs auf die einzelnen Zuständigkeitsbereiche zu beziehen und die Frage zu stellen: Was bedeutet das jetzt für unsere Arbeit – konkret und sofort?

Dann sind Sie also nicht besonders zuversichtlich, dass Reformen möglich und erfolgreich sind?
Doch. Eigentlich sind die Voraussetzungen im Vatikan derzeit ziemlich günstig. Das erkennt man freilich erst, wenn man sich die innere Verbindungslinie zwischen den Pontifikaten von Papst Benedikt und Papst Franziskus bewusst macht. Benedikt XVI. wird häufig als Professor und Mann des Wortes bezeichnet. Zweifellos ist er das auch. Allerdings wird damit implizit der Vorwurf verbunden, er habe nicht regiert, sondern sich dem Schöngeistigen hingegeben. Und das stimmt so nicht! Die »Skandale« in seinem Pontifikat können ja durchaus als Folge von Reinigungsvorgängen interpretiert werden. Benedikt hat die fürchterliche Brisanz der Pädophiliefälle früher als alle anderen erkannt und Maßnahmen ergriffen. Er wollte die Vatikanbank, das skandalträchtige IOR, an internationale Standards für »saubere« Banken heranführen. Er hat eine Kommission eingesetzt, die die »Vatileaks«-Affäre aufklären sollte und eine umfassende Analyse vorgelegt hat.

Damit hat er Pflöcke eingeschlagen, die nun das Terrain abstecken für die Reformideen eines Papstes Franziskus, der von außen kommt und einen unverstellten Blick auf die Kurie hat. Gefahren gibt es immer und von verschiedenen Seiten, aber ich meine, die Chancen für Reformen sind derzeit eindeutig größer. Der Papst braucht nun Menschen um sich, die ihm mit nüchternem Blick dienen, verlässlich sind, gefeit gegen Einflüsterungen und Schmeicheleien sowie frei von ungeordneten egoistischen Interessen. Mit solchen Leuten zusammen muss der Papst Vorschläge entwickeln, wie die Kurie zu verändern ist. Ob es den großen Wurf gibt? Abwarten. Aber Korrekturen und Neujustierungen wird es geben, geben müssen.

Teil IV:

Zugänge ebnen

Dialog mit Gott – Spiritualität und Gebet

Aus der Akustik ist die physikalische Regel der Schallauslöschung durch Gegenschall bekannt. Wenn zwei Lärmschwingungen so aufeinandertreffen, dass ihre Kurven genau entgegengesetzt (gegenphasig) zueinander verlaufen, heben sie sich wechselseitig auf. Die Folge: vollkommene Ruhe. Ein Forschungszweig der angewandten Physik experimentiert mit »aktiver Schallauslöschung«, um an besonders lauten Orten wie in Flugzeug-Cockpits die Lärmbelastung zu verringern oder einen ungeschmälerten Musikgenuss per Kopfhörer zu ermöglichen. Die katholische Kirche in Deutschland hat dieses Verfahren längst auf eigene Weise perfektioniert: Sobald jemand das Wort »Krise« in den Mund nimmt und nach Kirchenreformen ruft, tönt es dagegen: Krise ja, aber nicht Kirchen-, sondern Gottes- oder Glaubenskrise!

Idealtypisch war das zu verfolgen, als 144 Theologieprofessoren aus dem deutschsprachigen Raum am 4. Februar 2011 ihr Memorandum »Kirche 2011. Ein notwendiger Aufbruch« veröffentlichten, mit dem sie auf den Missbrauchsskandal des Vorjahres reagierten. Die Unterzeichner* verlangten einen »offenen Dialog über Macht- und Kommunikationsstrukturen, über die Gestalt des kirchlichen Amtes und die Beteiligung der Gläubigen an der Verantwortung, über Moral und Sexualität«, sprachen von »Unruhe« und einer »vielleicht letzten Chance«, die nicht verspielt werden dürfe. Denn andernfalls drohe »Grabesruhe«.

Kardinal Walter Kasper reagierte prompt. Zwei Tage nach dem Aufruf las der frühere Tübinger Theologieprofessor seinen Ex-

---

.* Die Gesamtzahl der Unterzeichner lag Ende Juli 2013 bei 311, davon 240 Theologieprofessoren: http://www.memorandum-freiheit.de/?page_id=390 (abgerufen am 28.07.2013).

kollegen in der ›FAZ‹ die Leviten: Ihn habe »das Memorandum maßlos enttäuscht, … weil ich mir von Theologen mehr, nämlich einen substanziellen theologischen Beitrag erwartet hätte«. Statt dessen bleibe das Memorandum in jener Selbstbeschäftigung stecken, die es doch gerade kritisiere. »Glauben denn die Unterzeichner im Ernst, dass die Kirchenfragen die existenziellen Fragen der Menschen heute sind? Oder ist es nicht eher umgekehrt, dass nämlich die Kirchenkrise eine Folge der Gotteskrise ist?«

Kirchenkrise, Gotteskrise. Schwingung, Gegenschwingung. Selbstredend provozierte Kaspers Einspruch umgehend Widerspruch. Drei seiner akademischen Schüler – Hans Kessler, Eberhard Schockenhoff, Peter Walter – drehten die Argumentation ihres Lehrers um: Das Erscheinungsbild der katholischen Kirche selbst – also die Kirchenkrise – verschärfe die grassierende Gotteskrise. »Kann die katholische Kirche angesichts des … festgestellten Reformbedarfs überhaupt als ein Lebensraum in den Blick geraten, in dem es sich lohnt, über Gott und den Menschen nachzudenken?« Dieses Hin und Her ließe sich leicht weiterverfolgen bis hin zum »Nationalen Eucharistischen Kongress« 2013 in Köln, mit dem Kardinal Joachim Meisner der »Glaubenskrise« auf der Event-Ebene begegnen und einen Kontrapunkt zu den Katholikentagen des ZdK setzen wollte. Denen fehle »die katholische Mitte« und es werde dort bloß mitgeredet, »was heute so üblich ist«*: das Gerede von Kirchenkrise zum Beispiel. Schwingung, Gegenschwingung. Dann Stille. Ruhe. Grabesruhe? Auf dem Weltjugendtag in Rio de Janeiro hat Papst Franziskus spektakulär das Gegenteil verlangt: »Entonces: Hagan lío!« – Nun also: Macht Krach, macht Wirbel!«, rief er jungen Katholiken aus seinem Heimatland zu. »Die Bischöfe und Priester mögen mir verzeihen,

---

* Interview in der ›Kölnischen Rundschau‹ vom 16.05.2012.

wenn einige nachher Verwirrung stiften. Es ist ein Rat. Danke für das, was ihr tun könnt.«

Dieser Papst will Unruhe, er will Lärm, will Aktion – aber gerade keine aktive Schallauslöschung. Was deutsche Katholiken im Sinne des Papstes darum nicht mehr tun sollten: die Kirchenkrise gegen die Gottes- oder Glaubenskrise auszuspielen. Man wird heute von einer Glaubenskrise sprechen können. Aber als Gegenbegriff zu anderen Krisenphänomenen in der Kirche kann diese Rede nicht funktionieren. Sie wird dann vielmehr zu einer Schutzbehauptung, die in falscher Weise »Eigentliches« vom »Uneigentlichen« zu trennen vorgibt, sich aber damit nur den notwendigen Fragen von Strukturveränderungen entzieht.

Von dem französischen Schriftsteller Georges Bernanos stammt das Wort: Man verliert den Glauben nicht wie einen Schlüsselbund, sondern er hört nach und nach auf, dem Leben eine Form zu geben. In einer solchen Formkrise ist der Glaube – mit Blick auf seine bestimmende Kraft für das Leben der Menschen. Der Alltag verliert sein religiöses Gesicht, sein religiöses Gepräge. Umgekehrt sprechen die religiösen Formen nicht mehr in den Alltag hinein. Insofern ist die »Glaubenskrise« eher eine Umstellungs- und Wandlungskrise der institutionellen wie auch der inhaltlichen Präsenz des Glaubens, die das Gottesbild mitbetrifft. Es kommt nun darauf an, diese Wechselwirkungen und Abhängigkeiten so zu einander in Beziehung zu setzen, dass sie bereichernd sind für die Kirche und den Glauben, nicht auszehrend.

Die Gefahr der Auszehrung ist nirgends so deutlich zu erkennen wie beim zentralen kirchlichen Vollzug, dem Gottesdienst: Die Kirche findet kein Mittel gegen den Besucherschwund. Anfang der 1950er Jahre ging jeder zweite deutsche Katholik sonntags in die Messe, heute ist es nur noch jeder zehnte. Dazwischen lagen das Konzil und die Liturgiereform. Dazwischen lagen Experimente mit Beatmessen, liturgischem Tanz, Gottesdienste für Kinder, Jugendliche, Familien, Senioren. Dazwischen lagen aber auch Pendelschläge hin zu einer Rückbesinnung auf klassische, traditionelle Formen des Ritus. Geholfen hat alles nichts. In manchen Gegenden, insbesondere Ostdeutschlands, besteht die Aufgabe der Kirche mit Blick auf den Gottesdienst heute in einer Art Sterbebegleitung. Der Berliner Kardinal Rainer Woelki fragt mit Recht, ob denn in einer kalten brandenburgischen Kirche mit einer Handvoll alter Frauen noch sinnvoll ein »Fest der Auferstehung« gefeiert werden könne. Ein Perspektivwechsel tut not. Die Kirche kann auf den Mangel durchaus mit einem Mehr reagieren – mehr von etwas Kleinerem. An die Stelle von Messen können Gebete zu festgelegten Zeiten treten, die an das klösterliche Stundengebet anknüpfen. Das erfordert weder die Anwesenheit eines Priesters noch eine gewaltige Predigt. Aber die Kirche bleibt am Ort präsent: leise, schlicht, demütig. Ein anderer Vorschlag folgt der Spur frühchristlicher Praxis: Die kleinen Gemeinden versammelten sich in Privathäusern, um dort zum Gedächtnis ihres Herrn Jesus Christus »das Brot zu brechen« und Gemeinschaft untereinander zu halten. Statt sich – wie heute – bei der Messfeier in einem viel zu großen, für Kommunikation und Kontakt ungeeigneten Kirchengebäude mit einigen versprengten Besuchern zu verlieren, könnten die Pfarrer bei Gläubigen ihrer Gemeinden reihum gehen: Hausbesuche mit Gottesdienst, zu denen auch Nachbarn oder Bekannte der Gastgeber willkommen wären und an die sich Gespräche und Begegnungen anschließen ließen.

Weiter setzt ein Perspektivwechsel bei einem Bedürfnis nach ritueller Begleitung an. Nach der tödlichen Massenpanik auf der Duisburger Loveparade 2010, nach Verbrechen wie den Amokläufen von Erfurt 2002 und Winnenden 2009 oder auch beim Tod von Nationaltorhüter Robert Enke, der an Depressionen litt und sich 2009 das Leben nahm – immer waren die Kirchen gefragt, der fassungslosen Trauer eine Fassung zu geben. Zwar hat Dietrich Bonhoeffer recht, wenn er davor warnt, den Menschen an den Schwachstellen ihrer Existenz Gott gleichsam unterjubeln zu wollen. Aber die Kirche darf daraus nicht den umgekehrten Schluss ziehen und sich mit ihrem Angebot an Formen und Riten gerade dann entziehen, wenn Menschen danach verlangen. Sie hat dafür einen uralten Wortschatz: die Klagepsalmen der Bibel zum Beispiel oder das Verzweifeln der Propheten an der Unbegreiflichkeit Gottes. Sie muss deren Klage dann aber Klage sein lassen, darf die Ratlosigkeit nicht überspielen, das Stammeln nicht wegreden. Das gelingt am ehesten, wenn sich die Kirche in solchen Momenten betont rituell gibt. Nicht formelhaft, nicht routiniert, sondern mit wacher Präsenz, mit ihrem Wissen um die schützende und stützende Kraft der »rites de passages«, der gestalteten Lebensübergänge. Eigentlich versteht die Kirche etwas davon – im Gegensatz zu vielen anderen.

Die Kirchenmitglieder, mit denen die Geistlichen es in Gottesdiensten außerhalb der Messen an Sonn- und Werktagen zu tun bekommen, sind in der Mehrheit »treue Kirchenferne«. Sie bewegen sich in einer weiten Umlaufbahn zur Kirche. Gerade bei Beerdigungen erinnern sie sich ihrer Kirchenmitgliedschaft – und ihrer Mitgliedsbeiträge. Es hat wenig Sinn, sich ihrer Dienstleistungslogik entziehen zu wollen oder damit zu hadern. Im Gegenteil: Die Kirche soll den bestmöglichen Service bieten, weil sie nichts anderes ist als eben »Dienstleisterin«. Die Menschen spüren es, ob ein Vertreter der Kirche sich auch dann auf sie einlässt, wenn sie die Kirche nur selten von innen sehen. Wie sie behandelt werden, das hinterlässt Spuren. Im Gedächtnis der Einzelnen wie in den Einstellungen der Gesellschaft zur Fähigkeit der Kirche, Höhen und Tiefen des menschlichen Lebens zu fassen – auch und gerade rituell.

Dass die Kirche die Kraft zur Selbsterneuerung in der Geschichte gerade aus ihrem Reichtum spiritueller Formen bezog, scheint in der Namenswahl der letzten beiden Päpste auf. Joseph Ratzinger rief die Erinnerung an Benedikt von Nursia (480–547) wach, den Vater des abendländischen Mönchtums. Jorge Bergoglio führte nach fast 1000 Jahren zum ersten Mal wieder einen neuen Namenspatron in die Papstannalen ein: Franz von Assisi (1181/82–1225). Der »Poverello« steht für die Verpflichtung des Namensträgers auf eine arme Kirche im Dienst an den Armen. Durch die geistliche Herkunft Bergoglios aus dem Jesuiten-Orden tritt noch eine dritte Persönlichkeit in den Kreis: Der bereits erwähnte Ignatius von Loyola (1491–1556), von dessen Spiritualität die Verkündigung des Papstes durchdrungen ist. Benedikt, Franziskus, Ignatius – drei Ordensgründer an drei entscheidenden Wegmarken der Kirchengeschichte. Wenn die Kirche zu mächtig wurde, zu herrisch in ihrer Inszenierung und übergriffig in ihren Ansprüchen, alle Bereiche des Lebens zu bestimmen – immer dann traten geistliche Gestalten auf, die Prozesse innerkirchlicher Selbstreinigung anstießen.

Beim Aufstieg des Christentums zur Staatsreligion in der nachkonstantinischen Ära waren es die ersten Mönche – Einsiedler, Eremiten, für deren asketische Existenz der heilige Benedikt mit Kloster und Ordensregel eine gemeinschaftliche Entsprechung fand. Die klösterliche Lebensform bot in den Wirren der Völkerwanderung einen geistlichen Halt. Benedikt trat dabei gerade nicht mit dem Anspruch des Außerordentlichen an, mit einer Spiritualität der Extreme, sondern mit etwas sehr Elementarem: Wie finden Menschen in einer festen Ordnung von Raum und Zeit zum Gebet und zur Gemeinschaft – und bewahren zugleich das Moment monastischer Einsamkeit? Nicht umsonst nannte Benedikt das Kloster eine »Schule für Anfänger« und »Werkstatt gelingenden Lebens«.

Als die Werkstätten selbst zu mächtigen Institutionen wurden, die Benediktiner gewaltige Klosteranlagen errichteten und Herrscherfiguren hervorbrachten, da entstand im 11. Jahrhundert der Reformorden der Zisterzienser mit strenger Orientierung am mönchischen Ursprungsideal, an das nach nicht allzu langer Zeit dann die Trappisten erneut erinnern mussten.

Der heilige Franz von Assisi und der heilige Dominikus mit ihren Bettelorden wirkten an der Wende vom 12. zum 13. Jahrhundert just in dem Moment, da das Papsttum sich als Herrscher über die ganze Welt wähnte. Bei Franziskus ist das Armutsmotiv sehr existenziell ausgeprägt: Das nackte Jesuskind in der Krippe und der nackte Gekreuzigte sind die Bezugsgrößen seiner Christus-Nachfolge. Dazwischen ein materiell armes Leben, das aber reich war an Entdeckungen von Geschwisterlichkeit, von Spontaneität in der Lebensführung, von Symbolik: Alles in der Welt konnte für Franziskus zum Sinnbild der Gegenwart Gottes werden.

Drei Jahrhunderte später dann, auf dem Höhepunkt des luxuriös-lebensfrohen Renaissance-Papsttums, gründete ein strenger Ritter aus dem spanischen Loyola namens Ignatius eine Gemeinschaft, die ohne Kloster, ohne Mönchsgewand und Chorgebet auskam und damit alle traditionellen Sicherheiten des Ordenslebens fahren ließ. Wie bei Benedikt und Franziskus hat die Existenz des Christen auch in ihrer ignatianischen Grundierung etwas Elementares, Schlichtes – ohne allen Sakralglanz. Seine Ordensregel atmet den Geist militärischer Disziplin. Armut ist ein Weg der inneren Läuterung mit einer eigenen Form mystischer Versenkung in das Leben Jesu. Zugleich sollen durch sie die inneren Lebensentscheidungen reifen: Was ist meine Bestimmung als Mensch und als Christ? Daraus leitete Ignatius eine Art Berufs- und Alltagsmystik ab, wie sie der Philosoph und Theologe Elmar Salmann auch dem Menschen heute nahelegt: Wozu bin ich gesandt? Wo ist der Ort, an dem ich mich bewähren soll?

Aus der Epoche der Pius-Päpste schließlich, in der sich die Kirche mit hochfahrendem Gestus eine zentralistisch-straffe Organisationsform gab, sind Gestalten wie die »kleine« Thérèse von Lisieux (1873–1897) und Charles de Foucauld (1858–1916) zu nennen, die christliche Ideale in schroffem Kontrast zu bewähren suchten: äußerste Armut, Selbsthingabe und Erniedrigung bis zur Entblößung.

Es kann in der Kirche offenbar kein Eigenleben institutioneller Größe geben, dem nicht ein charismatischer Pendelschlag hin zum Ursprungsmaß der Einfachheit und Armut entspräche. Die vielleicht einzigartige Institutionenweisheit der Kirche liegt darin, die Antagonismen zusammenzuhalten: Alle »klassischen Orden« sind so von randständig-widerborstigen Gruppen zu anerkannten Größen in der Mitte der Kirche geworden. Der immer wieder erstaunt oder bewundernd registrierte Bestand der Kirche über 2000 Jahre hinweg hat seinen wesentlichen Grund in dieser Kraft zur Integration. Heute steht die Kirche wieder einmal an einem Wendepunkt. Die institutionelle Legierung noch aus der Zeit des 19. Jahrhunderts bis zu ihrem Endpunkt im Pontifikat Pius' XII. (1939–1958) ist zerbrochen, ihre geistliche Präsenz fragil, ihre spirituelle Ausstattung unbestimmt. Im »Schwebezustand« sieht Ulrich Ruh die Kirche der Gegenwart, gerade in Deutschland.

In diesem Moment nun geht ein Papst einen Weg, der ganz seinem ursprünglichen Namenspatron entspricht: Benedikt zieht sich in eine klosterähnliche Existenz und ins Gebet zurück. Und ein neuer Papst, ein Jesuit, wählt den Namen Franziskus. Damit bezieht sich die Kirche an ihrer Spitze institutionenlogisch auf drei vorgeprägte, aber ganz verschiedene Modelle von Armut und Einfachheit, die ihr neue Strahlkraft geben sollen.

Benedikt, Franziskus, Ignatius – würden sie zu Leitfiguren für Veränderungen in der Kirche, wäre der geisttötende, lärmauslöschende Gegensatz von »Glaubenserneuerung kontra Strukturreform« sogleich überwunden: Denn wer hat den Glauben von Katholiken mehr gestärkt und zugleich ihrem Strukturwandel deutlichere Konturen gegeben als dieses Trio?

»Spurenlese des Lebens«

Elmar Salmann
ist emeritierter Professor für Philosophie und Theologie an der Ordenshochschule Sant'Anselmo in Rom. Er lehrte dort auch an der Päpstlichen Universität Gregoriana.

Pater Salmann, welchen Reim machen Sie sich auf die widersprüchliche Diagnose eines »Glaubensschwundes« in der katholischen Kirche einerseits, des ungebrochenen, ja sogar steigenden Interesses an Spiritualität andererseits?
Zunächst einmal spreche ich nie von »Schwund« oder »Verfall« und finde diese Rede zunehmend abgeschmackter.

Warum?
Weil ich denke, dass jede Zeit auf ihre Weise Spurenlese mit Blick auf Gott betreibt und betreiben muss. Die Antipathien und Animositäten der Kirche gegenüber der vermeintlich glaubensfern-gottlosen säkularen Gesellschaft halte ich für gefährlich. Ich rate der Kirche zu einer wohlwollenden Geneigtheit gegenüber der Lebensweise der Menschen heute. Dann würde sie – bei aller Fremdheit – besser erkennen, wo ihre eigenen Begrenztheiten liegen und warum die Menschen bei ihrer spirituellen Spurenlese schwerlich auf kirchliche Pfade geraten. Sie tun sich nämlich heute schwer damit, die zentralen christlichen Glaubensgeheimnisse zu verstehen, mit der Institution Kirche umzugehen und ganz bestimmte überlieferte Formen des geistlichen Lebens zu pflegen. Auch weil sie angesichts der ungeheuren Vielfalt von Lebenswelten in der Postmoderne, in denen wir selbst existieren und

mit denen wir konfrontiert werden, vom Grundgefühl her eher skeptisch-agnostisch sind.

Was meinen Sie mit den »christlichen Glaubensgeheimnissen«?
Wir können uns Gott kaum noch als Person vorstellen. Die Kategorie »Herrgott« geht nicht mehr, »Dreifaltigkeit« ist kaum zu vermitteln. Auch die Eigenschaften Gottes, die man früher wie selbstverständlich bemühen konnte, sind verblasst: Gott, der Allmächtige. Der Allwissende. Der Allgerechte. Diese Begriffe finden keine Resonanz mehr in unseren Seelen. Wir lassen bestenfalls noch eine vage »Barmherzigkeit« Gottes gelten. Ähnlich verhält es sich mit den harten und herben Themen des Christentums wie Sünde und Gnade, Opfer und Erlösung, Himmel und Hölle, Ewiges Leben. Sie erschließen sich uns heute nicht mehr. Dagegen ist die Kirche machtlos.

Wie kann sie in dieser Formkrise dem modernen Menschen den christlichen Glauben besser vermitteln?
Der erste und wichtigste Schritt wäre es, die Menschen neu auf die Spur des Betens zu setzen.

Aber wenn Sie sagen, dass die Vorstellung eines personalen Gottes schwierig geworden ist, müsste das doch auch für das Gebet gelten.
Wenn man es zuerst und vor allem als Zuwendung, als Dialog oder »Zwiesprache mit Gott« versteht und andere, eher tastende Formen des Gebetes vernachlässigt. Die »Not des Gebetes« ist die Konsequenz daraus, dass die Kirche gegenläufig zum allgemeinen Empfinden die Personalität Gottes so stark herausgestrichen hat.

Das Christentum hat nun einmal in Jesus Christus eine göttliche Person im Angebot.
Das stimmt, aber Gott ist mehr als »nur Person«. Das wird man auch von Jesus Christus sagen müssen. Er ist nicht bloß der nette

Typ, den man an der Straßenecke trifft und mit einem Schulterklopfen begrüßt. Schon den Jüngern gegenüber wird auch eine ungeheure Distanz spürbar. Er repräsentiert etwas Unfassbares – das Göttliche.

Was bedeutet das nun für das Beten?
Wir bräuchten in der Kirche etwas, was schon Romano Guardini in den 1940er Jahren als »Vorschule des Betens« bezeichnet hat. Das Gebet in seinen vielen Formen ist der Versuch des Menschen, dem Leben eine Fassung zu geben und es zu öffnen. Im Gebet wird das Leben erschlossen und ins Weite geführt. Viele Menschen bevorzugen heute anonyme Formen des Betens wie Meditation, Versenkung, Sammlung; Momente des Innehaltens zum Tagesbeginn und -ausklang, die »révision de vie« – die Lebensbetrachtung als seelischen Kassensturz; auch Atem- und Körperübungen.

»Anonym«, also ohne Adressat – weil sie sich nicht explizit an Gott wenden und sich nicht klassischer kirchlicher Sprachformen bedienen?
Ja. Und gemeint in einem beschreibenden, nicht wertenden Sinn. Wenn man diese Ausdrucksformen nämlich als »säkularisierte Billigangebote« oder »Endmoränen« von vergangener »wahrer« und »intensiver« Frömmigkeit abtut, ist das völlig schief und verfehlt. Ich halte all das, was man heute gern als »Spiritualität« bezeichnet, für einen ungeheuren Reichtum, ohne den die Menschen offenbar nicht leben wollen. Die Kirche müsste zeigen, welche Kraft in all diesen Formen des Gebetes liegt und könnte dann allenfalls noch hinzufügen: »Es gibt bei uns aber vielleicht noch etwas anderes, Weiterführendes«. Nur – das müsste sie dann schon auch bewahrheiten können.

Woran denken Sie?

Ich nenne einmal vier Formen des Gebets, die allesamt etwas Großes – nennen wir es Göttliches – erahnen lassen: Da ist die geistliche Lesung (lectio) als die Kunst, sich von einem Text etwas sagen zu lassen – oder auch vom eigenen Leben: es neu zu »lesen«, was ja in der Psychoanalyse auch genauso geschieht. Vieles, was wir in der Kirche früher unter »geistlicher Führung« oder »geistlicher Begleitung« verstanden haben, wird heute in den verschiedensten Formen psychologischen und therapeutischen Geleits praktiziert. Anders, vielschichtiger. Womöglich ist das dem heutigen Menschen in der Komplexität seiner Lebenszusammenhänge sogar gemäßer und behilflicher. Auch da würde ich wiederum von einem Reichtum sprechen, der rundheraus zu begrüßen ist.

Was sind die weiteren Formen?

Eine zweite ist der Lobpreis oder die Danksagung. Friedrich Nietzsche hat einmal gemeint, es müsse einen Gott geben, damit der Mensch zumindest eine Instanz hätte, vor der er für sich selbst dankbar sein könnte. Daran erkennt man, dass es zur Religion gehört, zu danken, groß von etwas zu denken – und sei es von sich selbst. Der Lobpreis gehört zutiefst zur Kulturgeschichte des Abendlandes. Von Pindar bis Rainer Maria Rilke gibt es in der Dichtung den Lobpreis: des Menschen, des Daseins, Gottes. Und vielleicht zeigt sich von Gott auch deshalb nichts mehr, weil wir diesen großzügigen Gestus des Lobens und Dankens verlernt haben.

Eine dritte klassische Gebetshaltung ist die Anbetung oder Verehrung: etwas so anzuschauen, dass es mich ehrfürchtig werden lässt. Das ist keineswegs gleichbedeutend mit der »eucharistischen Anbetung« vor der Monstranz, die manche gern zum Beweis gestählter Katholizität nehmen und sie damit eigentlich schon wieder unmöglich machen. Es geht zunächst einfach darum, etwas Großes groß sein zu lassen.

Und schließlich denke ich an die Klage: vor Gott auszusprechen, dass das Leben zu eng ist, zu rätselhaft, widersprüchlich oder belastend. Daraus entsteht fast von allein die Bitte, dass das Leben nicht entzweigehen, sondern sich fügen möge.

Das ist ein – unvollständiger – Reigen von Gebetsformen, die dem Menschen helfen, sich des Geheimnisses seines Lebens bewusst zu werden. Nicht sofort »du-haft«, sondern in der Art eines erweiterten Monologes.

All diese Formen sind in der Kirche klassisch zu Hause.
Sie könnten den anonymen Formen der Spiritualität »ein Gesicht geben«. Nicht weil die anderen Formen weniger wert wären, sondern damit sie womöglich noch einmal eine andere Färbung bekommen. Aber da geschieht in den Kirchen wenig. Dafür haben wir überhaupt keine Kultur. Eine Religion jedoch, die all das nicht mehr vermittelt, einübt, ja nicht einmal mehr ahnen lässt – eine solche Religion ist dem Untergang geweiht. Religion ohne die Innenerfahrung und die Gebärde des Gebetes kann keinen Bestand haben.

Warum bedienen sich selbst Christen lieber des spirituellen Repertoires anderer Religionen, insbesondere der fernöstlichen?
Sicher auch, weil die kirchliche Welt im Allgemeinen zu geschlossen, organisiert, dogmatisch und moralisch daherkommt. In diesem glanzlosen Grau sind einige charismatische Glitzersteinchen zu wenig, geistliche Events wie die »Nightfever«-Nächte etwa, wo Anbetung Gottes und menschliche Zugewandtheit in gelungener Weise zusammenkommen.

Welche Themen sprechen den heutigen Menschen denn noch an?
Mit Blick auf das Leben Jesu kann die Kirche einiges anbieten, was zum modernen Menschen passt: Weniger Kreuz und Opfertod, dafür mehr Geburt und Inkarnation. Mehr von der Souve

ränität Jesu, seiner Freiheit gegenüber der Gesellschaft und der tradierten Religion, die er vorfand. Mehr auch von seinem freisetzenden, ermutigenden Umgang mit den Menschen, das heißt also: seinem Gestus als Seelsorger. Denken Sie auch an die Glaubenserfahrung Jesu. Die Bibel beschreibt sie als Lernprozess. Sie sagt über Jesus: »Er musste den Gehorsam lernen.« Es gibt also etwas am Glauben, was sogar Jesus sich erst erschließen musste. Kontrapunktisch verstanden, liegt in dieser Einsicht ein Deutungsangebot für den heutigen Menschen, der ja auch beständig auf der Suche nach sich selbst ist und zum »lebenslangen Lernen« aufgefordert wird. Das alles sind Facetten, die heute an der Gestalt Jesu faszinieren. Dadurch entstünde ein anderer Querschnitt vom Christentum.

Der Jesuiten-Theologe Karl Rahner hat 1966 den Satz geprägt: Der Fromme von morgen wird ein »Mystiker« sein, einer, der etwas »erfahren« hat, oder er wird nicht mehr sein. Was ist ein halbes Jahrhundert später von Rahners Prognose zu halten?
So ausgelutscht dieses Zitat inzwischen zu sein scheint, es trifft immer noch ins Schwarze. Man muss den Begriff »Mystik« aber so verstehen, wie Rahner ihn gemeint hat.

Schon Rahner selbst fügte 1980 einschränkend und erklärend hinzu, der Satz über den Christen der Zukunft sei »sehr richtig«, wenn man unter Mystik »nicht seltsame parapsychologische Phänomene versteht, sondern eine echte, aus der Mitte der Existenz kommende Erfahrung Gottes«.
Eben. Es geht Rahner in seiner Zukunftsbeschreibung – negativ formuliert – nicht etwa um Ekstase, nicht um das Heißlaufen religiöser Gefühle, sondern um eine »Mystik des Alltags«. Ich verstehe Mystik in diesem Sinne als Erinnerung an das, was uns umfasst und unsere Würde garantiert. Was uns staunen lässt vor dem Dasein. Freilich auch die Erinnerung an das, was uns darin wehrlos,

verwundbar macht. Rahners Satz vom Christen der Zukunft als Mystiker hat in seiner Tiefe viel gemeinsam mit einem ebenfalls häufig benutzten Zitat des Staatsrechtlers Ernst Wolfgang Böckenfördes, das als »Böckenförde-Diktum« inzwischen sogar zur Ehre eigener Lexikoneinträge gelangt ist: »Der freiheitliche, säkularisierte Staat lebt von Voraussetzungen, die er selbst nicht garantieren kann.«

Rahner spricht von der Innenausstattung des Menschen, Böckenförde von seinen sozialen Bezügen.
Und beide erinnern dabei an etwas Vorgegebenes, das der Mensch nicht einfach aus sich selbst heraus konstruieren und garantieren kann. Beide appellieren an eine »mystische Vorgabe«.

Wenn der Christ der Zukunft ein Mystiker sein muss – muss dann auch die Kirche der Zukunft mystisch sein?
Ähnlich wie Vorschullehrerin des Betens sollte die Kirche Lehrmeisterin einer Mystik des Alltags sein wollen. Dazu gehört ein sorgsamer Umgang des Menschen mit der Zeit: Wie erlebe ich Zeit? Muss ich sie totschlagen? Läuft sie mir weg? Gibt es die »dichten Momente« – Zeiten des Aufschauens und Innehaltens? Oder denken Sie an das weite Feld der Askese, für die es ja außerhalb der Kirche eine große Bereitschaft gibt. Gefastet wird um aller möglichen Dinge willen, aber bitte bloß nicht um der Religion willen! Was wird in der Sport- und Wellnessgesellschaft nicht gekeucht und geschwitzt für die eigene »Fitness«! Seltsam und verwunderlich, dass unsere Religion da gar nichts mehr anzubieten und einzufordern hat.

Aber sollten das wirklich schon Formen von Mystik sein?
»Natürliche« Formen der Mystik – ähnlich die »anonymeren Formen des Gebets«. Hier wie da gibt es Übergänge zu einem steileren Verständnis. So spielt in der Mystik immer die Grenzerfah-

rung des Menschen eine Rolle. Aber geht es nicht genau darum auch im Extremsport oder im Extremtourismus, der – genau betrachtet – Urorte der Gotteserfahrung neu erschließt: Wüsten, Berge, Höhlen und die hohe See? In den heiligen Schriften der Religionen tut sich an diesen Orten die Weite, Höhe und Tiefe Gottes auf. Hier geschehen Entgegenkommen und Ankunft Gottes. Wenn ich das alles auf den Punkt bringe, gelange ich wiederum zur mystischen Erfahrung des Menschen, wie ich sie – im Anschluss an den Psychologen Carl Albrecht – verstanden wissen möchte: als das Ankommen eines Umfassenden, das mich erfasst, umgreift und begreift. Das heißt auch: In all seiner Zufälligkeit und Vorläufigkeit kann der Mensch nicht anders, als sich als »unbedingt angegangen und gemeint« zu verstehen. In jedem Menschen ist etwas Absolutes, Notwendiges. Er braucht auch das Wissen, unbedingt anerkannt zu sein.

Sonst wird er krank?
Oder er schwankt zwischen Minderwertigkeitskomplexen und Allmachtsfantasien. Dass wir Menschen in unserem Leben nicht ohne Bezug zum Geheimnisvollen, zu den Tiefen und Höhen, zu den Abgründigkeiten der Existenz bleiben wollen – diese »mystische Intuition« verbindet sich sehr häufig mit Gelenkstellen und Krisenzeiten unseres Lebens, mit den Entdeckungen von etwas Großem, mit Formen der Inspiration: dass man genau das Richtige tut; dass einem im richtigen Moment genau das Richtige einfällt. Es geht dem Menschen etwas auf, ohne das er sich gar nicht mehr richtig verstehen kann und will. Das sind Urformen naturaler Mystik.

Sie selbst sind 1973 aus dem Dienst als Priester im Erzbistum Paderborn zu den Benediktinern gewechselt. Was hat Ihnen in der weltpriesterlichen Existenz gefehlt, das Sie als Mönch zu finden hofften?
Es hätte nicht getragen, hauptsächlich aus Ungenügen gegangen

zu sein. Aber offenbar habe ich schon damals zu sehr einen Mangel an kirchlicher Innenausstattung wahrgenommen, um dem Priesterberuf gerecht zu werden. Mir fehlte im Weltpriestertum die mystisch-spirituelle Fundierung. Der Priester im Zölibat ist ja – wenn überhaupt – nur sinnvoll als eine »archetypische Figur«. Davon aber war in der Zeit nach 1968 und um die Würzburger Synode (1971–1975) herum nicht mehr viel übrig. Das Priesterbild wurde sehr stark funktionalisiert und auf einen bestimmten Typ von Pastoral hin konzipiert. Und das konnte ich mir für mich weniger gut vorstellen. Ich wollte Seelsorger sein, nicht Pastoralmanager. Der Orden erschien mir als ein Raum, der den Primat der Anbetung und der »Gegenwart vor Gott« ebenso wahrt wie eine Form der Seelsorge, die sich tatsächlich um die Biografie des einzelnen Menschen in ihrer Tiefe bemüht. Es haben aber gewiss auch weniger gute und tragende Motive für meinen Ordenseintritt eine Rolle gespielt.

Nämlich?
Eine Art privater konservativer Revolte gegen die Kulturrevolution der 68er. Schon ästhetisch behagten die 68er meinem bürgerlichen Gemüt nicht. Unterdessen habe ich ein viel großmütigeres, großzügigeres, schätzendes Verhältnis zu ihnen. Ich würde sagen: Da haben damals regredierend-regressive Regungen hineingespielt, wie das bei jeder Lebenswahl zu geschehen pflegt. Wenn es gut geht, schwitzt sich so was aus *(lacht).*

Sehen Sie sich heute als einen Platzhalter für Spiritualität?
Wir Mönche üben jedenfalls eine Anziehungskraft aus, die bisweilen exotische Züge annimmt. Offenbar hoffen die Menschen, in der Begegnung mit unserer Lebensform in all ihrer Fremdheit auf etwas zu treffen, was sie sich am Ende nicht einfach selbst geben können. Schon deswegen hat es auch eine Bedeutung, dass es uns – solange wir können – in der Kirche und in der Gesellschaft gibt.

Dialog mit der Öffentlichkeit –
Kommunikation und Medien

Vom verstorbenen Fuldaer Bischof Johannes Dyba (1929–2000), dem letzten begnadeten Polemiker im deutschen Episkopat, schrieb die ›Süddeutsche Zeitung‹ einmal, er habe für das Kirchenjahr und die großen Feste bestimmt eine doppelte Agenda gehabt. Im Advent: den ›Spiegel‹ an das große Weihnachtsinterview erinnern. Vor dem Katholikentag: die Laien vom Zentralkomitee triezen. Und vor allem: immer ordentlich Radau machen.

20 Jahre lang stand Dyba als Diplomat im Dienste des Vatikans. Doch berufstypischen Feinschliff ließ Dyba sogleich hinter sich, als er 1983 die Amtsgeschäfte in Fulda übernahm. Seine Verbalattacken sind legendär: Die kirchlichen Jugendverbände nannte Dyba eine »Mafia«. Homosexualität war für ihn eine »Degeneration«, die staatliche Anerkennung homosexueller Paare lehnte er mit dem Argument ab, »importierte Lustknaben« hätten kein Anrecht auf die Fürsorge der Gesellschaft. Dybas folgenschwerste Faustformel war die »Lizenz zum Töten«. Mit ihr bekam der Streit über die Schwangerschaftskonfliktberatung jenen Spin in Richtung Ausstieg aus dem staatlichen System, gegen den für die anders gesinnten Bischöfe kein Ankommen mehr war.

Niemand muss die Methode Dyba mögen oder seine Positionen teilen, aber sein virtuoses Spiel auf der Klaviatur der Medien zeigt, woran es der Kommunikation der Kirchenleitung oft fehlt: an der Bereitschaft nämlich, vielleicht auch an der Fähigkeit, sich auf die Mechanismen der Mediengesellschaft einzulassen. An sich ehrenwerte Bedenken mögen eine Rolle spielen: Gilt das Gebot der Nächstenliebe nicht auch verbal? Müssen Vertreter der Kirche aus Gründen der Glaubwürdigkeit anders sprechen? Getreu dem Motto Jesu: »Bei euch aber soll es nicht sein.« Beides ist zu bejahen. Aber die kirchliche Realität selbst wird dem Anspruch liebevoller Kommunikation nicht gerecht. Zum einen wird in der Kirche mit den gleichen Schärfen und Finessen gestritten wie überall. In einer offenen Gesellschaft bleibt dies nicht verborgen. Die Bischofskonferenz als ein Kollegium mit Meinungsverschiedenheiten, aber beseelt vom Geist der Brüderlichkeit – dieser einst gern gepflegten Vorstellung dürften heute nur noch sehr Gutgläubige anhängen. Vor diesem Hintergrund aber tendiert die Weigerung, sich auch öffentlich in die Auseinandersetzung zu begeben, zum schönen Schein.

Zum anderen will die Kirche sehr wohl an Debatten teilhaben. Sie weiß, dass sie das nur zu den Bedingungen tun kann, die für andere gesellschaftliche Gruppen auch gelten. Es gibt kein Biotop für Bischöfe und keinen Kirchenrabatt für Medienpräsenz. Also schwanken speziell die Bischöfe ständig zwischen zwei Stimmungslagen: Sie hätten gern die Aufmerksamkeit der Öffentlichkeit. Aber zugleich ist ihnen dabei unbehaglich zumute, weil sie fürchten, kommunikativ unter die Räder zu kommen. Das Ergebnis ist, dass sich immer wieder dieselben erbarmen (müssen), wenn es um Talkshows, Interviews und öffentliche Diskussionsrunden geht.

Allerdings wird es denen, die dann für die Kirche in den Ring gehen, intern keineswegs gedankt. Sie bekommen Haltungsnoten verpasst. Was sie sagen, wird auf Rechtgläubigkeit hin überprüft. Und auch von Anwandlungen der sprichwörtlichen »invidia clericalis«, dem Neid unter Klerikern, bleiben sie nicht verschont. Es gibt Bischöfe, die äußerst argwöhnisch verfolgen, wie oft das Gesicht eines Mitbruders auf dem Bildschirm oder in der Zeitung erscheint. Und sie reagieren mit dem Vorwurf der Mediengeilheit oder der Anbiederung, wenn einer in den Medien auffallend viel Anerkennung erfährt. Das erschwert oder blockiert aber erst recht einen souveränen, auf beiderseitigen Vorteil bedachten Umgang mit den Medien, für den gerade die katholische Kirche gute

Voraussetzungen mitbrächte. Ihre Verfassung zum Beispiel kommt dem Hierarchisierungs- und Personalisierungsprinzip der Medien ausgesprochen entgegen. Statt nun in Larmoyanz zu verfallen, weil sich die Medien auf führende Kirchenvertreter konzentrieren oder sich – negativ – an ihnen »festbeißen«, müsste die Kirche versuchen, den Mechanismen der Medien anders zu entsprechen: Medien brauchen Prominente, die bekannten Gesichter. Aber es dürften auch andere Gesichter sein als die von Bischöfen, wenn die Kirche selbst ihnen »Rang und Namen« gäbe.

Kirchliche Öffentlichkeitsarbeiter schildern glaubhaft ihre Schwierigkeiten, wenn sie versuchen, Gesprächspartner ohne Brustkreuz und violette Schärpe zu vermitteln. »Die kennt ja keiner.« – »Die haben nichts zu entscheiden.« So lauten wahlweise die Bedenken, die häufig zum Abwinken führen. Aber im Zweifel stimmt schon der erste Satz auch für die meisten Bischöfe. Und an beidem ließe sich kirchlicherseits arbeiten: mit einer Art Pool aus klugen, eloquenten, gewinnenden Persönlichkeiten, die »für die Kirche stehen« und von ihr auch so behandelt werden.

Schon heute gibt es – mehr oder weniger einsame, zufällige – Beispiele, dass ein solcher »Aktionsplan Kirchenköpfe« nicht aussichtslos wäre. Ein Mann wie der Kapuzinerbruder Paulus Terwitte pflegt im konventionellen kirchlichen (Ordens-)Gewand ein Enfant-terrible-Image: »Ach, guck mal an, dass so einer von der Kirche ist, das hätte ich gar nicht gedacht!« Ähnliches gilt vom Gitarre spielenden Benediktiner-Abt Notker Wolf oder von Anselm Grün, dem Guru auf Katholisch.

Aus individuellen Erfahrungen sollte die Kirche Konzepte machen. Dann bräuchte sie umgekehrt das Feld nicht jenen zu überlassen, die es nur zu gern selbst besetzen und zu Vorzeigekatholiken kraft eigener Ermächtigung avancieren. So kommt heute eben kaum eine Talkshow ohne den »katholischen Abenteurer« Matthias Matussek aus. Er positioniert die »wahre Kirche« lustvoll, aber wenig sachgerecht als Hort des Widerstandes gegen Zeitgeistgeklingel und »linken Mainstream«. Aber es scheint in den Reihen der Kirche niemanden zu geben, der diesem Salonkatholizismus ähnlich schlagfertig und redegewandt begegnen könnte.

Ähnliches gilt für den katholischen Publizisten Martin Lohmann. Im Februar 2013 trat er in Günter Jauchs ARD-Talkshow am Sonntagabend auf. Vehement wandte Lohmann sich dort gegen die »Pille danach« selbst im Fall einer Vergewaltigung, hielt dies als ultimative katholische Norm hoch und verteidigte so eine Frontlinie, die sich der Kölner Kardinal Joachim Meisner gerade zu räumen anschickte. Caritas-Präsident Peter Neher hatte gegen diesen Brachialkatholizismus keine Chance, der nicht nur in der Talkrunde selbst, sondern auch unter den Bischöfen Betretenheit und Zorn hervorrief. Lohmann poliert seit Jahren geschickt das Bild des furchtlos-unangepassten Konservativen, so auch mit seinem »Arbeitskreis Engagierter Katholiken« (AEK) in der CDU, der seiner Reichweite und seinem Gewicht nach allerdings eher ein MLK ist, ein Martin-Lohmann-Kreis.

Natürlich beruht der Erfolg solcher Strategien auch auf der medialen Lust an Gegensätzen, Konflikten und Zuspitzungen. Aber die Institution Kirche, in der diese Konflikte nun einmal existieren, muss ein vitales Interesse daran haben, sie medial selbst zu orchestrieren und zu inszenieren, statt »das ganze Theater« bloß vom Logenplatz aus vorgeführt zu bekommen. Verbreitete Grundhaltungen gegenüber den Medien sind Distanz und Defensive, häufig entgegen anders lautenden Beteuerungen zur überragenden Bedeutung der Presse. Faktisch gibt es Negativprojektionen auf die »bösen Medien«, in denen sich postmoderne Beliebigkeit, säkularer Relativismus oder die Degenerationserscheinungen der Spaßgesellschaft spiegelten und manifestierten. Damit schnappt aber erneut die erwähnte Verkirchlichungsfalle zu, die in der Selbstverpuppung das Rettende sieht und im Widerspruch der »veröffentlichten Meinung« einen schlagenden Beleg dafür, das Rechte zu tun.

Als Ausreißer nach unten sicher nicht zu verallgemeinern, aber dennoch aufschlussreich sind Einlassungen des früheren Regensburger Bischofs Gerhard Ludwig Müller. Sie offenbaren ein Freund-Feind-Schema, das kirchlicher Medienwahrnehmung auch außerhalb Regensburgs nicht fremd ist. Auf dem Höhepunkt des Missbrauchsskandals im Jahr 2010 stellte Müller die Berichterstattung der Medien mehrfach in eine Reihe mit der Agitation der Nationalsozialisten gegen die katholische Kirche. Schon NS-Propagandaminister Joseph Goebbels habe »systematisch Tausende von katholischen Priestern und Ordensleuten entwürdigt und kriminalisiert«. Auch heute erlebe die Kirche eine Kampagne, betrieben von kirchenfeindlichen Medien mit »Diffamierungslizenz« und »krimineller Energie«. Ihr Ziel sei es, die Glaubwürdigkeit der Kirche zu erschüttern oder die Kirche gar mit Brandsätzen, die sie in das Haus Gottes würfen, »vom Erdboden zu vertilgen«.

Müllers Attacken sind auch innerkirchlich nicht unwidersprochen geblieben. Ihm wurde empfohlen, er solle Ursache und Wirkung nicht verwechseln und das Epizentrum für die Erschütterung der Glaubwürdigkeit doch lieber in der Kirche selbst suchen. Doch der vielleicht beste Beleg für die Absurdität von Müllers Verfolgungswahn ist es, dass er zumindest äußerlich unbeschadet geblieben ist, auch medial. Einen Politiker oder andere Funktionäre im öffentlichen Raum hätten sie leicht das Amt kosten können. Müller hingegen hat in Rom Karriere gemacht.

Dass gerade die Kirchenzentrale an ihrer PR arbeiten müsste, das hat Papst Benedikt ebenso ehrlich wie betroffen eingestanden. In seinem persönlichen Brief an alle Bischöfe zur Affäre um den Holocaust-Leugner Richard Williamson und die umstrittene Aufhebung seiner Exkommunikation als Bischof der von Rom abgefallenen Piusbruderschaft schrieb der Papst: »Ich höre, dass aufmerksames Verfolgen der im Internet zugänglichen Nachrichten es ermöglicht hätte, rechtzeitig von dem Problem Kenntnis zu erhalten. Ich lerne daraus, dass wir beim Heiligen Stuhl auf diese Nachrichtenquelle in Zukunft aufmerksamer achten müssen.«

Bei aller Skurrilität einer solch epochalen Erkenntnis an der Spitze einer Milliardenorganisation verdient der Lernwille durchaus Anerkennung.

Eigentlich ist es paradox, dass gerade die Kirche mit ihrer Medienarbeit immer wieder solche Pannen erleidet. Schließlich ist sie originär und wesentlich nichts mehr als ein Medienbetrieb: Sie hat eine Botschaft und soll sie »zu allen Völkern« bringen (Matthäus-Evangelium 28,19). Aber vielleicht liegt es gerade an der Vorstellung eines Ursprungs-Know-hows in Sachen Kommunikation – »Wir sind das Original!« –, dass kirchliche Kommunikatoren faktisch alles andere als Avantgarde sind. Der Umgang mit dem Wort in Predigt und Verkündigung gehört so selbstverständlich in das Berufsbild von Bischöfen und Priestern, dass Kommunikation fast schon eine jener Fähigkeiten zu sein scheint, die ihnen kraft Weihegnade mitverliehen werden. Auf vielen Kompetenzfeldern wird es nie zu einem Gerangel zwischen den Experten und Kirchenleuten kommen. Journalisten aber agieren in derselben Sphäre wie die Profi-Kommunikatoren des Glaubens. Beider Handwerkszeug ist die Sprache, beide haben dieselben Techniken zur Verbreitung von Informationen und unterliegen den gleichen Erfolgsbedingungen. Doch sich Erfolgsrezepte von Medien und Journalisten abzuschauen, bei ihnen in die Lehre zu gehen – das scheint für manche Lehrer des Glaubens einer narzisstischen Kränkung gleichzukommen. So greifen im Verhältnis der Kirchenprofis zur journalistischen Arbeit immer wieder eigenartige Reflexe, die einerseits auf Selbstdistanzierung von kommunikativen Standards hinauslaufen, andererseits auf eine Abwertung des nichtkirchlichen Medienbetriebs.

In dem erwähnten Brief Benedikts XVI. von 2009 über fehlende Netz-Kompetenz und Kommunikationspannen im Vatikan zeigte sich der Papst zugleich betrübt, »dass auch Katholiken, die es eigentlich besser wissen konnten, mit sprungbereiter Feindseligkeit auf mich einschlagen zu müssen glaubten«. Dieses Wort von der sprungbereiten Aggressivität wird seither gern auf die veröffentlichte Meinung angewandt. Dabei entspricht es nicht der Wirklichkeit in den Redaktionen deutscher Zeitungen, Hörfunk- und Fernsehsender. Für solche Emotionen ist die katholische Kirche den meisten Journalisten einfach – nicht wichtig genug. Was es sehr wohl gibt, ist eine große Fremdheit. Das wiederum rührt aber weniger aus aktiver Distanzierung als aus einem Mangel an aktiven Bezügen.

Als Institution hat die Kirche einen Bekanntheitsgrad von annähernd 100 Prozent. Zu ihr hat jeder eine Meinung. Eine mehr oder weniger qualifizierte. Dass Kirchenleute zuweilen darunter leiden, was alles über sie im Umlauf ist, ist verständlich. Aber mit den Phänomenen gepflegter Unkenntnis hat nicht nur die Kirche zu tun. Schließlich hat auch die Fußball-Nationalelf gefühlte 80 Millionen Bundestrainer.

Darum sollte die Kirche weniger beleidigt auf Dilettanten und Ignoranten reagieren, sondern die Chance erkennen, die diese ihr bieten: Nur weil sie im Gespräch ist, kann sie sich ins Gespräch bringen. Was man nicht kennt, darüber redet man nicht.

Allerdings muss die Ansprache zum Kenntnisstand passen und vielleicht mehr noch zu den Gestimmtheiten der Menschen. Hat die Kirche in ihrer Kommunikation genügend Sinn für die gemischten Identitäten, aus denen sich die Biografien heute zusammensetzen? Findet sie Geschmack an einer katholischen Melange, wie sie der Journalist Heribert Prantl bietet? Kirchenfern und doch praktizierend; »kein bisschen rechtgläubig«, aber hochsensibel für das glaubwürdige Wort der Kirche, das er von Predigern im Altenheim seiner Mutter hört. Ergäben sich aus dem Gespür für solche Nuancen nicht notwendig neue Formen des Dialogs?

Die Eindimensionalität in Stil- und Ausdrucksformen kirchlicher Rede wird gerade dem nicht gerecht, was Medien tun: mit Sprache arbeiten. So fühlen sich beide Seiten unverstanden – oder verstehen einander tatsächlich nicht. Beim typischen Kirchen-Idiom ist die Grenze vom seltsamen Dialekt zur Fremdsprache fließend. Allen Predigtwettbewerben, Homiletik-Kursen und Rhetorikschulungen zum Trotz pendelt sich kirchlicher Normal-Sprech auf einem Niveau ein, für das ein »Kommunikationsunternehmen« sich zu schade sein sollte. Und wenn die Prediger mit aller Gewalt Anschluss halten wollen an die Kommunikationskulturen um sie herum, kommt es nicht selten zu bemühten und krampfhaften Anleihen. So wie bei jenem Pfarrer einer westdeutschen Kleinstadt, der die Weihnachtspredigt 2012 ungeniert aus Passagen einer sieben Jahre alten Ansprache über Tim Mälzers bereits 2007 abgesetzte TV-Kochshow »Born to cook« abkupferte. Dabei brachte er das Kunststück fertig, die Pointen der preisgekrönten Vorlage treffsicher auszulassen oder zu versenken. Ausgerechnet in den meistbesuchten Messen des ganzen Jahres. »Born to cook« vielleicht. Aber »born to preach«?

An solche Geringschätzung für das Wort und für die Hörer mag alles Bemühen um Professionalisierung kirchlicher Kommunikation vergeudet sein. Aber aufs Ganze gesehen, gibt es für die Kirche vieles, was sie sich – ganz legal und legitim – aneignen könnte: Timing, das Gespür für die Adressaten, die Suche nach passenden Begriffen und Bildern. Warum sollte sich die Kirche hier nicht bei denen bedienen, die genau wie sie von der Sprache leben? Den Medien, den Journalisten.

»Ich höre zu viele Floskeln«

Heribert Prantl
leitet das Ressort Innenpolitik der ›Süddeutschen Zeitung‹ und ist Mitglied der Chefredaktion.

Herr Prantl, was fällt Ihnen an der Kommunikation der katholischen Kirche auf?
Ich höre zu viele Floskeln. Es gibt doch diesen »Phrasendresch-Automaten«, an dem man einmal dreht – und es kommen immer wohlklingende, aber nichtssagende Wortgefüge heraus. Kirchliche Redebeiträge sind leider oft so ähnlich konstruiert. Sie sind oft zu eindimensional. Ihnen fehlt ein Denken, das Ambivalenzen und Widersprüche stehen und zulässt. Am Ende christlicher Reden muss der Widerspruch immer aufgelöst sein; aber im Leben ist das nicht so.

Das »älteste Kommunikationsunternehmen der Welt« hat schon Zeiten besserer Konjunktur gehabt?
Überlegen wir doch einmal beide: Welcher katholische Prediger hatte zuletzt wirklich großen Zulauf, sodass die Leute zuhauf sagten, »zu dem müssen wir hin«?

Der Jesuit Johannes Leppich, das »Maschinengewehr Gottes«?
Eben. Das war in den 50er Jahren des vorigen Jahrhunderts. Ich selbst kenne Pater Leppich auch nur noch von Schallplatten. In meiner Kindheit gab es dann vielleicht noch die »Volksmission«, zu der die Jesuiten oder die Pallottiner in die Pfarrei kamen und etwas aufrüttelndere Predigten hielten, als wir sie sonst von unserem Dorfgeistlichen gewohnt waren. Das war's aber auch schon mit den außergewöhnlichen Kommunikationsleistungen.

Wie erklären Sie sich den Niedergang, der da eingetreten ist?
Ich glaube, es ist weniger eine Distanz zum »richtigen Leben« als
der Mangel an geistlicher Strahlkraft, an leuchtender Glaubwürdigkeit in den Worten und im Auftreten. Die Leidenschaft für den
Ritus und die Institution reicht nicht.

In Beschreibungen und Analysen der jüngsten innerkirchlichen Kri-
sen – Missbrauchsskandal, Williamson-Affäre, »Vatileaks«, um nur
einige zu nennen – gehört der Befund einer »Krise der Kommunika-
tion« zum Standardrepertoire. Wo sehen Sie den inneren Zusammen-
hang zwischen den Krisen selbst und der kirchlichen Kommunika-
tion?
Das Verbindende ist, dass die Ehrlichkeit fehlt. Die Kirche ist einfach nicht ehrlich. Sie gaukelt Gewissheiten vor, die sie nicht hat.
Wenn sie keine Antworten hat, sagt sie nicht, dass sie sucht – sondern kommt mit Scheinantworten. Und sie leugnet die Fakten.
Die Psychologen nennen das »Annäherungsvermeidung«. Die Kirche will nicht ran an bestimmte Probleme. Das gilt für die Auseinandersetzung mit den dogmatischen Lehrsätzen. Das ist aber
auch ein Reaktionsmuster bei Skandalen.

Was haben Sie gedacht, als Papst Benedikt XVI. in seiner Nachbe-
trachtung der Affäre um den Holocaust-Leugner Richard William-
son von den Piusbrüdern kommunikative Pannen in der Kurie ein-
geräumt und zugleich eine »sprungbereite Aggressivität« in der
Öffentlichkeit beklagt hat, was den Umgang mit seinem Amt und
auch mit ihm persönlich betrifft?
Als ich das gelesen habe, habe ich gedacht: einsichtig, aber wehlei-
dig. Da merkt einer, es liegt kommunikativ im eigenen Laden etwas im Argen. Aber dann suggeriert er anderen und womöglich
auch sich selbst, es bringe nichts, daran etwas ändern zu wollen,
weil Menschen und Medien »da draußen« ja so böse sind und das
nicht honorieren. Selbst wenn das so wäre – na und? Es geht doch

nicht um den Beifall von Zeitungen und Fernsehsendern, sondern um das Wohl der gläubigen Menschen. Das Problem der Kirchen, jedenfalls in Deutschland, ist eine tief sitzende Existenzangst. Wer sich zu viel um das eigene Wohl sorgt, verliert das Interesse am Wohl der anderen.

Was liegt außer Angst und dem schon genannten Mangel an Ehrlichkeit noch »im Argen«?
Das Unvermögen, die richtige Sprache zu finden. Papst Benedikt hat dafür selbst beste Beispiele geliefert. Seine »große Rede« im Bundestag 2011 etwa. Was meinen Sie: Wie viele Abgeordnete haben verstanden, was der Papst ihnen sagen wollte? Ich selbst las das Manuskript, rief meinen ehemaligen Professor für Rechtsgeschichte, Dieter Schwab, in Regensburg an und sagte: »Wir müssen über Naturrecht reden!« Wovon Schwab eine Menge versteht. Dann haben wir also über drei Stunden hinweg immer wieder telefoniert, um die Essenz dieser Rede zu destillieren. Also, ich muss sagen: Es ist schon ein kommunikatives Kunststück eigener Art, mit einem Text vor das Plenum eines Parlamentes zu treten, der in ein Doktorandenseminar gehört hätte. Immer haarscharf entlang an der Grenze zur Dünkelhaftigkeit. Ein Redner sollte sich doch dafür interessieren, wo er spricht und für wen. Nicht so der Papst. Zur Verteidigung hieß es, es sei ja nicht seine Sache, zur Tagespolitik Stellung zu nehmen. Vielleicht doch. Und auch wenn man vom Ewigen spricht, kann man es so tun, dass es nicht nur sehr kluge Abgeordnete, sondern auch Autoverkäufer verstehen. Ich fand es toll, dass der neue Papst Franziskus auf die Flüchtlingsinsel Lampedusa gefahren ist. Das war eine Stellungnahme – noch bevor ein einziges Wort gesprochen war.

Macht die Kirche zu viele Worte?
Es wird in der katholischen Kirche einfach zu viel überflüssiges Papier produziert. Ich habe bei mir zu Hause eine ganze Samm-

lung mit kirchlichen Verlautbarungen stehen. Obwohl ich für Leitartikel zu den Feiertagen sehr breit herumschnuppere und stöbere, sind das Bände, in die ich so gut wie nie schaue. Weil ich schon vorher weiß, ich finde nichts.

In Ihren Texten fällt auf, dass Sie gern die Bibel, Personen und Ereignisse der Kirchengeschichte und überhaupt christliche Motive heranziehen. Haben Sie über die Jahre den Eindruck gewonnen, dass dieser Kommunikationsraum für Ihr Publikum zunehmend unbekanntes Land ist?
Ich weiß, dass ich immer weniger davon gebrauchen kann. Ein Text von 170 Zeilen verträgt nun mal keine 50 Zeilen Erläuterung eines biblischen Gleichnisses, das niemandem mehr präsent ist.

Warum bleiben Sie trotzdem dabei?
Ich bin ein Mann der Sprache. Ich liebe die Sprachgewalt der Bibel. Zudem sind biblische Texte ein Reservoir von Weltweisheit. Das Spielen mit ihren Assoziationen macht mir Freude – vielleicht sogar mehr Freude als so manchem Kirchenmann, der seiner eigenen Tradition nicht traut. Und ich habe im Vergleich der Konfessionen obendrein das Gefühl: Das Mühen ums Wort ist bei den Protestanten größer.

Die Saat der Reformation bringt nach wie vor ihre Frucht?
In den Sammelmappen meiner Hängeregistratur, in die ich Material für eigene Texte wandern lasse, liegt das Verhältnis von katholischen zu protestantischen Texten bei 1:10. Aus dem katholischen Raum kommt mir gelegentlich die spannende Predigt des einen oder anderen Jesuiten unter. Dann hat es sich aber auch schon bald. Im Umgang mit christlichen Motiven habe ich gegenüber den Kirchenleuten womöglich einen entscheidenden Vorteil: Von mir wissen meine Leser, dass sie nicht den Oberkatholen vor sich haben, der sie indoktrinieren will. Wenn dann in meinen Texten

trotzdem ein christlich-katholisches Fundament erkennbar wird, nehmen es mir auch die Kirchenfernen nicht übel. Mit Ausnahme von ein paar Zeloten von der Giordano-Bruno-Stiftung vielleicht, bei denen ich mich frage, ob sie mit ihrem Kirchenhass nicht schon ein bisschen aus der Zeit gefallen sind.

Es gibt die These in Anlehnung an Margarete Mitscherlich, mit den Angriffen auf die katholische Kirche und speziell auf Papst Benedikt arbeite sich die »vaterlose Gesellschaft« an der letzten noch vorhandenen Vaterfigur ab.

Ich halte das für falsch. Die gegenwärtige Heimatwelle ist doch nichts anderes als eine intensive Suche nach Väterlichem und Mütterlichem, nach Nähe, Geborgenheit und Schutz. Und woher rührt denn wohl die Verbundenheit in meiner Generation, bei den heute 40- bis 60-Jährigen, mit der katholischen Kirche, soweit sie ihr noch angehören? Doch aus einer wohltuenden kirchlichen Sozialisation, aus heimatlichen Erfahrungen bei den Ministranten, den Pfadfindern, bei Kolping oder in anderen kirchlichen Verbänden.

In ihrer Verhältnisbestimmung zur Medienöffentlichkeit schwankt die Kirche zwischen Euphorie und Depression. Sie genießt das gewaltige Interesse an Großereignissen wie den Weltjugendtagen, am Papstrücktritt, am Konklave und an der Amtseinführung des neuen Papstes. Und sie ist irritiert bis verletzt über vermeintliche Ungerechtigkeiten und Häme in der Berichterstattung über die katholische Kirche. Wie soll sie die disparaten Stimmungslagen übereinbringen?

Das binäre Denken über die Medien und ihre Logiken ist in Kirchenkreisen noch zu weit verbreitet: an/aus, plus/minus, Freund/Feind. Ich erinnere mich: Als ein Geistlicher, den ich in meiner Jugend sehr gut kannte, im Jahr 2001 Bischof wurde, habe ich ihm einen Brief geschickt, um ihm zu gratulieren. Meine kirchlichen Jugendaktivitäten verbanden sich mit seiner Person; ich hatte wirklich keine schlechten Erinnerungen an ihn. Seiner Antwort war deutlich das Erschrecken anzumerken: »Da schreibt mir dieser Typ von der ›Süddeutschen‹, dieser Prantl, der dauernd gegen die Kirche agitiert. Oh, jetzt muss ich aber ganz genau aufpassen, dass ich ja nichts antworte, was er gegen mich verwenden kann.« Dieses Unbehagen, es sprang mich dermaßen an, dass ich schon darüber lachen musste. Aber im Grunde verstehe ich das Unvermögen von Kirchenleuten nicht, Brücken zu bauen und selbst darüberzugehen. Verstehen sich die Bischöfe nicht – mit dem lateinischen Wort – als »pontifices«, Brückenbauer? Ich meine, mir fehlt nichts, wenn sich ein Bischof, den ich aus alten Zeiten gut kenne, nicht zweimal im Jahr mit mir zusammensetzt und sich mit mir über die Kirche unterhält, aus verschiedenen Positionen. Aber es könnte ja vielleicht reizvoll sein. Ein Interesse daran, eine Neugier erlebe ich bei manchen Pfarrern und Ordensleuten, aber ganz wenig bei denen, die in der Hierarchie oben stehen.

Sie waren Absolvent und Dozent der katholischen Journalistenschule, des Instituts zur Förderung publizistischen Nachwuchses (ifp). Gesetzt den Fall, die deutschen Bischöfe säßen als Schüler in Sachen Kommunikation vor Ihnen – was wäre Ihr Rat?
Zweierlei vielleicht. Erstens: Für die Kirche gilt ein ganz anderer Takt, ein anderes Metrum als etwa für die Politik. Die Kirche ist nicht von der kurzatmigen Zustimmung abhängig, sondern von der langfristigen Glaubwürdigkeit. Hat sie diese, kann sie dem Publikum in ihrer Ansprache mehr zumuten als Politiker. Ein Jahr vor der Wahl wird es für einen Politiker mit Zumutungen schon verdammt schwierig.

Und zweitens?
Würde ich den Bischöfen sagen, sie sollen zum Beispiel ein solches Institut wie ihr ifp schätzen und seinen Wert nicht daran messen, dass und wie viele kreuzbrave Redakteure für Bistumsblätter es hervorbringt.

Wie rechtgläubig müssen katholische Journalisten denn sein?
Es ist doch völlig wurscht, ob sie rechtgläubig sind. Hauptsache, sie sind gläubig.

Also, diese Unterscheidung müssten Sie einem Bischof erst mal in Ruhe erklären.
Das ist gar nicht so schwierig. Mit »rechtgläubig« assoziieren viele Bischöfe immer noch wie selbstverständlich »hierarchiehörig«.

Daraus ergibt sich die Vorstellung, ein katholischer Journalist sei so etwas wie der verlängerte Arm seines Bischofs, mit dem dieser in den Medienbetrieb eingreifen kann.
Und in diesem Sinn ist »Rechtgläubigkeit« eben genau der falsche Maßstab. Ich selbst bin kein bisschen rechtgläubig, und ich bin auch nicht mehr kirchennah – außer dass ich in Freundschaft vielen nahe bin, die ein kirchliches Amt haben.

Sind Sie denn dann noch Mitglied der katholischen Kirche?
Aber natürlich! Ich würde niemals austreten. Zur Kirche gehören heißt für mich: einen Mantel tragen, den mir meine Eltern zu meinem Schutz und meinem Wohlergehen umgelegt haben. Er mag mir zu warm oder zu klobig, zu groß oder unpassend vorkommen, er mag an manchen Stellen Mottenlöcher haben und fadenscheinig geworden sein. Trotzdem werfe ich ihn nicht weg, sondern halte ihn in Ehren und hänge ihn sorgfältig auf den Bügel.

Für die Sammlung privater Erinnerungen? Oder gibt es auch Situationen, in denen Sie das Gefühl haben, der Mantel passt Ihnen doch noch, und Sie können ihn gut tragen?
Die gibt es, und Sie haben mit jener »leuchtenden Glaubwürdigkeit« zu tun, von der ich sagte, dass an ihr die ganze Kommunikation der katholischen Kirche hängt. Seltsamerweise erlebe ich das höchste Maß davon, seit ich mit meiner Mutter, die in einem

Altersheim in München lebt, dort jeden Sonntag in die Messe gehe.

Woran liegt das?
Zum einen daran, dass für die Messfeier eine gestandene Frau zuständig ist, eine der von der Kirche nicht genügend geschätzten Pastoralreferentinnen. Sie kennt alle alten Leute persönlich und spricht sie mit Namen an: »Der Leib Christi, Frau Prantl.« Zum anderen bringt sie die Kirche zum Leuchten, indem die höchst klugen alten Priester, die sie als Zelebranten holt, gut vorbereitet sind und mit einer Wertschätzung zu der Handvoll Gläubigen sprechen, die das oft Lähmende und Bedrückende der Heimatmosphäre überwindet.

Ich halte fest: ein erklärter »Kirchenferner«, der Sonntag für Sonntag in die Messe geht …
Das ist für mich kein Widerspruch, weil ich mit »Kirche« die »Bischofskirche« meine. Daran gemessen, kommen mir die alten Pfarrer sonntags im Seniorenheim, mit denen ich dann und wann über unsere Kirche rede, in einem ganz guten Sinne noch kirchenferner vor, als ich es bin. Bei ihnen finde ich jene Ehrlichkeit wieder, die ich in der Bischofskirche so vermisse. Und wenn ich der katholischen Kirche etwas wünschen soll, dann das: dass sich die Hierarchenkirche grundlegend ändert und so wird wie die kleine Kirche im Altersheim meiner Mutter.

Dialog mit Kunst und Ästhetik

Das bekannteste und meistbesuchte Baudenkmal Deutschlands ist eine Kirche: der Kölner Dom. Sechs Millionen Menschen kommen Jahr für Jahr in die gotische Kathedrale, und den Kölnern gibt schon der Blick auf die beiden Turmspitzen ihres Doms die Gewissheit, dass die Welt im Lot ist: »Steiht d'r Dom noch? Dann is et jot!« Der Kirchenraum als »Haus Gottes« lässt etwas von einer Kraft ahnen, die den Menschen aufhebt.

Die Institution Kirche tut gut daran, dafür auch in der Gegenwart Ausdrucksformen zu suchen. Seit 1995 sind in Deutschland immerhin 50 katholische Kirchenräume neu entstanden. Darunter befinden sich so spektakuläre Bauten wie Peter Zumthors Bruder-Klaus-Feldkapelle in der Eifel, die auf die Initiative eines Privatmanns zurückgeht, oder die »Kirche am Meer« des Bistums Münster im ostfriesischen Schillig. Dort hat das Kölner Architekturbüro Königs 2012 am Nordseestrand einen Sakralraum speziell für Urlauber geschaffen, der höchst suggestiv mit der Landschaft spielt, mit den Motiven »Meer« und »Welle« sowie mit dem Sonnenstand und wechselndem Licht.

Es verlangt Entschlossenheit, in Zeiten von Kirchenschließungen und Etatkürzungen für die Gemeinden Millionensummen in Neubauten zu stecken. Wo die Kirche dieses Geld nicht für versteinerte Eitelkeiten und Bollwerke der Beharrung ausgibt, sondern für zeitgenössische Standorte in neuen pastoralen Räumen, dort ist es gut investiert.

Denn die Sprache der Architektur ist für die Kirche ein Geschenk: Sie muss nicht unentwegt lehren und verkündigen. Sie darf sich mit einem einladenden Gestus begnügen, die Menschen zu sich selbst kommen lassen:

Wer da bedrängt ist, findet
Mauern, ein Dach und
Muss nicht beten.*

Was der Dichter Reiner Kunze einst über das (evangelische)
Pfarrhaus als Schutzraum für DDR-Oppositionelle geschrieben
hat, lässt sich leicht auf eine diskrete Präsenz der Kirche und ihrer
Kirchengebäude, aber auch auf Kunst im kirchlichen Raum insgesamt übertragen. In ihr dürfen die Menschen Platz finden.

Die Musik etwa bietet ihnen allein wie in Gemeinschaft Raum
für das Lob, für die Klage, für Ergriffenheit und Bewunderung.
Nichts davon ist unmittelbar oder notwendig religiös im strengen
Sinne des Wortes. Wer Johann Sebastian Bach als den »fünften
Evangelisten« heiligspricht, tut zwar insofern recht daran, als
seine Passionen, Kantaten oder Messvertonungen biblischen und
liturgischen Texten ein eigenes Timbre geben, von der zarten
Delikatesse bis zur massiven Wucht. Bachs Musik – und gute
Kirchenmusik generell – hebt sich aber von den ersten vier Froh-
botschaften dadurch ab, dass sie von ihren Adressaten kein Bekenntnis verlangt. Die Musik ist durchlässig für die Erfahrung,
dass im Schönen etwas Über-Menschliches auf den Menschen
zukommt. Wie anders sollte sich ihm das Göttliche auch erschließen, wenn nicht in einem sinnlichen Geschehen, einem lebendigen Dazwischen? So gehört die Artikulation der Gottesbezie-
hung mithilfe der Musik, die da »beginnt, wo Sprache aufhört«
(E. T. A. Hoffmann) nicht von ungefähr zu den Grundzügen aller
Religionen.

Auch in der Art, Gottes Wort zu Gehör zu bringen, sind Judentum, Christentum und Islam einander überraschend nahe, etwa

---

* Reiner Kunze, gespräche mit der amsel, Frankfurt 1984, Seite 177.

im »Psalmodieren«, der Wiedergabe heiliger Texte in einer Art Sprechgesang. Der Islam hat dafür eine eigene Wissenschaft, den Tadschwid. Wer sich beim Hören von Koran-Rezitationen mit ihren Melismen, dem hingebungsvollen Umspielen der Wörter, ja einzelner Silben, die Struktur gregorianischer Choräle vergegenwärtigt, kann frappierende Übereinstimmungen feststellen. In beiden Kunstformen drückt sich ein Wissen um die Würde des Wortes aus, die das begriffliche Verstehen übersteigt. So nähren sich die Religionen, deren theologisches Rankenwerk in unterschiedliche Richtungen gewachsen ist und sich oft genug wechselseitig das Licht zu nehmen droht, von derselben natural-ästhetischen Wurzel aus demselben Mutterboden.

Hier hätten die Religionen genug zu graben. Ohne botanische Klassifizierungen und Besitzansprüche, sondern neugierig und staunend. Wie der Muslim Navid Kermani mit seinem ästhetischen Zugang zur Religion die heiligen Bücher des Islam als Poesie liest und in der Musikalität des Korans der »Schönheit Gottes« auf die Spur kommt, das darf Muslime wie Christen gleichermaßen berühren und hätte stilbildende Qualität für den Umgang der Christen mit ihrer heiligen Schrift, der Bibel.

Diese Linie ließe sich fortführen: auf Gebetsrhythmen hin etwa, die in den Religionen der Zeit Konturen geben und gepflegt werden wollen. Dann aber auch auf gemeinsame Urerfahrungen von Juden, Christen und Muslimen: ihre Herkunft aus der Wüste etwa. Dort gehen Kargheit der Natur und Dichte des Gottesverhältnisses eine eigene Verbindung ein, die wiederum in den ästhetischen Ausdruck drängt:

Gott, du mein Gott, dich suche ich,
Meine Seele dürstet nach dir.
Nach dir schmachtet mein Leib
Wie dürres, lechzendes Land ohne Wasser.
Darum halte ich Ausschau nach dir im Heiligtum,

Um deine Macht und Herrlichkeit zu sehen.
Denn deine Huld ist besser als das Leben;
Darum preisen dich meine Lippen.
(Psalm 63,1–4)

In der Kunst liegt für die Kirche ein Reichtum, der weit über eine Instrumentalisierung als Mittel der Verkündigung hinausgeht, ja sich ihr entzieht. Das großartige Projekt einer »Poetischen Dogmatik« des Kölner Theologen Alex Stock, inzwischen bei Band 8 angelangt, zeigt das in einer unglaublichen Fülle und Dichte.

Die katholische Kirche könnte sich glücklich schätzen, hat sie doch gerade in der Liturgie einen Reichtum ästhetischer Formen entwickelt, über die Jahrhunderte bewahrt und immer wieder neu entdeckt. Doch sind Gottesdienst und Ritus zum Tummelplatz ideologischer Streitigkeiten geworden: Wenn in der Messe auf Latein gesungen und gebetet wird, dann gilt manchem das schon als ein Indiz für wahre katholische Frömmigkeit, während andere darin einen rückwärts gewandten, reaktionären Habitus wittern. Im Versuch, Jugendgottesdienste »modern« zu gestalten mit eigenen Liedern, Bandbegleitung und mit Texten aus der Erfahrungswelt der Teilnehmer, sehen manche die »Häresie der Formlosigkeit« (Martin Mosebach) in Reinkultur und den Ausverkauf des Mysteriums.

Das alles sind fruchtlose Debatten. Sie bringen in Widerspruch, was sich ergänzen sollte. Sie planieren ein Relief von liturgischer Vielfalt. Und am schlimmsten: Sie machen den Gottesdienst zu einem Raum der Enge statt zu einem Ort von Größe und Weite. Dabei kann die katholische Kirche gerade hier von der oft beklagten Pluralität der Lebensverhältnisse profitieren und ein Nebeneinander von Gottesdienstformen gelten lassen, wo Uniformität weder dekretier- noch durchsetzbar ist.

Seit einigen Jahren zieht es viele Besucher des Kölner Doms an eine ganz bestimmte Stelle: ins Nordquerhaus, also vorne links des Mittelschiffs. Von dort richten sie den Blick zur gegenüberliegenden Seite in die Höhe. Durch eine Fläche von gut 100 Quadratmetern fällt das Licht durch die 11263 farbigen Glasquadrate des Südquerhaus-Fensters von Gerhard Richter.

In dem pulsierenden, wogenden Einfall des in 72 Farben gebrochenen Lichts findet der Blick keinen unmittelbaren Halt. Das Auge wandert hin und her, ohne Konturen oder gar etwas Figürliches zu fassen zu bekommen. Im Gegenlicht wirkt es, als liege ein Schleier vor dem Glas, durch den hindurch sich die Intensität der Farbwahrnehmung ständig ändert. Dem Lauf der Sonne folgend, wandern bunte Lichtstreifen über Wände und Säulen des Querschiffs.

Vor der Qualität dieses Farbrausches, bei dem die Moderne in Richters Rasterkomposition Zwiesprache hält mit der Lichtmetaphysik des Mittelalters und über sie hinaus mit der neuplatonischen Philosophie und ihren »Emanationen« (Erscheinungen) des Göttlichen, wird kircheninterne Kritik an der ungegenständlichen und somit undogmatischen »Bildsprache« zum beklemmend-engstirnigen Genörgel.

Müßig, daran zu erinnern, dass die christliche Kunst eine große Tradition nichtgegenständlicher Ornamentik hat, des bild-losen Bildes. Selbst die figürliche Glasmalerei des Mittelalters ist nicht nur »Biblia pauperum«, Schrift für Analphabeten, sondern wirkt mit ihrem »mystischen Licht« über-begrifflich. Den gotischen Fenstern im Hochchor des Kölner Doms ist Richters Werk damit erstaunlich verwandt – und das nicht nur, weil der Künstler seine Farbauswahl auf die schon vorhandenen Töne abgestimmt hat. Und die Kunst beider Epochen berührt sich wiederum mit jenen Traditionen im Islam, deren Bildverzicht gerade keine Absage an die Ästhetik und ihren religiösen Verweischarakter sein soll, sondern die Schönheit Gottes im Unfasslichen belassen will.

Insofern liegt Kardinal Joachim Meisner fast richtig mit seinem Urteil, das Richterfenster passe »eher in eine Moschee oder in ein Gebetshaus«. Er hätte lediglich das Wort »eher« durch »auch« ersetzen müssen, dann hätte alles gestimmt.

Es ist wahr: Dieses Fenster verkündet nichts, keinen Gott und keine Bergpredigt (Friedhelm Mennekes). Richters Kunst legt nicht fest, auch den Betrachter nicht. Es bedeutet ein Stück Selbstpreisgabe, Kontrollverlust, der Assoziation den Vorrang zu geben vor dem Diskurs, der Impression vor der Konfession, der Empfindung vor dem Begriff. Aber welche Größe, wenn die Kirche die Seele des Menschen dazu ermächtigt, statt sich ihrer bemächtigen zu wollen. »Der Wind weht, wo er will; du hörst sein Brausen, weißt aber nicht, woher er kommt und wohin er geht« (Johannes-Evangelium 3,8) – zu ihrem Glück hat die Kirche die Freiheit des Geistes, von der das Jesus-Wort spricht, in ihrem Verhältnis zur Kunst nie völlig vergessen. Und sie stellt sich auch heute in diesen Wind.

»Die Kunst öffnet den Horizont zum Göttlichen«

Navid Kermani
ist habilitierter Orientalist und lebt als freier Schriftsteller in Köln.

Herr Kermani, Sie stehen in einem regen intellektuellen und ästhetischen Austausch mit dem Katholizismus. Woher rührt dieses Interesse?
Prägend für meinen Zugang zur Kirche, insbesondere zur katholischen, ist in der Tat der Reichtum ihrer Kunst. Im Mittelpunkt stehen für mich die Werke der italienischen und spanischen Malerei, die ich – anders als mancher Kunsthistoriker, aber vielleicht auch anders als viele heutige Christen – als religiöse Kunst lese, ob das nun Bilder von Raffael, Michelangelo, Caravaggio, El Greco

oder von wem auch immer sind. Dass ich Werke der bildenden Kunst religiös ernst nehme, scheint zu meiner Verwunderung selbst für gläubige Menschen in unseren Breiten durchaus überraschend zu sein. Vielleicht profitiere ich hier davon, dass diese Werke für mich eben nicht so »selbstverständlich« sind wie für jemanden, der schon immer damit gelebt, sie in Büchern, Kirchen oder Museen angeschaut hat. Mit Literatur geht es mir ganz ähnlich: So viele Texte von Goethe, Jean Paul oder Georg Büchner sind für mich religiös – nicht konfessionell oder in dem Sinn, dass Literaten als »christliche Dichter« gewissermaßen ein Verkündigungsamt wahrnähmen. Wohl aber sind solche Texte von christlichen, von biblischen Motiven durchdrungen, und sei es in Absetzung von der orthodoxen Lehre – genau wie ein Gutteil der persischen Dichtung. Der Autor muss dafür selbst gar kein praktizierender Gläubiger sein.

Das andere Moment der Begegnung ist das Ritual – wobei das für mich schwieriger ist und ich von einer gebrochenen Beziehung sprechen würde. Ehrlich gesagt langweile ich mich in Gottesdiensten, in denen das ästhetische Element missachtet wird. Ja, ich ärgere mich sogar. Wer die Form vernachlässigt, nimmt den religiösen Kern nicht ernst. Ich gebe zu, dass ich ein Faible für die alte lateinische Messe habe. Als Außenstehender, wohlgemerkt. In die inhaltliche Diskussion der Katholiken mit all ihren theologischen und kirchenpolitischen Konnotationen will ich mich gar nicht einmischen. Aber zumindest verstehe ich das Beharren auf einem ästhetischen Reiz der Liturgie sehr gut, auf der Vermittlung durch die Sinne. Religion ist nicht allein Sache des Denkens und der Vermittlung von Inhalten, sondern sie ergreift den Menschen auch über die sinnliche Wahrnehmung: Gebäude, Gewänder, Farben, Klängen, Gerüche, Körperhaltungen, Gebärden, Berührungen. Gerade für die ersten religiösen Erfahrungen ist das von zentraler Bedeutung. Kinder bekommen Zugang zur Religion nicht über die Vernunft, sondern übers Gemüt – bis hin zur Einwurzelung in Tages-, Wochen- oder Jahresrhythmen. Wer die Verbindung zu diesen Wurzeln der Religion kappt, der tötet die ganze Pflanze.

Sehen Sie die katholische Kirche in Deutschland schon in einem Absterben?
Ich bin mir jedenfalls sicher, dass der Verlust von Bindung an die Kirche als verfasste Gemeinschaft von Glaubenden nicht unwesentlich mit einer Preisgabe des Ästhetischen zusammenhängt. Viele Menschen gehen einfach nicht mehr gern zur Kirche, weil der Gottesdienst sie nicht anspricht, sie nicht bewegt, fasziniert oder auch erschüttert und verstört. Als ich während meines Studiums in Kairo Koran-Rezitationen mit hervorragenden Kantoren besucht habe, geschah das nicht aus Pflicht, sondern aus der Lust an einem tollen ästhetischen Ereignis. Viele arabische Christen gingen zu diesen Koran-Rezitationen, es war fast wie ein Konzert. Dieses Moment von Lust und Genuss schafft aber doch auch eine ganz eigene Bindung. Geht sie im Gottesdienst verloren, empfindet man erst ein Austrocknen, dann Ödnis, schließlich Überdruss – und irgendwann entzieht man sich.

Ihr Zugang zur Religion insgesamt – auch ihrer eigenen, dem Islam – ist stark ästhetisch bestimmt. »Gott ist schön«, heißt Ihr erstes großes Buch. Wie vereinbaren Sie die Sensibilität und die Begeisterung für das künstlerisch-ästhetische Moment der Religion mit der Bildskepsis des Islam?
Der schiitische Islam, dem ich entstamme, ist eigentlich sehr Bilder-affin und kennt kein solch striktes Bilderverbot. Als Teil einer »negativen Theologie« verstehe ich das Anliegen eines Bilderverbots aber sehr gut.

Wie schreibt sich die unbefangene Rede von der »Schönheit« Gottes in die Erfahrung von Leid und Krankheit, von Tod und Zerstörung ein, die den Menschen von jeher an der Existenz Gottes haben zweifeln lassen, geschweige denn an seiner Schönheit?

Zum Beispiel in der Kunstform der Klage. Nicht von ungefähr gehören die Klagepsalmen des Alten Testaments zu den berührendsten Texten der Bibel. Ich sehe eine Brücke aber auch in der Veranschaulichung des Verstörenden. Caravaggios Bild »Die Opferung des Isaak« ist ein extrem verstörendes Gemälde, das vom »lieben Gott« nichts übrig lässt. Der Pfarrer in der Kirche mag es in seiner Predigt so darstellen, dass »Gottes Liebe sich im Verzicht auf das Menschenopfer erweist«. Aber das Bild erzählt von etwas ganz anderem: nämlich von der Ungeheuerlichkeit, dass Gott dem Menschen die Schlachtung des eigenen Kindes abverlangt. Wenn man diese Bildsprache an sich heranlässt, macht es fassungslos. Damit wird es übrigens auch der Welterfahrung des Menschen viel besser gerecht als dieses Beruhigen und Besänftigen, zu dem die christliche Tradition – anders als die jüdische oder islamische – nicht nur nach meinem Eindruck vorschnell geneigt hat. Das Leben, das Schicksal, das Göttliche zwingen uns in Situationen und erlegen uns Dinge auf, die für uns absolut unverständlich und unerträglich sind.

Folgt daraus die Anregung an die Kirche, dieser Dimension mehr Raum zu geben?

Offenbarungen, und vielleicht keine mehr als die beiden großen Teile der Bibel, umfassen die ganze Bandbreite menschlicher Erfahrung, damit auch den Schrecken, die Furcht, das Entsetzen, die Verzweiflung, die Wut aufs Schicksal – sie sind göttlich in dem Extrem, in dem sie menschlich sind. Das Volk Israel auf seinem Weg durch die Wüste hat Gott nicht als netten Freund und sympathischen Weggefährten wahrgenommen, sondern entweder als über alle Massen gnädig oder als fürchterlich rachsüchtig – und manchmal beides gleichzeitig. Das gilt auch für die Wüstenwanderungen unseres Lebens. Wenn wir eine Oase erreichen, erleben wir das als große Gnade. Wenn aber die Sonne brennt und wir vor Durst fast umkommen, erfahren wir uns als hoffnungslos ausgeliefert. Das ist die Spannweite unserer Gotteserfahrung.

Etliche Ihrer Bildbeschreibungen verdanken Sie einem längeren Aufenthalt in Rom. Die Auseinandersetzung mit der geballten Ladung katholischer Ästhetik hat Sie offenbar angeregt, nicht aufgeregt wie weiland Martin Luther.
Der Vergleich hinkt natürlich. Wäre ich zu Lebzeiten Luthers nach Rom gekommen, hätte mich das kirchliche Leben dort wahrscheinlich auch abgestoßen, mit seinem Overkill veräußerlichter, entleerter Formen. Heute hingegen, in einer Zeit, in der die Religion ganz im Gegenteil zur Formlosigkeit tendiert, konnte ich den Formenreichtum in Rom als unendlichen Schatz genießen.

Erschöpft sich die religiöse Wahrnehmung dann nicht allzu leicht im Ästhetischen?
Ich finde die Frage falsch gestellt. Es geht nicht um eine Reduktion auf Ästhetik, sondern um die Bereicherung der Wahrnehmung und der Einsicht durch die Ästhetik. Ein Bild – sagen wir von El Greco – vermittelt religiös mehr als eine noch so gehaltvolle Predigt. Ich fürchte, unter der nachaufklärerischen Konzentration auf die Wortverkündigung – eine »Protestantisierung«, die in allen drei großen Wort-Religionen zu beobachten ist – hat das Intuitive als Quelle religiöser Erfahrung sehr gelitten. Die ästhetische Wahrnehmung verflacht oder banalisiert das Religiöse nicht, sondern reichert es an. Natürlich war die Skepsis der christlichen Reformatoren und später der Aufklärer gegen die sinnliche Dimension des Religiösen eine berechtigte Reaktion auf das Übermaß entleerter und veräußerlichter Formen. Aber wie das bei allen dialektischen Bewegungen ist: Die Abwehr von Fehlentwicklungen zerstört auch etwas, was eigentlich bewahrenswert gewesen wäre. Und das führt wiederum zu unguten Reaktionen und Gegenbe-

wegungen. In der Dialektik religiöser Aufklärung ist das zum Beispiel der Umschlag der Vernunft-Begeisterung in Okkultismus und Esoterik, wo der Formen-Hokuspokus in den Mittelpunkt rückt und verstörende Inhalte praktisch überhaupt keine Rolle mehr spielen.

Es geht mir also nicht um Wehmut oder kulturpessimistische Klage über einen erlittenen Verlust, sondern eher um die Frage: Wie kann die Kirche verlorene Bindung wieder aufbauen? Die Wertschätzung des Ästhetischen als eines eigenen, unersetzlichen Faszinosums scheint mir dafür ein wesentlicher Faktor zu sein. Religion braucht die ästhetische Vermittlung – aber nicht im glatten Anschmiegen, nicht als bloßes Wohlgefühl. Was ist es denn, was uns an Musik, an Literatur, an Architektur und bildender Kunst fesselt und ergreift? Doch immer das, was wir nicht genau begreifen; das, was uns irritiert und aus dem Rhythmus bringt. Dieses Motiv der Unterbrechung, der Störung und des Kontrasts müsste sich auch in der kirchlichen Ästhetik spiegeln – in einem Moment der Überwältigung durch das Geheimnis, das Mysterium.

Auf die »produktive Irritation« durch die Kunst wird man sich abstrakt einigermaßen schnell einigen. Aber wir erleben es immer wieder, dass Gläubige Kunst als störend – im Sinne von deplatziert – oder gar als verletzend empfinden. »Wahre Kunst«, heißt es dann, müsse zumindest im Kern etwas Erbauendes haben oder den Menschen im weitesten Sinne auf die Spur Gottes und seiner Offenbarung setzen. Über Jahrhunderte war es das, was die Kirche als Auftraggeberin von Künstlern verlangte. Und wenn Sie sich mit Werken der christlichen Kunst beschäftigen, gehen Sie mit Werken um, die diesen Auftrag erfüllten.

Kunst und Religion stehen immer in einem Spannungsverhältnis. Wo es fehlt, werden beide uninteressant. Aus der Forderung, Kunst müsse in irgendeiner Weise die kirchliche Botschaft transportieren und damit affirmativ sein, sprechen Ängstlichkeit, Misstrauen und natürlich auch ein Mangel an historischem Bewusstsein. Spätestens seit der Renaissance war die Kunst nie rein affirmativ. Bilder von Caravaggio waren eine ungeheure Provokation für die kirchliche Lehre – und sie wurden auch als solche empfunden. Hölderlins späte Jesus-Gedichte sind vollkommen unorthodox, enthalten aber unglaublich starke religiöse Motive. Ich würde sagen, religiöse Kunst lebt geradezu davon, sich nicht deckungsgleich einzupassen in ein dogmatisches Korsett. Wo Religionsgemeinschaften innerliche Größe haben, gestatten sie genau das, setzen die Schöpferkraft des Künstlers frei und ermöglichen Werke, die bleiben.

In der Moderne ist die Kunst aus den Kirchen ausgewandert in Museen, Theater und Konzerthäuser – in die »Musentempel« unserer Zeit. Ein unumkehrbarer Prozess?
Jedenfalls eine normale, ja manchmal notwendige Reaktion, wenn der einst angestammte Lebensraum unwirtlich wird. Dann suchen sich seine Bewohner ein neues Zuhause. Man kann ja eigentlich nur froh sein, dass die Museen, Theater und Konzerthäuser der Kunst Asyl geboten haben, als sie im Raum der Kirche immer weniger Platz fand. Es kommt nicht so oft vor, aber gelegentlich ist für mich ein fantastisches Konzert oder eine packende Theaterinszenierung eine ganz stark religiöse Erfahrung. Mein Bezug zum Theater war von vornherein ein religiöser. Das lag an ersten entscheidenden Begegnungen mit dem Theater – mit Regisseuren wie Roberto Ciulli. Alles Leute mit einem stark religiösen Zugang zur Kunst, ohne dass sie ständig von Gott geredet hätten oder religiöse Fragen explizit thematisiert hätten. Aber die Art, wie jemand sein ganzes Leben einer großen Sache weiht, nicht den eigenen Absichten folgt, sondern den inneren Formgesetzen einer Tonfolge, einer Rolle, eines Textes, sodass durch ihn hindurch eine andere Wirklichkeit sichtbar wird – das ist zweifellos eine

Schwingung des Religiösen, die heute in den Kirchen und Moscheen kaum mehr oder gar nicht wahrnehmbar ist.

Der Kunst wohnt ein religiös-performatives Element inne, das sich allem Bekenntnishaft-Konfessionellen entzieht: das Transzendieren unserer irdischen Wirklichkeit, das Außer-sich-Geraten, das Ekstatische – und sei es im Sinne des Heilig-Nüchternen bei Hölderlin, was man äußerlich vielleicht als Reglosigkeit missverstehen könnte. Und in dem Maße, in dem die Kirche das nicht oder immer weniger ermöglicht, verlagert sich die Suche der Menschen danach eben auf andere Orte und Kontexte. Insofern würde ich sagen: Ein Gutteil der religiösen Erfahrung in unseren modernen, säkularen Gesellschaften findet abseits kirchlicher Kontexte statt – manchmal abgesenkt bis zum Unerträglichen, gedankenlos, seicht und kommerzialisiert. Aber noch in der Banalisierung scheint die Ahnung von etwas Großem auf, das unser Leben umfängt.

Gerade die katholische Kirche, lange Zeit eine der wichtigsten Kulturträgerinnen, hat die Übernahme ihres Formenrepertoires sowohl als Verlust- als auch als Ausbeutungsgeschichte gedeutet.
Es gibt aber auch selbstbewusste Reaktionen der Kirche, die weder rückwärtsgewandt noch aggressiv oder larmoyant sind und die gerade dadurch attraktiv wirken. Wenn ich zum Beispiel an das Diözesanmuseum Kolumba in Köln denke, dann ist das ein Angebot auf höchstem Niveau, mit dem die katholische Kirche ihren Zeitgenossen signalisiert: »Wir wissen um die religiöse Dimension auch in einem musealen Kontext, auch außerhalb des Kirchenraums, und wir bekritteln oder bekämpfen das nicht, sondern erschließen uns selbst und anderen diesen Raum neu.«

Wo sehen Sie noch zukunftsträchtige Ansätze für die katholische Kirche?
Es wird Sie vielleicht überraschen, dass ich gewissermaßen die

Register wechsle und sage: die Caritas. Daran erweist sich die Lebensdienlichkeit jeder organisierten religiösen Gemeinschaft.

2009 haben Sie Ihr Preisgeld für den Hessischen Kulturpreis dem Kölner Pfarrer Franz Meurer und seinen Helfern für die soziale Arbeit in ihren beiden Gemeinden gestiftet und gesagt, von ihnen sei zu lernen, wie das Zusammenleben von Menschen unterschiedlicher Herkunft und Religion auch unter sozial schwierigen Bedingungen gelingen kann. »Und sie erinnern uns daran, worin der wichtigste Gottesdienst in allen drei Buchreligionen besteht: im Dienst am Nächsten.« Sie haben dazu Vers 48 aus Sure 5 im Koran zitiert, der lautet: »Hätte Gott es gewollt, Er hätte euch zu einer einzigen Gemeinde gemacht. Doch wollt Er euch prüfen in dem, was Er jedem von euch gab. Wetteifert darum in den guten Taten.«

Das Wichtige daran ist, so glaube ich, den Dienst am Nächsten auch tatsächlich als Dienst an Gott zu begreifen. So nachvollziehbar und gut begründet es ist, Caritas und Diakonie als hochprofessionellen Sozialbetrieb aufzuziehen, so problematisch ist der Verlust eines unmittelbar spürbaren geistlich-spirituellen Impetus. Zumindest besteht die Gefahr. Wenn ich bei jemandem, der sich um Arme, Kranke, Sterbende kümmert, eine Liebe zu den Menschen spüren kann, die aus der Liebe zu Gott rührt – dann ist das etwas, was ich an diesem Menschen bewundere und was das Interesse an den Quellen weckt, aus denen ein solcher Mensch schöpft: Woher kommt diese Kraft? Woher diese Liebe, diese Opferbereitschaft?

Wo haben Sie das in Begegnungen mit der Kirche erfahren?

Meine Eltern sind Ende der 50er Jahre nach Deutschland in ein komplett christliches Umfeld gekommen. Meine Brüder gingen in den katholischen Kindergarten, ich in den evangelischen. Mein Vater arbeitete als Arzt im katholischen Krankenhaus, das damals wirklich noch »katholisch« war: Fast alle Mitarbeiterinnen in der

Krankenpflege waren Ordensschwestern. Die Gastfreundschaft, die Wärme, ja die Liebe, die wir von katholischen Christen in persönlichen Begegnungen erfuhren, haben bei mir zu einer lebenslangen Loyalität, einer tiefen Sympathie für das Christentum geführt. Hätte mir jemand die christliche Religion nur erklärt und gesagt, dass die Nächstenliebe zu ihren Wesenselementen gehört, ohne dass ich das hätte erleben können – niemals hätte das diese lang wirkenden Folgen gehabt. Natürlich sehe ich sehr vieles am Christentum und zumal an den Amtskirchen kritisch – historisch genauso wie in der Gegenwart. Aber das ist mehr eine Sache des Verstandes. Innerlich spüre ich eine tiefe Verbundenheit, die in die Kindheit zurückreicht und auch aus ganz unmittelbaren Erfahrungen herrührt: dass die Ordensschwestern im Krankenhaus mich, als ich vom Kindergarten rüber ins Krankenhaus kam, jeden Tag mit Vanillepudding versorgt haben, zum Beispiel – ich war drei oder vier Jahre alt, und so banal das heute anmuten mag, kindisch, für mich waren es dezidiert Christinnen, die so nett, so liebevoll zu mir waren. Das hat sich tief in mich eingegraben, und das ist nur ein Beispiel von vielen. Und mit dem ästhetischen Erleben ist es ähnlich.

Schließen Kultur und Caritas einander nicht aus? Man kann einen bestimmten Zeitraum immer nur mit dem einen oder dem anderen zubringen.
Ich sehe das als unaufgebbare, aber auch als vereinbare Komplementarität – für die Kirche als Organisation, nicht für jeden einzelnen Gläubigen zu jeder Zeit an jedem Ort. Wenn sich die Ordensschwester in Tansania um die aidskranke sterbende Mutter mit ihrem Kind kümmert, dann soll und muss sie sich keine Gedanken um Ästhetik machen. Die Kirche als ganze aber muss das sehr wohl tun.

Sehen Sie in der Kunst ein religionsverbindendes Moment?
Jeder Mensch, der durch die Welt reist und in den verschiedenen Kulturen gläubige Menschen erlebt, wird jenseits aller Dogmatik die Fülle von Gemeinsamkeiten feststellen. Der fromme muslimische Oberägypter, dessen Leben entlang eines religiösen Rhythmus verläuft, hat mit einem süditalienischen katholischen Bauern doch viel mehr gemeinsam als mit einem Intellektuellen in Kairo, dem Religion überhaupt nichts mehr bedeutet.

Ich stelle häufig fest, dass der religiöse Analphabetismus säkularer Gesellschaften – in Westeuropa wie in anderen Weltgegenden auch – zu einem tiefen Unverständnis für das Phänomen des Religiösen geführt hat, zu einer existenziellen Ahnungslosigkeit, die das Religiöse noch nicht einmal bekämpft, sondern einfach nicht damit umgehen kann. Je stärker diese Entwicklung voranschreitet, desto mehr tritt im Gegenzug das Gemeinsame ins Bewusstsein, das die Religionen verbindet: die Verwiesenheit auf Transzendenz, das Wissen um eine höhere Bestimmung des Menschen, zugleich die Einsicht in die absolute Beschränktheit des Menschen, seine Bedürftigkeit.

Und Kunst hätte den Sinn, dieser Einsicht Ausdruck zu verleihen? Steht sie dann nicht doch wieder »im Dienst einer höheren Sache«, statt – autonom – nur sich selbst zu genügen?
Die Autonomie der Kunst besteht für mich in ihrem Gegenüber zu allen irdischen Instanzen. Wenn man das einmal so feststellt und festhält, dann gibt es natürlich Formen einer Zweckbindung von Kunst. Die Vorstellung einer »reinen Interesselosigkeit« ist wahlweise eine Illusion oder sogar eine absichtsvolle Depotenzierung von Kunst. Kunst kann sehr wohl einen politisch-gesellschaftlichen Anspruch haben und hier eine eigene Kraft entwickeln. Wenn Kunst Horizonte öffnen, den Menschen zu Veränderungen anstiften »soll«, dann ist ja auch das eine Art Zweckbindung. Aber die Kunst bleibt darin trotzdem »autonom«. Die eigentliche Relati-

vierung der Autonomie – jedenfalls gilt das für mein künstlerisch-
literarisches Schaffen – besteht darin, sich in den Dienst einer nicht
menschlichen Autorität zu stellen. Sie ist etwas Höherem verpflichtet. Aber schon indem ich das so formuliere, merke ich, dass
ich an Grenzen der Mitteilbarkeit stoße. Vielleicht sollte man über
solche Dinge gar nicht reden.

*Haben Sie deshalb auch den Begriff »Gott« gemieden und von einer
»nicht menschlichen Autorität«, von etwas »Höherem« gesprochen?*
Wenn wir Menschen »Gott« sagen, sollten wir uns immer bewusst
machen, dass wir eigentlich von einer Leerstelle sprechen. Es ist ja
kein Zufall, dass das islamische Glaubensbekenntnis mit einer
Verneinung beginnt: »Es gibt keinen Gott außer Gott«. Das meint
nicht ein affirmatives Bekenntnis, sondern die Zurückweisung
jeglichen falschen, fremden Anspruchs, Gott zu sein.

*Papst Johannes Paul II. hat einmal gesagt, die katholische Kirche
»braucht die Kunst«. Und es gibt Positionsbestimmungen, die von der
Kunst als einem wichtigen »Standortfaktor« für die Kirche sprechen.
Dem stimmen Sie demnach zu?*
Ich verstehe schon, was damit gemeint ist. Nur werden viele Dinge
leider unerträglich, wenn man sie in die Funktionärs- oder Öko-
nomensprache übersetzt. Trotzdem ist das Gesagte deswegen
noch nicht falsch. Wenn ich mich also auf »Bedürfnisse« und »Faktoren« einlasse, lautet meine Entgegnung an die Kirchenvertreter:
Dann redet nicht nur darüber, sondern macht! Handelt danach!

Teil V:

Den Vorhof pflegen

Die Kirche und die Ökumene

Die Beziehungen zwischen den Kirchen haben etwas Wesentliches gemeinsam mit zwischenmenschlichen Verhältnissen: Sie kennen ein Auf und Ab. Im ökumenischen Miteinander von Katholiken und Protestanten beginnt das Problem schon mit der Frage, ob es denn überhaupt zwei Kirchen sind, die einander begegnen.

Fast 500 Jahre nach dem Beginn der protestantischen Reformation könnte man den Zweifel daran zu einer Spitzfindigkeit erklären: Nach der römisch-katholischen Kirche und den orthodoxen Kirchen des Ostens haben sich im Lauf der Jahrhunderte Kirchen in reformatorischer Tradition formiert mit eigenen Bekenntnisschriften, Leitungsämtern und öffentlich sichtbaren Strukturen bis hin zu Organisationsformen als Staatskirchen wie im Fall der anglikanischen Kirche in England oder den lutherischen Kirchen in Skandinavien. Im Windschatten der evangelischen Kirche ist überdies eine Vielzahl von »Freikirchen« entstanden, charismatische Gruppen, Evangelikale, Pfingstler – und wie sie alle heißen. Auf dem »katholischen Kontinent« Lateinamerika sind sie in starke Konkurrenz zur römischen Kirche getreten und haben ihr viele Mitglieder abspenstig gemacht. Der Präsident des brasilianischen Caritas-Verbandes, Flavio Giovenale aus Santarem am Amazonas, betrachtet die Pfingstkirchen Lateinamerikas inzwischen nicht mehr bloß als Klein- und Kleinst-Segmente des Protestantismus, sondern als eine eigene – vierte – christliche Konfession. »Das Kirchesein ist ihnen nicht mehr abzusprechen«, sagt Giovenale.

Doch während Papst Benedikt XVI. noch Ratlosigkeit angesichts der neuen Formen des Christentums mit ihrer »ungeheuren und

… manchmal beängstigenden missionarischen Dynamik« bekundet und den »klassischen Konfessionskirchen« zum Schulterschluss rät, enthält das römische Lehramt den Protestanten die Anerkennung als Kirche weiterhin vor. Die Vatikan-Erklärung »Dominus Iesus« aus dem Jahr 2000 sieht sie als defizitär und bezeichnet die Protestanten lediglich als kirchliche Gemeinschaften. Nicht einmal zur Formel einer »Kirche anderen Typs« hat sich Rom durchringen können. Man muss sich nur einen Moment lang in einen Protestanten hineinversetzen, um die Arroganz wahrzunehmen, die in solcher Rede zum Ausdruck kommt.

Der Affront von »Dominus Iesus« wirkte dementsprechend als ökumenische Vollbremsung in einer Zeit, als das Ökumene-Mobil gerade neue Fahrt aufzunehmen schien. 1999 hatten sich Katholiken und Lutheraner in der »Gemeinsamen Erklärung zur Rechtfertigungslehre« über eine theologische Frage geeinigt, die 500 Jahre zuvor wesentlich zur Kirchenspaltung beigetragen hatte: Wie erlangt der Mensch das Heil? In Martin Luthers Worten formuliert: »Wie kriege ich einen gnädigen Gott?« Sich hier auf ein gemeinsames Bekenntnis zur umfassenden Gnade Gottes zu verständigen und die gegenseitigen Verurteilungen aus der Vergangenheit für hinfällig zu erklären, war ein Sprung zur Einheit. Doch das Vatikan-Papier von 2000 blockierte gewissermaßen die Federung am frisch installierten katholisch-evangelischen Sprungbrett. Zwar sagen führende Protestanten regelmäßig, ihr Selbstverständnis als Kirche hänge doch nicht vom Segen des Papstes ab und von den Etiketten, die der Vatikan auf fremde Gefäße kleben will. Doch dass Brüskierungen und Enttäuschungen über verpasste Chancen im ökumenischen Streben nach Einheit umschlagen in trotzige Selbstbehauptung, in eine bisweilen zwanghafte Suche nach Profilierung und damit in einen weiteren Rückfall in Konfessionalismus und Kirchhofdenken – das braucht niemanden zu wundern.

In Deutschland umfasst die Liste der Abgrenzungen eine ganze Reihe von Motiven: von der Definition des reformatorischen Christentums als »Kirche der Freiheit« durch den früheren EKD-Ratsvorsitzenden Wolfgang Huber über sein Programmwort von einer »Ökumene der Profile« bis hin zu einem schleunigst in die Ablage verbannten Thesenpapier der EKD-Zentrale in Hannover. 2009 attestierte es der katholischen Kirche, sie schwanke »wie ein angeschlagener Boxer«, wirke geschwächt und verunsichert, während die evangelische Kirche für die Präsenz »in gesellschaftlich relevanten und politisch heiklen Fragen« stehe.

Das ist nicht Ökumene der Profile, sondern der Profilneurosen. Sie freut sich nicht an Stärken des anderen, sondern ergötzt sich – durch pflichtschuldiges Bedauern mühsam verbrämt – an den Schwachstellen. Das aber bringt nur neue Schrillheiten hervor, die so gar nicht zu den praktischen Erfahrungen an der Kirchenbasis passen wollen. Dort stellen Gemeinden einander ihre Kirchen zur Verfügung, solange das Gebäude der anderen Konfession renoviert wird. Mancherorts gibt es gar ökumenische Zentren als gemeinsam genutzte Areale, wie zum Beispiel im Münchner Stadtteil Messestadt-Riem. Eine ambitionierte Architektur versinnbildlicht hier die längst erreichte Gemeinsamkeit der Konfessionen. Während die ökumenisch gesinnten Vertreter beider Kirchen tapfer gegen eine angebliche »Eiszeit« in den ökumenischen Beziehungen anreden und agieren, werden diese in einer auf Konfrontation getrimmten Rhetorik ein ums andere Mal durch die Kältespirale gejagt.

Der Begriff »Protestantisierung« etwa gerät zu einer katholischen Kampfvokabel, zum Synonym für Lifestyle-Religion ohne Substanz, für Glaubensverlust und Beliebigkeit. Die evangelische Kirche muss für Abschreckungs-Szenarien herhalten: Um Gottes willen bloß nicht so werden wie die!
Der konservative katholische Schriftsteller Martin Mosebach

führte den weltweiten Spitzenanteil von Nichtgläubigen und Atheisten im Osten Deutschlands weniger auf die Folgewirkungen der SED-Diktatur zurück als auf den Einfluss des Protestantismus. Im Bündnis mit Staatskirchenwesen, Aufklärung und Preußentum habe die Reformation die Religion Stück für Stück entkernt. »Tatsächlich ist es so, dass der Protestantismus, so wie er sich im Osten entwickelt hat, mit seinem Hang zur Säkularisierung fast notwendig zur Schwächung des Glaubens geführt hat. Sonst hätte der Kommunismus den Glauben dort nicht so nachhaltig zerstören können.«* Das sind Polemiken im Gewand scheinbar nüchterner Sozial- und Mentalitätsgeschichte. Kurzfristig mögen sie vitalisierend auf das konfessionelle Selbstbewusstsein wirken. Auf lange Sicht wirken sie auszehrend, weil sie Energien auf Kontraste konzentrieren, statt auf den Konsens, den Katholiken und Protestanten gemeinsam benötigen, wenn sie in der säkularen Gesellschaft das Christentum als Denk- und Lebensraum kultivieren wollen. Der EKD-Ratsvorsitzende Nikolaus Schneider hat recht: Es wird die Zeit kommen, wo die eine Kirche die andere nicht auf dem falschen Weg vermutet, sondern wo sie einander dringend brauchen.

Aus Meinungsverschiedenheiten in Sachfragen entstehen Spannungen genug. Ob Biomedizin, Embryonenforschung, Schwangerschaftsabbruch oder Sterbehilfe – immer nimmt die katholische Kirche den im Vergleich strikteren Standpunkt ein und verteidigt ihre Kompromisslosigkeit mit Forderungen der Menschenwürde und des Naturrechts. Gerade diese Kategorie taugt aber nach mehrheitlicher Ansicht der evangelischen Ethik nicht mehr zu einer hinreichenden Begründung ethischer Normen. Der protestantische Theologe Ulrich Körtner hält dem katholischen Lehr-

---

* Interview in ›Die Welt‹, 20.04.2012.

amt eine Argumentationsstrategie vor, die darauf hinausläuft, »dass als natürlich und vernünftig zu gelten hat, was in Einklang mit der kirchlichen Morallehre steht. Was davon abweicht, wird für unvernünftig und unnatürlich erklärt.«

Lehre oder Leben? Auf dieses Gegensatzpaar laufen somit viele Konfrontationen zwischen katholischer und evangelischer Kirche hinaus. Besonders ist dies 2013 an einer »Orientierungshilfe« der EKD zur Familie sichtbar geworden. Die Denkschrift verabschiedet das »historisch bedingte Ideal der bürgerlichen Familie« als einziges Leitbild des Zusammenlebens und ersetzt es durch das »fürsorgliche Miteinander« von Menschen. »Ein normatives Verständnis der Ehe als ›göttliche Stiftung‹ … entspricht nicht der Breite des biblischen Zeugnisses«, so die Autoren. Die Ehe sei »eine gute Gabe Gottes, die aber, wie das Neue Testament zeigt, nicht als einzige Lebensform gelten kann«. Schon Jesus selbst mit seiner ausgesprochen familienkritischen Haltung und das Beispiel der Apostel zeigten, dass »der Zugehörigkeit zur Familie Gottes und der Nachfolge Jesu im Neuen Testament letztlich der Vorrang« gebühre. Daran solle sich die Kirche orientieren und Menschen in den verschiedenen »an Gerechtigkeit orientierten Familienkonstellationen stärken, auffangen und in den kirchlichen Segen einschließen«.

Unbestreitbar gibt es – auch unter Christen – neben der Ehe eine Vielfalt von Beziehungen und Lebensformen, die Wahrnehmung und Würdigung durch die Kirche verdienen. Streiten lässt sich freilich sehr wohl darüber, ob die evangelische Kirche gut beraten ist, ein jahrtausendealtes Ideal auf wenigen Seiten für unmaßgeblich zu erklären. Ein solches Vorgehen mag seismografisches Gespür für gesellschaftliche Wirklichkeiten beweisen, zeigt aber wenig Sinn für die Frequenzgänge der Seele.

Fast notwendig demonstriert die Reaktion des Kölner Kardinals Joachim Meisner die damit verbundenen Verletzungen: Verrat am Wort der Offenbarung wirft er der evangelischen Kirche vor; die Haltung der Pharisäer, die schon zu Jesu Zeiten die Ehe untergraben hätten, von Jesus aber in die Schranken gewiesen worden seien. Die eigentliche Schärfe bekommt Meisners Replik aber durch seinen Angriff auf das Eheverständnis der Reformatoren: Weil diese »die christliche Überzeugung von der Sakralität der Ehe aufgegeben« hätten und die Ehe zu einem »weltlich Ding« erklärten, werde die Ehe »zu einer rein innerweltlichen Institution, die durch andere Zweckverbindungen ersetzt werden kann.«*

Unversehens sind die alten Fronten zurück, die Monopolansprüche auf Rechtgläubigkeit und das wahre Christentum. Aber bringt das die Kirchen weiter? Trägt es dazu bei, Menschen für die Gemeinschaft der Glaubenden zu interessieren?

Papst Franziskus hat sich vor seiner Wahl unbefangen zur »versöhnten Verschiedenheit« als Ziel der Ökumene bekannt. »Ich halte nichts davon, dass man heute in den Kategorien der Einheitlichkeit oder der vollständigen Einheit denkt.« Vielmehr sollten Christen gemeinsam unterwegs sein, gemeinsam beten und arbeiten und miteinander die Begegnung mit der Wahrheit suchen.

Das größte Hemmnis dabei ist ein Mangel an Taktempfinden dort, wo unterschiedliche religiös grundierte Denkformen und Gefühlswelten die Konfessionen prägen. Stärker als steile Lehrsätze bestimmen solche Tiefenimprägnierungen den kirchlichen Alltag. Sie gilt es miteinander zu vermitteln. Wo das gelingt, wird das schöne Worte des EKD-Ratsvorsitzenden Nikolaus Schneider von der »Ökumene der Charismen« lebendig. Schneiders eigene Landeskirche, die Evangelische Kirche im Rheinland, beteiligte sich 2012 an der Heilig-Rock-Wallfahrt des katholischen Bistums Trier. Mehr als eine halbe Million Besucher bestätigten erneut den Megatrend zum Pilgern – als einer körperlichen Übung,

---

* Stellungnahme Kardinal Meisners vom 28. Juni 2013, veröffentlicht vom Presse- und Informationsamt des Erzbistums Köln.

die offen ist für eine geistliche Erfahrung des Unterwegsseins. Gemeinsam ließen Katholiken und Protestanten Reliquien-Unwesen, Ablasshandel samt Luthers Wüten gegen die »große Bescheißerei«, den »Teufelsmarkt zu Trier« hinter sich.

Die Ökumene der Charismen stellt nicht mehr »katholischen« Material-Fetischismus gegen »protestantische« Blutleere. Sondern sie sucht nach Kontaktstellen, den Synapsen zwischen konfessionellen Traditionen. Diese Vermittlung lässt das theologische Ideal wahr werden: Einheit in Vielfalt, versöhnte Verschiedenheit.

»Diese Bindekraft ist beeindruckend«

Margot Käßmann
ist seit 2012 »Botschafterin« der Evangelischen Kirche in Deutschland für das Reformationsjubiläum 2017.

Frau Käßmann, über Benedikt XVI. haben Sie gleich nach seiner Wahl 2005 gesagt, in ökumenischen Belangen erwarteten Sie sich nichts von ihm. Das kann Papst Franziskus nicht mehr unterbieten, aber leicht toppen.
Ich habe viel Prügel für meine damalige skeptische Haltung zu Benedikt bezogen. Aber sie war ja berechtigt, weil der Papst in seiner vorigen Funktion als Präfekt der Glaubenskongregation uns Protestanten das Kirchesein abgesprochen hat. Damit hat er das Wasser aus dem ökumenischen Bassin gelassen. Warum hätte er es nach seiner Wahl zum Papst plötzlich wieder füllen sollen? Beim neuen Papst dürften nun viel eher die sozialen Fragen sein Thema sein als ökumenisch-dogmatische Belange. Aber es gibt ja zwei Wege zur Einheit: den Weg über Glaube und Kirchenverfassung und den Weg über praktisches Christentum. Vielleicht führt ja die Praxis zu Fortschritten in der Ökumene. In den ersten Monaten seiner Amtszeit ging es mir dann schon so, wie es im 1. Korinther-

Brief von der Gemeinschaft der Glaubenden als dem Leib Christi heißt: »Wenn ein Glied leidet, leiden alle Glieder mit; wenn ein Glied geehrt wird, freuen sich alle anderen mit ihm«. So konnte ich mich am überraschend Neuen mit vielen Katholiken freuen, die manches Mal an ihrer Kirche leiden, aber ihr doch treu verbunden sind.

Der neue Papst steht für eine Abkehr der Kirche vom Eurozentrismus. Schwindet damit womöglich in der römischen Kirchenleitung auch der Sinn für den »alten Kontinent« mit den Stammlanden der Reformation, der konfessionellen Auseinandersetzungen im Zeitalter der Religionskriege, aber auch des neuen Zusammenwachsens von Katholiken und Protestanten in der Ökumenischen Bewegung?
Die Weitung der Perspektive über Europa hinaus wäre in jedem Fall richtig. Im Jahr des Reformationsjubiläums 2017 wird auch die Mehrheit der Lutheraner weltweit in der südlichen Hemisphäre leben. Dass wir in Europa so auf uns selbst fixiert denken und so wenig von dem aufnehmen, was andernorts gedacht und gelebt wird, ist darum ein Problem für die »Ökumene« insgesamt. Der Begriff meint ja schon im Wortsinn den gesamten bewohnten Erdkreis. Ein Lutheraner aus Brasilien, mit dem ich kürzlich sprach, war richtiggehend erbost darüber, dass theologische Ansätze aus Lateinamerika an den europäischen Universitäten faktisch nicht vorkämen. Dieser Vorwurf trifft Lutheraner wie römische Katholiken gleichermaßen.

Bei seinem Deutschland-Besuch 2011 hat Papst Benedikt XVI. im Augustiner-Kloster von Erfurt die existenzielle Frage Martin Luthers nach dem Heil und dem »gnädigen Gott« gewürdigt. Von Luther lernen – von diesem Geist wünschen Sie den Katholiken vermutlich noch mehr?
Ich bin überzeugt, dass römische Katholiken Martin Luther, wenn auch vielleicht nicht als »Lehrer der Kirche«, so doch gewiss als ei-

nen »Lehrer des Glaubens« respektieren können. Deshalb wäre ein kleines Signal für Protestanten wie für Katholiken in Deutschland wichtig gewesen, dass der Augustiner-Mönch Martin Luther, dem der Besuch des Papstes ja symbolisch gegolten hat, in seinen Erfurter Jahren und selbst noch zur Zeit der 95 Thesen nichts anderes war als ein treuer Reformkatholik. Ein solches Signal hätte den Weg weisen können zu einer versöhnenden und versöhnten Sicht auf die Reformation: Wir waren eine gemeinsame Kirche, wir sind dann getrennte Wege gegangen, uns aber in den vergangenen Jahrzehnten wieder sehr viel näher gekommen. Im öffentlichen Teil der Erfurter Begegnung zwischen dem Papst und der Evangelischen Kirche in Deutschland aber hatte ich den Eindruck, dass der Name »Luther« tunlichst vermieden werden sollte. Das ist bedauerlich, denn Katholiken wie Protestanten in Deutschland haben in den vergangenen 60, 70 Jahren einen solch eindrucksvollen und bewegenden Prozess der Versöhnung erlebt, dass wir das beim Reformationsjubiläum 2017 auch gut miteinander feiern könnten. Dass dies nicht die Botschaft von Erfurt wurde, ist eine verpasste Chance.

Was hätten Katholiken dabei zu feiern?
Sehr viel! Die römisch-katholische Kirche heute ist schließlich auch nicht mehr jene, mit der Luther im 16. Jahrhundert gerungen hat. Schon das Trienter Konzil hat den Ablasshandel abgeschafft, gegen den Luther so sehr gewettert hatte. Das Zweite Vaticanum hat die Messe in der Volkssprache eingeführt, was eines der zentralen Anliegen Luthers war. Und so gibt es sehr vieles, was wir als gemeinsame 500-jährige Lerngeschichte anschauen können.

Das Miteinander in der Ökumene hat sich grundlegend verändert. Wir haben gelernt und verinnerlicht, dass Toleranz zum Wesen des Christentums gehört und dass die Kirche dialogfähig sein muss – nach innen wie nach außen, zur säkularen Welt etwa oder zu anderen Religionen.

Luther selbst war gewiss kein toleranter Mensch. Aber seine Gegner waren es auch nicht – von den römischen Päpsten bis zu Thomas Müntzer. Wer liest, was sich führende Kirchenvertreter damals gegenseitig an den Kopf geworfen haben, dem wird deutlich, was wir an Verletzungen und Zerwürfnissen schon alles hinter uns gelassen haben.

Halten Sie es für wünschenswert, dass dann auch der Nachfolger des »Antichrist«, wie Luther den Papst seinerzeit nannte, an den Reformationsfeiern teilnimmt?
Es wäre ein schönes Zeichen der Versöhnung, wenn er käme, aber es geht um mehr, eine neue Sicht insgesamt: Es waren ja nicht die Protestanten, die sich mutwillig und bösartig von der einen katholischen Kirche getrennt hätten. Die Römer sind mindestens so stur ihren Weg gegangen wie die Reformatoren in Wittenberg, Genf oder Zürich. Was aber im 16. Jahrhundert zum Bruch geführt hat, das ist heute überwunden. Und wenn die Christen vor 500 Jahren so miteinander geredet hätten, wie das heute im ökumenischen Gespräch geschieht, dann wäre es wahrscheinlich schon damals erst gar nicht zum Bruch gekommen. Christinnen und Christen haben eine Sehnsucht nach Zusammengehörigkeit. Und sie brauchen Bilder. Beim Evangelischen Kirchentag 1993 in München sind Tausende Katholiken und Protestanten am Fronleichnamstag auf zwei verschiedenen Wegen durch die Stadt gezogen, die einen mit gelben, die anderen mit lila Bändern. Auf dem Marienplatz haben sich beide Prozessionen getroffen, und die Teilnehmer haben ihre Bänder verknüpft. Das mag man belächeln und sagen, »dogmatisch irrelevant«. Aber bei mir ist dieses Bild von München haften geblieben. Und ich glaube, so geht es vielen. Darum wünsche ich mir für das Reformationsjubiläum und darüber hinaus ein Versöhnungszeichen, das im Gedächtnis bleibt: Wir sind verschieden, aber wir gehören zusammen.

Wenn Sie für die katholische Kirche eine Kur organisieren sollten – worin würde die Behandlung bestehen?

Zuerst einmal sind therapeutische Ratschläge nach Ferndiagnose oft schädlich und fast immer nervtötend. Die römisch-katholische Kirche muss sich von innen reformieren. Aber aus der Geschichte des Evangelischen Kirchentages und aus meinen Erfahrungen als Landesbischöfin stehen Transparenz und Partizipation ganz oben auf der Prioritätenliste gelingender Erneuerung. Beides schafft Vertrauen. Im Missbrauchsskandal hatte ich den Eindruck, es gibt auf katholischer Seite ein ausgeprägtes Zögern, einen Reflex des Einmauerns und Verbarrikadierens gegen Angriffe, die »von außen« kommen. Dabei sollte jeder, der sich heute im öffentlichen Raum bewegt, wissen: Es gibt nichts, was sich geheim halten ließe. Alles kommt ans Licht. Also ist Offenheit aus eigenem Antrieb und aus freien Stücken die beste Art des Umgangs auch mit unangenehmen Dingen. Und was die Partizipation betrifft: Ich möchte die Kompetenz und die Mitverantwortung der evangelischen Laien auf allen Ebenen der Entscheidung nicht missen.

Das Papsttum hat einen entscheidenden Vermittlungsvorteil: In einer Welt der Medien und Bilder steht eine einzige Person für eine Milliarde Christen.

Das ist auch für mich faszinierend. Es erzeugt ein Zugehörigkeitsgefühl, das Grenzen und Nationalitäten überwindet. Das ist eine ganz große Stärke der römisch-katholischen Kirche als Weltkirche: Ob Brasilianer, Indonesier, Kenianer oder Italiener – alle fühlen sich auf Rom bezogen. Und wenn sich die Kardinäle treffen, vertreten sie Ortskirchen von allen Enden der Erde. Das hat was.

Allerdings bin ich so durch und durch lutherisch, dass mir das Prinzip der Repräsentation aller durch einen Einzigen trotzdem fremd bleibt. Wenn so vieles an einer Person hängt und von ihr abhängt, dann ist das für die Kirche insgesamt belastend. Und nicht zuletzt muss es den Amtsträger zwangsläufig überfordern. Andererseits sagen mir viele – auch überzeugte – römische Katholiken sehr gelassen: »Rom ist weit. Wir leben wacker unseren Glauben, und entscheidend ist das, was hier bei uns und durch uns geschieht.« Das klingt dann für mich wieder sehr protestantisch, und wenn ich es zu Ende denke, ist die »im Papst geeinte römische Kirche« genauso vielfältig und bunt wie die protestantische.

Da Sie sich mit den therapeutischen Ratschlägen ja zurückhalten wollen – was ist Ihr therapeutisches Lob für weitere Stärken der katholischen Kirche?
Vielleicht bin ich viel zu sehr evangelisch, als dass ich darauf Antworten hätte. Ich könnte es mir leicht machen und sagen: Ah, die Katholiken, die haben diesen spirituellen Reichtum. Aber zumindest ich als Lutheranerin habe meine Kirche nie als spirituell ärmlich erlebt. Dass Emotion und Sinnlichkeit eine so große Rolle spielen, gehört zweifellos zu den Stärken im römischen Katholizismus. Nur sollten die Gefühle dann auch zugelassen und nicht immer gleich wieder rituell und zeremoniell an die Kette gelegt werden. Ich war jüngst gebeten, mich an der Trauerfeier für eine Katholikin im Emsland zu beteiligen. Nach dem Gottesdienst kamen die Besucher ganz gerührt zu mir, weil ich in meiner Ansprache sehr persönlich auf die Verstorbene und ihr Leben eingegangen war. Das hätten sie noch nie erlebt. Sonst werde immer nur der Ritus vollzogen.

Dann versuche ich es noch einmal von einer anderen Seite: Wo nehmen Sie blinde Flecken in der katholischen Kirche wahr?
Es gibt immer noch Formen eines angstbesetzten Miteinanders. Eine Theologiestudentin, die Religionslehrerin werden möchte, erzählte mir, einer ihrer Professoren habe sie wegen der Mitteilung auf ihrem Anrufbeantworter angesprochen: »Dies ist der Anschluss von Sophie und Martin …« Sie solle das, riet ihr der

Professor, doch lieber ändern. Wenn nämlich ruchbar werde, dass sie unverheiratet mit ihrem Freund zusammenlebt, könne sie das ihre Zulassung durch den Bischof kosten. So etwas finde ich schlimm, weil sich die Kirche als Kontrollinstanz aufspielt, die Menschen einengt und die Lebenswirklichkeiten gering achtet. Der Faktor Angst muss weg. Angst hat in der Kirche nichts zu suchen.

Schön gesagt. Aber ist die evangelische Kirche ein angstfreier Raum? Michael Hanekes Film »Das weiße Band« über die Verhältnisse in einem protestantisch geprägten Dorf Anfang des 20. Jahrhunderts zeichnet ein Horrorgemälde von Angst und Unterdrückung.
Diese Zeiten sind insgesamt vorbei. Im Umgang mit Homosexualität aber gab und gibt es auch bei uns womöglich noch angstbesetzte Zonen, in denen Menschen glauben, sich verstecken und verstellen zu müssen.

Warum sind Sie evangelisch?
Der Freiheitsgedanke ist etwas zutiefst Faszinierendes. Niemand kann dich in deinem Gewissen binden – kein Dogma, keine Kirche, kein Papst und kein Bischof. Auch die Vielfalt des Protestantismus hat mir immer gefallen. Die Medien tun sich immer schwer damit, ich weiß, und natürlich sind das ständige Ringen um Entscheidungen und die Diskussionen über den richtigen Weg anstrengend. Aber wenn ich in meiner Zeit als Landesbischöfin die bunte Pfarrerschaft der hannoverschen Landeskirche vor mir gesehen habe, habe ich häufig gedacht: »Welch ein Segen!«
Das bedingt auch einen eigenen Stil der Leitung. Ein Landesbischof, eine Landesbischöfin kann nicht einfach sagen: »So wird's gemacht!« Dann stehen nämlich garantiert zehn Synodale auf, die schon deshalb vollkommen anderer Meinung sind. Leiten heißt also gewinnen, mitnehmen, beteiligen und wertschätzen. Das ist lebensnah – auch dann, wenn es manchmal anstrengend ist.

Sie haben es nie durchgespielt, wie es wäre, katholisch zu sein?
Nein, nein. Dafür bin ich wahrscheinlich zu sehr auf Christus zen-
triert. Wie ihm in der katholischen Tradition Maria zur Seite gestellt worden ist und welche Frauenbilder damit geprägt und vermittelt wurden, das hält mich ebenso auf Distanz wie umgekehrt
die Tatsache, dass Frauen bis heute sozusagen vom Herrn der Kirche ferngehalten werden, weil sie nicht in seinem Auftrag Priesterinnen werden und Gemeinden leiten dürfen. Schwierigkeiten
hätte ich auch mit dem Pflichtzölibat der Priester. Es gibt auch bei
uns Pfarrerinnen und Pfarrer, die zölibatär leben. Das verdient
unbedingt Respekt – aber als Ergebnis einer freien Entscheidung.
Ich merke, ich lande immer wieder beim Paradigma der Freiheit.
Vielleicht hat das auch damit zu tun, dass ich mich ungern beuge.
Da allerdings spüre ich idealtypisch einen mentalen Unterschied
zwischen Katholiken und Protestanten – etwa in der Begegnung
mit einem so kritischen Geist wie Hans Küng: Ein Katholik, der
mit seiner Kirche ringt und hadert, ist doch einer, der die Kirche
liebt. Er leidet unter ihr, aber er bleibt ihr treu. Ein Protestant hingegen, der anderer Meinung ist, tritt aus.

*Kann die »Liebe zur Kirche« für den Protestanten überhaupt eine Ka-
tegorie sein?*
Nein, für uns ist die Kirche im Grunde ja ein Ordnungselement,
weil der Glaube einer Gemeinschaft Struktur und Organisation
braucht. Die Kirche ist in diesem Sinne notwendig, aber nicht
selbst Gegenstand irgendeiner Art von »Passion«.

Ein unterkomplexes Verständnis von Institutionen.
Ja, nennen Sie es eine Schwäche des Protestantismus. Auf meiner
jüngsten USA-Reise habe ich die Lutheraner dort als tief gespal-
ten erlebt und in Konflikten kaum noch handlungsfähig. Weil die
Gemeinschaft für sie keine Bindekraft entfaltet: Wer anderer Meinung ist, der geht. Gemeinden, die sich nicht einigen können,

spalten sich. Die Bereitschaft, über die eigenen Belange hinaus auf regionaler oder überregionaler Ebene als Kirche den Schulterschluss zu praktizieren, geht gegen Null. Also, ich merke: Diese Bindekraft der katholischen Kirche ist schon etwas, was mich auch als Außenstehende beeindruckt und berührt. Sie lebt aus einem anderen Geist. Etwas mehr davon würde auch uns guttun. Deswegen käme ich auch gar nicht auf den Gedanken, Katholiken die »Liebe zur Kirche« auszureden. Im Gegenteil, ich würde dann lieber auf diejenigen einreden, die an führender Stelle tätig sind, und ihnen gern sagen: Eine Kirche, der die Menschen solch eine Zuneigung, ja Liebe entgegenbringen, sollte ihrerseits alles daransetzen, eine liebenswerte und liebenswürdige Kirche zu sein.

Was kann die katholische Kirche dabei besser machen?
Zweierlei: einmal ihre Rolle als internationale Akteurin stärker ausspielen. In der Verbundenheit von Menschen über Nationalitäten und Ethnien hinweg liegt ja ein gewaltiges Friedenspotenzial. Dann aber auch sensibler sein nach innen, damit diese Liebe nicht immer wieder so furchtbar enttäuscht wird – durch Verletzung und Zurückweisung von Menschen gerade in den prekärsten und schutzbedürftigsten Situationen ihres Lebens. Wie empfänglich die Menschen für den Gestus einer liebevollen Kirche sind, ist ja an Franziskus in Rom zu sehen: Was sind die Katholiken jetzt stolz, dass sie einen Papst haben, der ins Gefängnis geht und den Gefangenen – sogar Frauen, sogar Muslimen – die Füße wäscht! Es kommt mir vor, als wäre ein Aufatmen durch die katholische Kirche gegangen. Jahrelang waren die Gläubigen ständig in einer Art Verteidigungshaltung und meinten fast, sich dafür entschuldigen zu müssen, römisch-katholisch zu sein. Mir tat es leid, das mitzuerleben. Jetzt endlich können sie sich wieder unbefangen mit ihrer Kirche identifizieren – mit dem Gefühl, »diese Kirche verdient meine Zuneigung, und ich bin stolz darauf, wie sie agiert, wie sie sich verändert, wie sie auf Menschen zugeht«.

Auch das macht sich an einer Person fest – also letztlich an jenem Prinzip der Repräsentation, das Sie eben noch mit Skepsis beurteilt haben.

Vor dem Ökumenischen Kirchentag in Berlin 2003 gab es Doppelporträts katholischer und evangelischer Amtsträger für das Fernsehen. Mich hatte man damals mit Kardinal Karl Lehmann zusammengespannt. Bei den Dreharbeiten konnte ich gut beobachten, wie viele Katholiken auf ihn reagierten: mit einer ganz großen Hochachtung, ja fast einer Verehrung. Da machte sich auch diese »Liebe zur Kirche« bemerkbar, hier konkretisiert an einem Bischof, der als Vaterfigur in Erscheinung tritt und ein hohes Maß an Identifikationsmöglichkeit bietet: »Das ist unser Herr Kardinal!« Und wehe, es behandelt ihn jemand schlecht oder flickt ihm am Zeug!

Sollten die Kirchen theologischen Ballast abwerfen, damit die ökumenische Bewegung mehr Auftrieb bekommt?

Natürlich muss die dogmatische Anstrengung weitergehen. Aber ich weiß nicht, wie viele Dokumentationsbände zu »wachsender theologischer Übereinstimmung« ich im Bücherschrank stehen habe. Dass da irgendwann Ungeduld entsteht und das Gefühl, es müsse doch auch einmal Ergebnisse geben, ist verständlich. Die Reformationsgeschichte kann uns hier eine Mahnerin sein. In der Auseinandersetzung um das Verständnis des Abendmahls standen Martin Luther und Ulrich Zwingli 1529 in Marburg ganz kurz vor einer Einigung. Aber dann haben sich die beiden Männer derart in die Einzelheiten verbissen, dass der Durchbruch scheiterte und es bis zur Leuenberger Konkordie von 1973 dauerte, dass Lutheraner und Reformierte sagen konnten: Wir verstehen die Gegenwart Jesu in Brot und Wein beim Abendmahl unterschiedlich, aber wir können es trotzdem miteinander feiern. Da hätten sich Luther und Zwingli um ihrer Kirche willen bewegen müssen. In der Konsequenz stellt sich die Frage, ob es die theologischen

Differenzen zwischen römischen Katholiken und Protestanten heute wert sind, auf dem Trennenden zu beharren und die Gläubigen womöglich weitere 450 Jahre auf den Durchbruch warten zu lassen.

Wo müssten sich »die Männer« also heute bewegen – in realistischer Perspektive?
Realistisch könnte in der Abendmahlsfrage eine Einigung nach dem Muster von Leuenberg sein. Dass römisch-katholische und evangelische Kirche sagen: Wir haben die offenen theologischen Fragen nach wie vor nicht geklärt, aber wir können auf der Basis ihres jeweiligen Verständnisses am Abendmahl der anderen Kirchen teilnehmen. Bei uns gilt die Einladung ja schon heute. Aber römische Katholiken müssten sich dann nicht mehr über Verbote ihrer Kirche hinwegsetzen, wenn sie die Einladung annehmen, und sie könnten uns ihrerseits auch ganz offiziell zum Tisch des Herrn hinzubitten.

Wo kämen Sie in der Ökumene an einen Punkt, an dem Sie für sich persönlich sagen würden, »nur über meine Leiche«?
Den Papst als Oberhaupt meiner Kirche anzuerkennen, das werde ich nie und nimmer schaffen.

Auch nicht im Sinne eines Ehrenprimats oder einer Sprecherrolle?
Ich finde, es braucht all diese Konstruktionen gar nicht. Der Papst soll ruhig Oberhaupt der römisch-katholischen Kirche bleiben. Und ohne dass es affektiert klingen soll: Ich respektiere ihn in dieser Rolle. Wir brauchen für die Einheit der Kirche keine Einheitskirche. Aber wir brauchen Zeichen der Einheit, wie etwa das gemeinsame Abendmahl. Sonst ist die Lehre von der »einen Kirche« nach innen kaum mit Leben zu erfüllen und nach außen kaum darzustellen. Das Ärgernis der Kirchenspaltung schadet unserer Glaubwürdigkeit massiv: Wir können nicht nach Verständigung

und Völkergemeinschaft rufen, wenn wir selbst die Uneinigkeit fortschreiben. Deswegen hielte ich es für ein so hilfreiches und im doppelten Sinne »bewegendes Zeichen«, wenn wir uns bei aller Verschiedenheit zumindest an einen Tisch setzen, den Auftrag Jesu erfüllen und miteinander Abendmahl feiern könnten: Das wäre emotional bewegend, aber auch theologisch dynamisierend.

Die Kirche und die moderne Welt

Wer am Puls der Zeit sein will, geht in die City. Die Zentren unserer Städte bündeln Dynamik und Dichte modernen Lebens ebenso wie Diffusion und Disparität. Konsum, Kultur, Kommunikation – alles vollzieht und symbolisiert sich in der City. Das hat auch die Kirche erkannt. In vielen deutschen Städten gibt es Initiativen zu einer City-Seelsorge an zentral gelegenen Orten. Sie will im Sinne des Zweiten Vaticanums »Kirche in der Welt« sein mit niedrigschwelligen, einladenden Angeboten. City-Seelsorger wissen: Die Kirche muss sich die Aufmerksamkeit der Menschen heute neu verdienen, ihnen entgegenkommen. So weit, so löblich.

Doch die gute Absicht gerät leicht in selbst gestellte Fallen. Die City-Pastoral wendet sich an die Passanten und Flaneure unserer Gesellschaft. Ihr heimlicher Referenzpunkt aber bleibt das kirchliche Binnenmilieu. Katholiken engagieren sich an den neuen Orten der Pastoral mit dem Anspruch, es besser zu machen als die traditionelle Seelsorge: »Also, wir stellen hier natürlich keinen ollen Gummibaum ins Foyer so wie die da drüben in St. Pankratius. Nein! Bei uns gibt's eine Vase mit einem wunderschönen Strauß Sonnenblumen!« In dieser Vorstellung sind nicht die Schaufenster der Kaufhäuser und Boutiquen das Maß der Dinge, sondern Schaukästen vor Kirchen im Hinterland. Hier wirken Reflexe einer »Verkirchlichung« nach, vor denen der Theologe und Sozialwissenschaftler Matthias Sellmann mit einem Begriff von Franz Xaver Kaufmann und Karl Gabriel warnt. Katholischsein entscheidet sich in verkirchlichter Logik am Kirchesein: Es kommt darauf an, sich kirchenintern zu behaupten und nach innen hin recht zu behalten.

Damit aber haben die »Kunden« der City-Pastoral überhaupt nichts im Sinn. Sie unterstellen und erwarten schlicht die gleichen

Dienstleistungsstandards, die sie von nebenan aus der Parfümerie oder dem Modehaus kennen. Kirchliche Sonderwelten und Gegenatmosphären – die ja gerade nicht sakral sein wollen, sondern säkular – sind dann befremdend. Und eine Einladung, »mal einfach ein Stück weit so da zu sein, wie Sie sind«, oder wie die betulichen Signalsätze kirchlicher Gastfreundschaft sonst lauten, löst nicht Wohlbefinden aus, sondern Irritation: Wo bin ich denn hier gelandet? Das soll nicht sarkastisch klingen und den bewundernswerten Einsatz haupt- und ehrenamtlicher Mitarbeiter nicht desavouieren. Es deutet vielmehr eine Gefahr an, die für die Kirche insgesamt aus einem ungeklärten Verhältnis zur Welt erwächst: idealistisch zu sein, hoch motiviert – und mit Vollgas im Leerlauf zu fahren. Um aus den Fallen der Verkirchlichung herauszukommen, muss die Kirche das Maß von außen anlegen. Sie muss sich selbst mit den Augen derer betrachten, mit denen sie in Kontakt kommen will. Oder wie Sellmann es sagt: »Christsein kann man am besten von denen lernen, denen man es verkünden will.«

Das will nun so gar nicht passen zu den Warnungen vor der Welt, die sich leitmotivisch durch das Pontifikat Benedikts XVI. ziehen und in die Forderung mündeten, die der Papst 2011 an die deutschen Katholiken richtete: Entweltlichung. Um ihre Sendung zu verwirklichen, werde die Kirche »auch immer wieder Distanz zu ihrer Umgebung nehmen müssen«, sagte der Papst in seiner »Freiburger Rede« vor engagierten Katholiken aus Kirche und Gesellschaft. Er erläuterte, die Ansprüche und Sachzwänge der Welt verdunkelten das Glaubenszeugnis der Christen, entfremdeten ihre Beziehungen und relativierten die Botschaft. Entweltlichung bedeute die Befreiung von Strukturen, von Reichtum und Privilegien, wie es der Kirche in der Säkularisierung läuternd und heilsam widerfahren sei.

Damit ist die Frage nach dem Weltverhältnis der Kirche so grundsätzlich gestellt, dass sie über die Amtszeit Benedikts hinaus nach Antworten verlangt und auch seinen Nachfolger im höchsten Leitungsamt fordert: Steht Franziskus zum Entweltlichungsprogramm seines Vorgängers?

Es gehört zu den Besonderheiten in der Amtsführung des neuen Papstes, sich dem Paradigma »Kontinuität versus Diskontinuität« permanent zu entziehen. Er gibt sich in vielem anders als Benedikt. Aber er übernimmt dessen Vorarbeiten für eine Glaubensenzyklika und macht sie – mit einigen pastoralen Tupfern – zu seinem ersten großen lehramtlichen Dokument. Ein Signal des Einverständnisses. Oder sollten dem Papst »programmatische Papiere« am Ende gar nicht so wichtig sein? Lässt der Papst als Dozent der Glaubens*lehre* hier absichtlich etwas in der Schwebe, um als Lehrer des Glaubens*lebens* umso entschiedener aufzutreten? Man kann die »vierhändig verfasste« Enzyklika als weiteren Versuch des Papstes sehen, im Eigenständig-Unkonventionellen nicht bloß einen persönlichen Habitus auszuleben, sondern im Gegenteil sein Verständnis von Kirche zu markieren: dass sie sich vom Landläufig-Üblichen zu unterscheiden habe.

Während damit vieles in der Schwebe bleibt, wissen manche schon erstaunlich präzise, wie Franziskus es denn nun hält mit der Kirche und der Welt: nämlich exakt wie sein Vorgänger. Die Papst-Interpreten Paul Josef Cordes und Manfred Lütz – emeritierter Kurienkardinal der eine, Arzt und katholischer Publizist der andere – sehen Franziskus gar als ausführendes Organ. »Benedikts Vermächtnis und Franziskus' Auftrag: Entweltlichung.«* Zwei Päpste, ein Gedanke, schreiben die beiden Autoren in ihrer Streitschrift.

* So lautet der Titel ihrer »Streitschrift«, Freiburg 2013.

Wie Benedikt in seiner Freiburger Rede vor engagierten Katholiken aus Kirche und Gesellschaft, kritisieren sie den »Sozialkonzern« Kirche als geistlich leerlaufenden Betrieb. Zugleich berufen sie sich dafür auf Franziskus, der die Kirche bereits in seiner ersten Predigt als Papst zum Christus-Bekenntnis ermahnte: »Wir können gehen, wie weit wir wollen, wir können vieles aufbauen, aber wenn wir nicht Jesus Christus bekennen, geht die Sache nicht. Wir werden eine wohltätige NGO (Nichtregierungsorganisation), aber nicht die Kirche.« Wenige Sätze später folgen jene Formulierungen, die Franziskus tatsächlich an die Seite des Entweltlichers Benedikt zu stellen scheinen: »Wenn man Jesus Christus nicht bekennt, bekennt man die Weltlichkeit des Teufels, die Weltlichkeit des Bösen.«

Es lohnt sich hier, einmal in den italienischen Originaltext der Predigt zu schauen: für »weltlich« steht dort das Wort »mondano«. Nicht von ungefähr bekommt es bei der Übertragung ins Deutsche einen anderen Klang, sobald man es mit »mondän« wiedergibt. Die Kirche darf nicht »mondän« werden, sagt der Papst, nicht luxuriös, nicht veräußerlicht und selbstgefällig. Diese »Weltlichkeit« ist für den Papst Teufelswerk. Die Drastik der Metaphern verdankt sich der geistlichen Quelle, aus der Franziskus schöpft: den Schriften seines Ordensgründers, des heiligen Ignatius von Loyola (1491–1556). In der berühmt gewordenen »Unterscheidung der Geister«, die Ignatius nach seiner Verwundung 1521 als Soldat auf dem Krankenlager zu entwickeln begann, fühlt er sich beim Gedanken an die »mondäne«, weltliche Sphäre des Rittertums hohl und leer, während ihn die Einfühlung in die Welt großer Heiliger wie Franz von Assisi oder Dominikus tröstet und erfüllt. Dieser Gegensatz prägt die gesamte ignatianische Spiritualität mit ihrem Konzept, in allen Dingen den Willen Gottes für das eigene Leben zu erkennen. Wo immer Papst Franziskus darum von »Weltlichkeit« redet, spricht aus ihm der Jesuit Jorge Bergoglio.

In seiner Antrittspredigt bringt er mit scheinbar beiläufigen, aber dafür umso kühneren Volte das teuflische Mondäne unmittelbar in Verbindung mit der kirchlichen Hierarchie und nicht – wie Benedikt XVI. in seiner Freiburger Rede – mit dem in Staat und Gesellschaft engagierten Teil des Kirchenvolks: »Wir sind weltlich, wir sind Bischöfe, Priester, Kardinäle, Päpste, aber nicht Jünger des Herrn«, so Franziskus, »wenn wir Christus ohne Kreuz bekennen.«

Damit schließt der Papst exakt jene Argumentationslücke, über die »Entweltlicher« in der Gefolgschaft Benedikts allzu gern hinweghuschen: Müsste die Abkehr vom Mondänen nicht bei der Kirchenleitung selbst beginnen, im Vatikan? Oder müsste sie ihrem eigenen Aufruf nicht mindestens in dem Maß gerecht zu werden versuchen, wie sie es von den anderen erwartet?

Welche umstürzenden Folgen das hätte, das hat Papst Franziskus wiederum in einer Symbolhandlung verdeutlicht. Einem festlichen Sinfoniekonzert im Juni 2013 bleibt er in letzter Minute fern. Mitten in der Aula des Vatikans leuchtet ein weißer Fleck – der leere Thronsessel. Nach allen diplomatischen Gepflogenheiten war das ein Affront für die anwesenden Würdenträger aus Kirche und Gesellschaft. Dringende, unaufschiebbare Verpflichtungen des Heiligen Vaters, so lautete die offizielle Lesart. Die interne Begründung: Der Papst sei eben kein Freund solch mondäner Ereignisse. Er selbst soll gesagt haben, zu Veranstaltungen dieser Art wäre Jesus auch nicht eingeladen worden.

Der schroffe, fast patzige Gestus hat wenig von der »hartnäckigen Liebenswürdigkeit«, die Manfred Lütz bei Franziskus in der Umsetzung von Benedikts Entweltlichungsauftrag ausgemacht haben will. Und auch das ist nicht nur eine Stilfrage. Offenbar folgt der Weltbezug des neuen Papstes eben doch einer anderen Logik als der von Benedikt, der die Kirche zwar dazu aufruft, »sich immer neu den Sorgen der Welt zu öffnen«, aber kein Wort darüber verliert, wo die Welt die Kirche bereichern kann. Es genügt nicht, sich der Gesellschaft einfach nur »zuzuwenden«, als ob die Kirche an ihrer eigenen Fülle immer schon genug hätte und als ob die Bedürftigen immer nur die anderen wären.

Selbst wenn Benedikt rhetorisch den Rückzug aus der Welt verneint, suggeriert er doch, dass ein Verwobensein ins Weltgeflecht den Glauben lähmt und dem Glaubenszeugnis Fesseln anlegt. Die »Entweltlichungs«-Rede entlehnt der Fachsprache der Theologen eine kaum verständliche Vokabel, um mit ihr zugleich alle Negativkonnotationen zu transportieren, die das weitaus gebräuchlichere und geläufigere Wort »Verweltlichung« enthält: Wenn die Kirche nur das »Weltliche« aus ihr entfernte, stünde sie besser da, heiliger – auch für die Welt, die ihr unverständig oder gar feindselig begegnet. Aber, so fragt der Theologe Hans-Joachim Höhn zu Recht, ist die Welt wirklich so unverständig, wie in dieser Logik unterstellt? Oder reagiert sie nur »mit Kopfschütteln auf eine klerikale Anmaßung, die Welt schlechtzumachen, um mit der eigenen Weltfremdheit gut dastehen zu können«?

Ein halbes Jahrhundert nach dem Zweiten Vatikanischen Konzil mit seiner Öffnung zur Welt ist die Haltung der Kirche von außen schwer einzuschätzen: Steht sie zu den Freiheits- und Modernisierungsimpulsen des Konzils – oder bleibt sie in der Verkirchlichungsfalle? Das Pontifikat Joseph Ratzingers hat hier keine Klärung gebracht. Die Jubiläumszeit »50 Jahre Zweites Vaticanum« bis 2015 wäre eine gute Gelegenheit dafür.

Aktuelle empirische Daten lassen die Kirche in Deutschland als eine sehr traditionelle, konservative, strukturell unbewegliche und autoritätsbezogene Organisation erscheinen. Alle diese Elemente stehen dem entgegen, was pluralisierte moderne Gesellschaften hervorbringen und gutheißen: Diese setzen sich mit Autoritäten kritisch auseinander, sie haben Vorbehalte gegen allzu enge Formen der Vergemeinschaftung, sie betonen die individuelle Wahlfreiheit und Mobilität – im wörtlichen, wie im übertragenen Sinn, was etwa Lebensstile und Weltanschauungen angeht. Sie betonen Jugendlichkeit, nicht Alter. So lässt sich eine Fülle von Oppositionen zwischen der katholischen Kirche und der sie umgebenden Kultur ausmachen.

Nun ist Angleichung kein Wert an sich. Im Gegenteil: Das Fremde, Sperrige gehört sogar notwendig ins Setting einer Gemeinschaft, die sich auf Jesus bezieht, den Virtuosen der Unangepasstheit. Aber auch die Fremdheit ist kein Selbstzweck. Wo an den Errungenschaften anderer nicht zu zweifeln ist, darf die Kirche sie sich doch wohl anverwandeln. Ja, sie muss es sogar um ihrer selbst willen tun und um der Tragfähigkeit ihrer Botschaft. »Man erteilt einer Zeit keine Lektionen, man hat ihr nichts mitzuteilen, man kommuniziert nicht mit ihr, wenn man ihre Standards krass unterbietet«, sagt der Frankfurter Theologe Knut Wenzel.

Die Geschichte der Kirche zeigt diese als eine Institution, die auf das Bereitwilligste soziale und kulturelle Gegebenheiten ihrer Umgebung zu adaptieren wusste – immer mit dem Ziel, Partnerin oder gar dominante Kraft für Weltgestaltung zu sein. Das gilt gerade für die Jahrhunderte, in denen die Kirche stark oder gar übermächtig war – etwa für die Barockzeit, auf die sich »konservative« Katholiken in anderen Zusammenhängen allzu gern beziehen, stilistisch zum Beispiel in ihrer Vorliebe für die alte lateinische Messe. Die Kirche des 16. Jahrhunderts und nachfolgender Epochen war aber nicht antimodern. Es gab antimoderne Anwandlungen und Ausbrüche, gewiss. Aber das Grundbestreben der Kirche war es, auf der Höhe ihrer Zeit zu sein. Und selbst im 19. Jahrhundert, als sich die katholische Kirche in erklärte Gegnerschaft zur Welt der aufstrebenden Nationalstaaten begab, betrieb sie intern ein Konkurrenzgeschäft unter umgekehrten Vorzeichen. Das Erste Vaticanum von 1869/70 mit seiner bis dahin unbekannten Fixierung auf die römische Machtzentrale und den

Papst als absoluten, »unfehlbaren« Herrscher widerlegt die These Papst Benedikts, nach der Säkularisation unter Napoleon und dem Ende der Reichskirche sei »das missionarische Zeugnis der entweltlichten Kirche klarer zutage getreten«. Im Gegenteil: Die Dogmen von 1870 zum Jurisdiktionsprimat und zur Unfehlbarkeit des Papstes sind einsame Höhepunkte der Weltlichkeit in einem sakralen Gewand.

Es wäre ein merkwürdiges Paradox, wollte die Kirche nach vielen Jahrhunderten gelehriger Verbindung diesen Bezug zur Welt im »Zeitalter der Demokratie« kappen. Für ihre institutionelle, soziale und kulturelle Formatierung hätte sie auch in unserer Zeit noch einiges zu lernen und aufzuholen. »Wenn sie ausgerechnet jetzt ein Bewusstsein der Distanz zur ›profanen‹ Welt entdeckt, hat sie eine solche ›Welt-Fremdheit‹ ihrer selbst in vordemokratischen Zeiten wohl allzu oft leichtfertig übersehen«, so noch einmal Knut Wenzel.

Zwar sagt die Kirche von sich, sie sei keine Demokratie. Der Umkehrschluss kann aber kaum lauten, es gebe in ihr berechtigterweise Raum für feudale oder absolutistische Strukturen. Vielmehr müsste sie die Grundintentionen der Demokratie auf mindestens demselben Niveau zu verwirklichen suchen wie andere soziale Systeme: Mitbestimmung, Gewaltenkontrolle, Transparenz und Anfechtbarkeit von Entscheidungen, Durchlässigkeit der Führungsebenen, Gleichberechtigung von Männern und Frauen, um nur einige Themen zu nennen. Die Standards, denen die (demokratische) »Welt« nacheifert, sind auch der Kirche aufgegeben. Sie sind »Zeichen der Zeit« oder – technischer formuliert – die Benchmark kirchlicher Selbstorganisation. Doch sie zu erreichen, davon ist die Kirche weit entfernt. Verhandlungskultur lernt ein demokratischer Politiker heute gewiss nicht von der Kirche. Da hätte sie von der Politik zu lernen.

Ein theologisches Selbstverständnis, das sich absetzen will von weltlicher Institutionen- und Organisationslogik, kann sich die katholische Kirche bestenfalls nach innen leisten. Der theologische Kirchenbegriff steuert zur kritischen Selbstvergewisserung bei, was die Kirche als »Gemeinschaft der Jünger Jesu« ausmacht oder ausmachen sollte – bis hin zum Schritt nach außen und damit zu der Frage, warum die Kirche eben auch eine Organisation ist. Sie will nämlich »apostolisch« – als Glaubensbotin – für die Menschen erkennbar und auffindbar sein. Sie will zudem in der Gesellschaft mitmischen. Damit aber muss sie sich in die Niederungen des Organisationsaufbaus begeben und den Sachlogiken entsprechen, die für alle anderen sozialen Gefüge auch gelten. Es wäre Illusion zu glauben, die Kirche könnte ihre Sendung in der Welt erfüllen ohne Strukturen. Es nützt ihr nichts, nur eine »Bewegung von Idealisten« zu sein. Wenn die Kirche sich in der Bundesliga gesellschaftlicher Auseinandersetzung behaupten will, muss sie bundesligareif spielen. Eine entweltlichte Kirche ist ein Abstiegskandidat. Ohne Aussicht auf den Klassenerhalt.

»Wer etwas Lebendiges vorzeigen will, darf kein Skelett herumschieben«

Matthias Sellmann
ist Professor für Pastoraltheologie an der Ruhr-Universität Bochum und Gründungsdirektor des Bochumer »Zentrums für angewandte Pastoralforschung«.

Herr Sellmann, die schärfsten Debatten zwischen Konservativen und Liberalen in der Kirche gelten dem »katholischen Profil«. Wie kann die Kirche in der modernen, pluralen Gesellschaft erkennbar bleiben?
Ich halte schon das Mitmachen in diesem ganzen Profil-Wettbewerb für eindeutig unkatholisch – im ursprünglichen Sinn des

Wortes. »Katholisch«, griechisch »katholos«, bedeutet »allumfassend«. Wenn eine Kirche, die diesen Anspruch im Namen hat, damit anfängt, sich durch Unterscheidung und Differenz »profilieren« zu wollen, ist das theologisch widersprüchlich und in der Praxis unerfrischend opportunistisch.

Eine steile These.
Zugegeben! Aber ich argumentiere ganz pragmatisch: Im allgemeinen Profilierungstrend profiliert sich derjenige am besten, der gerade da nicht mitmacht. Ich wünsche mir von meiner Kirche, dass sie all die Profilneurosen um sie herum vermeidet und in großer Souveränität sagt: »Fahrt ihr ruhig euer Rennen! Wir haben das nicht nötig. Wir sind keine Eiscreme-Firma, die Kunden dazu bringen muss, ihre Tüten zu kaufen und nicht die der Konkurrenz.« Profile ziehen Grenzen hoch und definieren, wer nicht dazugehört. Der emeritierte Erfurter Bischof Joachim Wanke hat einmal den schönen Satz gesagt: »Katholisch ist nur der, der von den anderen lernen will.« Weil er weiß, dass der andere etwas zu sagen hat, was ihm selbst fehlt. Dieses Prinzip gehört für mich zum Großartigen im Katholizismus: Katholiken leben im Fragment – und bleiben ausgerichtet auf die Ergänzung zu einer je größeren Vollkommenheit.

Viele Menschen haben heute genau den gegenteiligen Eindruck: Die katholische Kirche wirkt auf sie, als genügte sie sich vollkommen selbst.
Historisch hat die Kirche über Jahrhunderte hinweg »Best practice«-Erfahrungen ihrer Umwelt aufgesogen und dabei immer mit der Möglichkeit gerechnet, dass jemand anderes etwas noch besser weiß, eine noch bessere Praxis hat, ein noch passenderes Ritual für das Lob Gottes. Diese Offenheit, diese Wachheit verlieren wir mit dem fein säuberlichen Sortieren: »Dieses gehört zum Katholischen, jenes nicht.« Und ganz getötet wird der Geist, wenn

wir das Kirchenrecht hernehmen, um skrupulös zu definieren, was an Praxis »gültig« ist, wie es dann heißt, und was nicht. So wird aus selbstbestimmtem Christenleben eine armselige, verkrüppelnde Fußfessel. Da denke ich: Lieber aus Liebe diffus sein als clean aus Angst. Oder wie Elke Heidenreich mal gesagt hat: Es kann nicht der Sinn des Lebens sein, am Ende die Wohnung aufgeräumt zu hinterlassen. – Muss sich die Kirche denn wirklich selbst auf die Rolle der Gouvernante reduzieren? Muss sie stehen bleiben im folgenlosen Einklagen und Appellieren? Warum tun wir faktisch oft so, als hätten wir zu den zentralen Zukunftsprojekten unseres Zusammenlebens immer nur Moral beizutragen? Stellen Sie sich vor, ich würde mich jetzt in unserem Gespräch aufrichten und sagen: »Herr Frank, gut, dass Sie den Weg in mein Büro gefunden haben! Jetzt werde ich Ihnen einmal eine substanziell gute Lebensorientierung vermitteln!«

Das wäre ziemlicher Kokolores.
Eben. Aber so klingt die Kirche oft. Und was dann mindestens genauso schlimm ist: Am Ende kann sie ihre moralischen Ansprüche nicht einmal selbst einlösen. Wäre die katholische Kirche wirklich die Organisation, die mit weißer Weste durch die Geschichte geschritten ist und die bis heute – wie nirgends sonst – eine unendliche Reihe exzeptioneller Lichtgestalten hervorbringt, zu denen alle Welt voller Ehrfurcht und Bewunderung aufschaut; ja, wäre das so, dann könnte man zumindest darüber nachdenken, ob etwas dran ist an dem selbst erteilten Anspruch auf exklusive moralische Orientierung. Aber wir müssen doch kleinlaut und bescheiden feststellen: So ist es eben nicht. Überall leisten Menschen aus den verschiedensten Motiven und in verschiedenster Gestalt Hervorragendes für andere Menschen, und auch der Tierschutzbund macht hervorragende Arbeit. Wir als Kirche unterbieten bisweilen sogar ethische Standards der Meinungs-, Versammlungs- und Pressefreiheit, die anderswo unhinterfragt gültig

sind. Ich halte es für eine Sackgasse – sachlich, kommunikativ und in der Art einer Beziehungspflege zur Welt –, so zu tun, als wäre es immer die Welt, die von der Kirche zu lernen hätte. Das aber ist eben weder im eigentlichen Sinne »katholisch«, noch entspricht es Geist und Botschaft des Zweiten Vatikanischen Konzils.

Welchen Gegenentwurf entnehmen Sie den Konzilsdokumenten?
Mehr als 70 Mal spricht das Konzil von der »Anpassung«, und zwar auch in entscheidenden Passagen – das ist dann schon erstaunlich. Den Konzilsvätern ging es um den Kontakt auf Augenhöhe mit den Institutionen der Welt und den – wie es dann in den Texten heißt – »Menschen guten Willens«. Das sind dann eben nicht »die da draußen«, gegen die sich diejenigen profilieren müssten, die »in der Kirche drin« sind.

Gibt es denn einen eigenen positiven Beitrag der Kirche für die Lebensgestaltung?
Eine Lebenskunst anzubieten, die ohne Gewalt auskommen will – das ist mein Kondensat, darum bin ich Christ. Ich will lernen, wie man liebt und wie man ohne Gewalt lebt. Und ich glaube, dass Jesus uns das beibringen kann. Dogmatiker mögen die Essenz des Christentums anders fassen, Bibel-Exegeten ebenfalls. Aber auf meine Formel kann ich alles bringen, was wir Christen gemeinhin so behaupten. Durch die ganze Kirchengeschichte hindurch haben sich Christen in ihrer Existenz, in Theologie und Moral darum bemüht, ein Leben vorzuschlagen, in dem der Mensch sich entfalten und glücklich werden kann – ohne Gewalt. Das muss unbedingt gewahrt bleiben im Agieren der Kirche. Aus dieser Logik der Gewaltlosigkeit aber folgt zwingend der Dialog auf Augenhöhe. Oder sogar in einer Schräglage, in der ich meinen Gesprächspartner höherstelle als mich selbst, weil ich von ihm etwas lernen möchte. So müsste die Kirche auf die Welt zugehen. Wäre sie lernbereit, würde sie fragen: Was ist eure Erfah-

rung mit Gewalt? Wo erlebt ihr Mächte und Energien, die das Leben blockieren? Wie geht ihr mit Gewalt um – in all ihren Spielarten? Was können wir als Kirche euch anbieten? Und vielleicht läge die Antwort in der Entdeckung: Ein gewaltloses Leben ist möglich.

Betrachtet man die Geschichte, steht die Kirche nicht gerade als gewaltlose Institution da, um es zurückhaltend zu formulieren
Da bin ich dann wieder beim Habitus der Bescheidenheit. Zweifellos ist es vor dem Hintergrund geschichtlicher Erfahrungen eine ungeheure Provokation, wenn die Kirche sagt, »wir haben ein Leben ohne Gewalt anzubieten«. Natürlich fallen einem sofort die ganzen Gegenbeispiele ein, die gerade wegen ihrer religiösen Dynamik oft besonders barbarisch waren. Aber das treibt die ganze Argumentation eigentlich erst auf die Spitze und führt sie zugleich ins Zentrum des Glaubens, für den Jesus wirbt: Aus uns selbst heraus sind wir nicht in der Lage, gewaltlos zu leben. Deshalb brauchen wir Gott. Das ist für mich das christliche Ur-Gen. Es enthält die ganze DNA des Glaubens und der Theologie. Jesus Christus hat uns vorgemacht, wie wir gewaltlos leben könnten, und er hat uns dafür die richtigen Worte, Bilder und Gebete gegeben. Wir sollen dem entsprechen und ihm nacheifern. Und doch ist das nicht einfach ein krass überfordernder ethischer Entwurf. Denn der Glaube entfaltet eine eigentümliche Dynamik, ein Kraftfeld, eine Erfahrung. Du lebst aus Ressourcen, die dir zukommen und die erkennbar nicht aus dir allein stammen. Auf das Versprechen anderer und eines anderen hin wirft man sich in ein Leben, das übliche Standards von Sicherung und Abwehr relativiert. Biblisch gesagt: Man läuft über Wasser, geht über Schlangen, heilt sich selbst als Kranker. Im Verzicht auf Gewalt wird man auf eine recht robuste Art liebesfähig und wirkmächtig. Indem ich den anderen groß mache, werde ich über meine eigenen Grenzen geführt. Sie merken vielleicht: Sprachlich komme ich ins

Trudeln und stottere etwas herum. Aber Schwimmen lernt man ja auch nur durch schwimmen.

Es gibt in kirchlichen Debatten die Sorge, die Kirche übernehme sich mit dem, was sie in ihren sozialen Einrichtungen für die Gesellschaft leisten will. Die Strukturen seien übermächtig, die geistliche Auszehrung bedrückend. Sie sprachen davon, die Kirche müsse an die Stelle von Profildenken eine Haltung der Dienstbereitschaft setzen. Wie sähe denn die katholische Dienstleistung in kirchlichen Einrichtungen aus?

Sie werden schon vermuten, dass Sie auf die Frage nach dem Merkmal einer »katholischen«, oder sagen wir allgemeiner, einer »christlichen« Sozialeinrichtung nichts von mir hören werden, was dann doch wieder in Richtung falscher Profilierung geht. Ein »christlicher Kindergarten« zum Beispiel müsste sich dadurch auszeichnen, dass er ein *gesellschaftlicher* Lernort sein will. Zunächst einmal erwarte ich von einem christlichen Kindergarten, dass er ein pädagogischer und diakonischer Ort ist wie jeder andere gute Kindergarten auch. Wenn die Kirche aber mit ihrem Angebot Avantgarde sein wollte – was mir sympathisch wäre –, dann würde sich das in familiengerechten Öffnungszeiten ausdrücken, in einer Vorliebe und Kompetenz für Kinder aus problembelasteten Familien, in Talentförderung, in einer Erziehung zur Interreligiosität, in familienpolitischer Wachheit. Es gäbe männliche Erzieher in diesen Kindergärten. Stehen diese Kindergarten in sozialen Brennpunkten, dann sollten die Erzieherinnen und Erzieher besser bezahlt sein, weil die Arbeit mit benachteiligten Kindern natürlich viel aufwendiger ist, mehr Kompetenzen erfordert, mehr Stress bedeutet. Fundraising und Selbstorganisation gehörten auch zum Konzept. Ich könnte die Reihe fortsetzen. Und um den Kontrast zu markieren: Es ist doch nicht derjenige Kindergarten »katholisch«, der im Advent »echte« Nikoläuse anstelle von Weihnachtsmännern aufstellt.

Das ist jetzt Theologen-Slapstick, Herr Sellmann!
Das Beispiel ist längst nicht so absurd, wie es vielleicht klingt. Darüber wird ja ernstlich gestritten. Es gibt »weihnachtsmannfreie Zonen«! Ich kann das nicht nachvollziehen. Wenn schon vom Nikolaus die Rede sein soll, dann doch bitte als Versuch, den Kindern Vaterfiguren vorzustellen, die sie sonst nie erleben – über Patenschaften zum Beispiel, die Männer aus den Pfarrgemeinden ehrenamtlich übernehmen. Nicht bloß einmal im Jahr diese Figur mit dem weißen Rauschebart, sondern ein regelmäßiger Kontakt der Kinder zu ihrem »Nikolaus«, auch wenn sie ihn nie so bezeichnen werden.

Theologen wie Sie sprechen gern von der positiven Rolle der »Fremdprophetie«. Damit ist gemeint, dass sich die Kirche von Einsichten, Lebensmodellen und Verhaltensweisen inspirieren lässt, die »von außen« kommen. Wo sehen Sie in unserer Gesellschaft fremdprophetische Impulse für die Zukunft der katholischen Kirche?
Das ist jetzt ein bisschen gefährlich, aber ich finde, Castingshows haben für uns fremdprophetische Qualität. Der Claim der Sat.1-Serie »The Voice Kids« lautete »Träume brauchen eine Bühne.« Das stimmt genau. Und dieses Gespür für junge Leute stünde auch der Kirche gut an: ihre Talente zum Vorschein zu bringen und besondere Begabungen. Die Kultur des Talentsuchens ist der Kirche im Grunde ja gar nicht so fremd. In der religiös-theologischen Sprache ist von den »Charismen« die Rede, von den »anvertrauten Talenten« und von Berufung. Außerhalb der Kirche heißt das »Kompetenztraining« oder »Nachwuchsförderung« – so wie Bayern München seine Scouts zu den Fußballplätzen der Nation schickt auf der Suche nach Kids, die eine tolle Flanke schlagen können. Diesen Geist wünsche ich mir in unseren Reihen.

Ich sehe auch die Muslime als fremdprophetische Kraft, weil sie eine Ehrfurcht vor Gott haben, die uns weithin abhandengekommen ist. Wir pflegen so eine Art Kumpel-Beziehung zu Jesus, haken uns bei ihm unter oder stoßen ihn mit dem Ellenbogen in die Rippen: »Hey, du, kümmer' dich mal um mein Leben!« Da täte die Haltung des Respekts als Korrektiv ganz gut, den die Muslime vehement einfordern und der eigentlich auch zum lebensweisheitlichen Design des Christentums und seiner Tradition gehört. Respekt vor dem Heiligen, Respekt vor Gott – übrigens nicht nur vonseiten der Gläubigen, sondern von der Gesellschaft insgesamt. Ich gehöre nicht zu denen, die Bistumsleitungen zu Klagen gegen Werbespots oder Comedy-Einlagen drängen. Aber es ist schon eine Herausforderung, wie die Muslime es schaffen, dass man in ihrer Nähe taktvoller, vorsichtiger von Gott spricht. Und damit meine ich ausdrücklich nicht aus Angst vor Gewalt oder Terror.

Selbst wenn die Katholiken das alles und noch mehr beherzigten; wenn sie unendlich lernwillig wären und sich noch viel mehr ins Zeug legten, um Ihren Vorschlägen gerecht zu werden – sie würden trotzdem den Zweifel nicht los, es könnte alles vergebens sein. Statistisch zumindest scheint die Abwärtsbewegung kirchlichen Lebens seit Jahrzehnten unaufhaltsam zu sein.

Die Kirche kann es aber anders und besser. Das behaupte ich nicht nur, sondern ich weiß es. Ich gehöre zu einer geistlichen Gemeinschaft, der Fokolarbewegung. In ihr begegne ich Menschen, Situationen und Texten, die mich auf eine Art und Weise vitalisieren, die eben nicht gegen-modern ist und die ihre Energie nicht aus der Abwertung von Welt und säkularer Gesellschaft bezieht. Ich brauche keine Spiritualität, die mich dämpft und sediert, sondern die mich aktiviert und beschleunigt – mit einem spirituellen Tritt in den Hintern: noch mehr Gesellschaft, noch mehr Kontakt zur Welt! Mitunter komme ich in den Gottesdienst als ein mental Verstörter, und ich hoffe in dieser Stunde auf irgendetwas, was mich neu inspiriert, an frische Zeiten erinnert. Oder auf etwas, was einfach schön ist. Mitten im Alltag fange ich plötzlich an zu beten. Ich mache jemandem eine Freude, ganz ohne Anlass, einfach um im Spiel des Lebens zu bleiben, für das ich mich entschieden habe. Von solchen Erfahrungen kann ich als Christ doch auch erzählen. Man darf doch kein Skelett herumschieben, wenn man etwas Lebendiges vorzeigen will.

Nennen Sie doch mal ein paar solcher Positivbotschaften!
Es gibt erstens Orte, an denen sie sichtbar sind. Die Jugendkirche »Kapharnaum« in Aachen zum Beispiel ist ein Anziehungspunkt für Jugendliche und junge Erwachsene, die sonst in der Kirche nicht anzutreffen sind. Zweitens gibt es in der Kirche so viele Menschen, die bewundernswert leben. Warum machen wir nicht mehr daraus? Vor nicht allzu langer Zeit hat die Ärzteschaft eine Werbekampagne geschaltet mit dem Claim »Ich arbeite für ihr Leben gern.« Was für ein großartiger Slogan! Da braucht keiner mehr was zu erklären. Warum sind auf solch einem Plakat nicht die Köpfe von Katholiken? Wieso fällt so was immer bloß den anderen ein? Noch immer bringen die Menschen Priestern ein Maß an Vertrauen entgegen mit einer – um einmal dieses altmodische Wort zu verwenden – Seelentiefe, davon können andere Berufsgruppen nur träumen. Ich habe zum Beispiel nach dem Tod eines Menschen manches Mal beobachtet, mit welcher emotionalen Intensität Angehörige auf die Anwesenheit eines Geistlichen und seine Begleitung reagieren. Und das darf man dann auch sagen. Dafür darf man auch werben. Die Kirche braucht jedenfalls nicht immer so zu tun, als müsste sie sich dafür entschuldigen, dass sie auch noch da ist.

Was bleibt ihr anderes übrig in einer Gesellschaft, die nach den Befunden der Sozialforscher religionsfreundlich ist, aber kirchenallergisch?
Ich möchte das relativieren. Natürlich gibt es massive Kritik an der Kirche, was diese sehr ernst nehmen und woraus sie lernen

sollte. Aber sie lebt immer noch auf einem hohen Konsenslevel. Das sage nicht nur ich, sondern das sagen auch Unternehmensberater, die für große Firmen arbeiten: »Ihr dürft euch glücklich schätzen, dass es immer noch eine dermaßen hohe Grundakzeptanz für euch gibt!« Tatsächlich finde ich es geradezu spektakulär, wie freundlich und fehlertolerant die Deutschen ihrer katholischen Kirche gegenüberstehen. Sie verzeihen unglaublich viel. Mit etwas Abstand betrachtet, hat die katholische Kirche allein in den vergangenen Jahren eine erkleckliche Zahl von Zumutungen produziert: vom Umgang mit dem Holocaust-Leugner Richard Williamson aus der reaktionären Piusbruderschaft über den Missbrauchsskandal bis hin zu der meiner Meinung nach arroganten Barmherzigkeitsrhetorik, mit der die Kirche glaubt, wiederverheirateten Geschiedenen oder Homosexuellen begegnen zu können. Ein Großteil der Katholiken nimmt das hin. Nur eine kleine Minderheit zieht die institutionenlogische Konsequenz und tritt aus der Kirche aus. Das finde ich bemerkenswert. Es hat meines Erachtens mit dem Bedürfnis nach Halt zu tun, nach Bezugspunkten bei Lebenswenden. Wir sind eben nicht nur eine extrem mobile und plurale, sondern auch eine extrem sicherheitsorientierte Gesellschaft.

Die Kirche und die Politik

Das Bistum Osnabrück hat sein Bildungszentrum dem Gedächtnis eines Mannes gewidmet, der in der zweiten Hälfte des 19. Jahrhunderts zum Inbegriff eines Katholiken in der Politik geworden
ist: Die Katholisch-Soziale Akademie in Lingen trägt seit mehr als
50 Jahren den Namen von Ludwig Windthorst (1812–1891). Der
Emsländer war im Berliner Reichstag heimliches Haupt des katholischen Zentrums, die wichtigste Identifikationsfigur des politischen Katholizismus und zugleich bedeutendster parlamentari-
scher Gegenspieler Otto von Bismarcks. Dieser bemerkte 1875 in
einem vertraulichen Gespräch über Windthorst: »Hass ist aber ein
ebenso großer Sporn zum Leben wie Liebe. Mein Leben erhalten
und verschönern zwei Dinge: Meine Frau und Windthorst. Die
eine ist für die Liebe da, der andere für den Hass.«

Was den Reichskanzler über die politische Gegnerschaft hinaus auch emotional in solche Rage versetzte, war Windthorsts
unbeugsamer Widerstand gegen die Dominanz des Staates. In
den Kulturkampf zwischen Bismarcks Deutschem Reich und der
katholischen Kirche warf er sich mit dem Ziel, die Freiheit der
Kirche vor dem Zugriff des Staates zu schützen. Allerdings stritt
Windthorst nicht mit katholischem Tunnelblick, sondern stets
in ökumenischer, ja interreligiöser und – politischer Weite. Alle
Rechte und Privilegien, die die katholische Kirche für sich beanspruchte, wie zum Beispiel die Freistellung ihrer Geistlichen vom
Wehrdienst, sollten auch für Protestanten und Juden gelten. Und
in der Auseinandersetzung um Bismarcks Sozialistengesetze wurde Windthorst trotz aller Vorbehalte gegenüber den »Irrwegen«
und »Irrlehren« der Sozialdemokratie zum entschiedenen Ver-
fechter politischer Freiheiten für die SPD.

Es liegt nahe, dass Windthorst in der Frühzeit der Bundesrepublik als Vorzeigepolitiker seiner Kirche prädestiniert war. Wer schmückte sich nicht gern mit einer solchen Persönlichkeit, die der Historiker Golo Mann als »genialsten Parlamentarier« bezeichnet hat, den Deutschland je besaß? Noch heute, so urteilt der Kirchengeschichtler Hubert Wolf, könnte Windthorsts Verständnis von Politik aus dem Glauben »ein Modell für die christliche Demokratie sein«.

Die Christdemokratin Annette Schavan beschreibt ihren Glauben als Sinnhorizont, der sie motiviert, ihr Orientierung und Halt gibt. Der Ernstfall des Glaubens tritt immer dann ein, wenn er sich in den Widrigkeiten des Lebens zu bewähren hat. Das können für einen Politiker sehr wohl die parlamentarischen Schlachten sein, in denen er für seine Überzeugungen kämpft – und womöglich unterliegt. Annette Schavan hat diese Erfahrung im Streit über die Forschung an embryonalen Stammzellen 2006 auf EU-Ebene ebenso gemacht wie Windthorst als Abgeordneter im Reichstag.

Die Übergänge zu existenziellen Erschütterungen sind fließend, in denen sich der Glaubende ausgeliefert vorkommt, ausgesetzt in Feindesland:

Herr, wenn die stolzen Feinde schnauben,
So gib, dass wir im festen Glauben
Nach deiner Macht und Hülfe sehn!
(Johann Sebastian Bach, Weihnachtsoratorium, Kantate VI)

Ludwig Windthorst ist es so ergangen, als sich Bismarck in der Endphase des Kulturkampfes 1880 hinter seinem Rücken mit dem Papst verständigte und Windthorst damit ausmanövrierte. »Erschossen! Vor der Front erschossen. Vom Rücken her erschossen! Ich gehe nach Hause«, war Windthorsts verzweifelte Reaktion. Annette Schavan schildert – unter ganz anderen Bedingungen – ähnliche Stimmungslagen. Sollen Religion und Glaube Orientierungshilfe des Politikers in der plural-freiheitlichen und säkularen Demokratie sein, so ist dabei vorausgesetzt, dass sie selbst Freiheitsräume bieten. Fundamentalismus und Totalitarismus in der Religion sind tödlich für eine lebendige Beziehung zur Politik in der Demokratie. Nicht nur, weil der einzelne Politiker zur ferngelenkten Marionette würde, sondern weil das ideologische Monopol einer Theokratie die demokratischen Prinzipien und Prozesse ersetzte.

Vor diesem Hintergrund freilich gewinnt die politische Biografie des katholischen Demokraten Windthorst noch einmal eine eigene Brisanz. Denn so leidenschaftlich er sich gegen Übergriffe des Obrigkeitsstaates verwahrte, so entschieden setzte er sich auch gegen den Zugriff kirchlicher Autoritäten zur Wehr – angefangen beim Papst persönlich. So leistete er dem Vorhaben Pius' IX. (1848–1878) erbitterten Widerstand, den Machtanspruch seines Amtes auf dem Ersten Vatikanischen Konzil (1869–1870) mit den Dogmen der Unfehlbarkeit und des Jurisdiktionsprimats auf die Spitze zu treiben. Die Diskussion über die Unfehlbarkeit sei »unnötig und unopportun«, der Papst überspanne damit den Bogen und provoziere eine neue Kirchenspaltung, warnte Windthorst. Zudem sah Windthorst das parlamentarische Wirken von Katholiken im Reich gefährdet, wenn sie die päpstliche Verdammung der Religionsfreiheit womöglich als »unfehlbare Lehre« in einem protestantisch dominierten Umfeld zu vertreten hätten. Windthorsts Versuch, im »Berliner Laienkonzil« 1869 eine politische Front gegen das Unfehlbarkeitsdogma aufzubauen, scheiterte. Formal unterwarf er sich schließlich – wie auch die meisten deutschen Bischöfe – der römischen Autorität, um der Exkommunikation zu entgehen. Innerlich lehnte er die Unfehlbarkeit zeitlebens ab: »Und wenn Sie mir den Kopf abschlagen, ich glaube nicht daran.«

Diese Eigenständigkeit zeugt von einem Selbstbewusstsein im Glauben, für das die Kirche erst im Zweiten Vatikanischen Konzil mit dem Bekenntnis zur Gewissensfreiheit eine einigermaßen adäquate Entsprechung gefunden hat. Es dürfte mehr sein als ein Gedankenspiel, dass Windthorst heute an der Seite jener engagierten Katholiken stünde, die sich als Politiker auch zu wesentlichen kirchlichen Fragen zu Wort melden. Mit anderen Prominenten beider Konfessionen – Politikern, Wissenschaftlern, Künstlern – veröffentlichte Bundestagspräsident Norbert Lammert (CDU) 2012 den Aufruf »Ökumene jetzt«. Die Unterzeichner fordern darin die Einheit von katholischer und evangelischer Kirche und verweisen auf die »wesentlich politischen Gründe«, die vor 500 Jahren zur Trennung geführt hätten. »Heute ist die Kirchenspaltung politisch weder gewollt noch begründet. Reichen theologische Gewohnheiten, kirchliche und kulturelle Traditionen aus, um die Kirchenspaltung fortzusetzen?« Erkennbar werfen Lammert und seine Mitstreiter ihre Kompetenz als Politiker in die Waagschale, um das theologische Gewicht ökumenischer Streitfragen auszugleichen.

Ob das sachgerecht und strategisch klug ist, darf bezweifelt werden: Der Techniktransfer einer politischen Resolution funktioniert schließlich nicht allein kraft der bloßen Behauptung, die ökumenische Materie sei selbst eine wesentlich politische. Die zwischen seufzend-indigniert und herablassend changierende Reaktion der Bischöfe auf den Appell noch am Tag seiner Publikation zeigt das programmierte Misslingen einer Verständigung: Gewiss, der ökumenische Dialog sei wichtig, die Sehnsucht nach Kircheneinheit nachvollziehbar, räumen auch die Bischöfe ein. Aber: »Es waren vor allem theologische Gründe – und erst nachrangig politische Ursachen –, die schlussendlich zur Kirchenspaltung geführt haben.« Eine Einigung der Konfessionen dürfe »nicht auf Sand gebaut sein«. Und dann noch einmal zum Mitschreiben: »Ökumene ist nicht eine politische Frage.« Perfekt hätte hier noch der Nachsatz gepasst, den Papst Benedikt – sachlich falsch, aber unnachahmlich suggestiv – 2011 bei der Begegnung mit der evangelischen Kirche im Erfurter Luther-Kloster prägte: »Über den Glauben wird nicht verhandelt.« Politiker, kümmert euch um Politik, und überlasst die Kirche den Theologen! Ludwig Windthorst hätte dem gewiss widersprochen. Es gibt die Kompetenz-Kompetenz von Laien, die etwas vom Verhandeln verstehen, und die Kirche sollte froh sein über ihre Einmischung.

Umgekehrt bleibt die Einmischung des kirchlichen Lehramtes in die Politik für katholische Politiker stets prekär. Die Autonomie der Lebensbereiche, von der das Zweite Vatikanische Konzil spricht, wird in der Kirche für die meisten Sachprobleme heute nicht nur hingenommen, sondern glaubhaft bejaht. Weil aber Fragen nach Moral und Menschenbild sehr häufig im Hintergrund politischer Entscheidungen stehen, sieht sich die Kirche dennoch mit eigener Kompetenz auf den Plan gerufen. Und hier kommt es nach wie vor zu Konflikten, in denen Bischöfe katholische Politiker als Landschaftspfleger im kirchlichen Vorgarten verstehen und deren Abweichung vom Lehramt als Unbotmäßigkeit interpretieren.

Dabei offenbaren insbesondere die erbitterten Diskussionen um den Lebensschutz – vom Schwangerschaftsabbruch bis zu Gendiagnostik und Embryonenforschung – die Bandbreite von Positionen, die Christen guten Gewissens glauben einnehmen zu können. Die eine, reine und wahre Lehre ist eine Fiktion. Und die Behauptung einer verbindlichen, letztkompetenten Auslegung von Normen, die sich scheinbar allgemeingültig aus Quellen wie dem Naturrecht ergeben, durch das kirchliche Lehramt ist eine Anmaßung. Auch das lässt sich von Ludwig Windthorst lernen.

Im Januar 1887 erreichte ein Befehl aus Rom von allerhöchster Stelle die Zentrums-Fraktion im Deutschen Reichstag. In einer Note gab Papst Leo XIII. (1878–1903) den Parlamentariern Order, einem drastisch erhöhten Wehretat Bismarcks zuzustimmen. Die Weisung war diplomatisch motiviert: Leo XIII. erwartete sich Zugeständnisse der Reichsregierung an den Heiligen Stuhl. Der Papst verlangte also, wie Hubert Wolf herausstellt, »auch auf einem rein politischen Feld wie dem Rüstungsetat von den katholischen Abgeordneten religiösen Gehorsam« – ohne eine Spur von Respekt für eine Eigenständigkeit der politischen Sphäre oder für die Verantwortung katholischer Politiker. Wie in Glaubensfragen, so gilt für den Papst auch in rein weltlichen Angelegenheiten: Roma locuta, causa finita – was immer der Papst dekretiert, das haben Katholiken zu exerzieren.

Doch Windthorst exerzierte nicht. Die Haltung des Zentrums zum geplanten Etatgesetz Bismarcks beurteilte er anders als der Papst. Sachlich, weil Windthorst das Budgetrecht des Parlamentes eingeschränkt und die Bevölkerung finanziell zu stark belastet sah. Taktisch, weil er sich von einer harten Haltung der Opposition im Reichstag letztlich den größeren Vorteil für kirchliche Interessen versprach.

In einer berühmt gewordenen Rede auf einem Parteitag des Zentrums in Köln begründete Windthorst die Position des Zentrums: Es sei »nicht zu verkennen, dass der Heilige Vater gewünscht hatte, dass das Gesetz angenommen werden möge. Er führt aber in dem Erlass diesen seinen Wunsch nicht zurück auf den materiellen Gehalt der Vorlage, sondern lediglich auf Zweckmäßigkeitsgründe vom Standpunkt diplomatischer Erwägungen und Beziehungen, und er spricht es deutlich genug aus, dass diese Erwägungen von seinem Standpunkt gedacht und gemacht seien. Es ist unzweifelhaft, dass der Heilige Vater seine guten Gründe haben wird, diesen Wunsch realisiert zu sehen. Das bezweifle ich gar nicht, und ich meine, dass, wenn es möglich gewesen wäre, wir ohne Zwang aus freien Stücken diese Bewilligung hätten aussprechen sollen. Aber nur, wenn's möglich gewesen wäre; denn Unmögliches kann niemand leisten.«*

Konkreter Erfolg war Windthorst nicht beschieden. Der strikt romtreue Flügel der Zentrumsfraktion folgte dem Papst und stimmte Bismarcks Wehretat zu, der Rest enthielt sich. Doch auf lange Sicht ist Windthorsts »Gürzenich-Rede« ein Markstein für den politischen Katholizismus: Freiheit des Urteils in allen sachlichen Fragen; Selbstständigkeit der Entscheidung als Basis der Glaubwürdigkeit; Würdigung kirchlicher Positionen im Rahmen des Möglichen und Zweckmäßigen. Von diesen Prinzipien sollen und können sich Katholiken in der Politik heute und in Zukunft leiten lassen.

»Unser Handeln hängt nicht vom Beifall der Bischöfe ab«

Annette Schavan
ist seit 2005 Mitglied des Deutschen Bundestages und lehrt als Honorarprofessorin am Seminar für Katholische Theologie der Freien Universität zu Berlin.

Frau Schavan, woran krankt das Verhältnis von Kirche und Politik?
Am ehesten daran, dass Veränderungen zu schnell und einseitig als Niedergangsgeschichte verstanden werden. Da kommt zum Beispiel die Erinnerung auf an einen Übergang junger Leute aus der katholischen Jugendarbeit in die CDU, der früher »selbstverständlich« gewesen sei. In Wirklichkeit hat mich mein CDU-Kreisvorsitzender im katholischen Rheinland schon 1976 gefragt, warum diese Verbindung eigentlich nicht mehr funktioniere. Das

---

* Auszug aus Windthorsts Rede im Kölner Gürzenich vom 6.2.1887 zitiert nach: Ludwig Windthorst. Bismarcks großer Gegenspieler, Veröffentlichung der Ludwig-Windthorst-Stiftung, Lingen o. J., Seite 28. http://www.ludwig-windthorst-stiftung.de/fileadmin/downloads/luwi_web_100dpi.pdf (abgerufen am 31.07.2013).

ist heute also gar nichts Neues. Bestimmte Bilder sind in den Köpfen, die glauben machen, es sei etwas einstmals viel besser gewesen – und die Gegenwart sei demgegenüber defizitär.

Ein anderer Punkt betrifft weniger die Institution Kirche als solche, als vielmehr eine in der Kirche verbreitete Mentalität. Ich fasse es in eine Episode, die ich in den 8oer Jahren in Bonn erlebt habe. Nach einem Vortrag sagte die katholische Publizistin Gräfin Elisabeth von Plettenberg zu mir: »Frau Schavan, Sie können es drehen und wenden, wie Sie wollen. Am Ende werden Sie sich entscheiden müssen, ob Sie fromm sein wollen oder politisch.« Das war nun nicht die rein subjektive Meinungsäußerung einer einzelnen engagierten Katholikin, sondern die Artikulation eines immer noch verbreiteten Ressentiments: Politik ist nicht genuines Betätigungsfeld eines Christen.

Weil sie als ein »schmutziges Geschäft« gilt?
Weil die Arbeit der Politiker allzu häufig der Kompromiss ist und dadurch immer etwas von der Reinheit und Unverfälschtheit verloren zu gehen droht, die für das Zeugnis des Evangeliums wesentlich seien. Das Klischee vom schmutzigen Geschäft, das gibt es auch. Wer die Notwendigkeit des Kompromisses thematisiert, der zeigt sich immerhin noch problembewusst. Denn es stimmt ja, dass Politiker in Situationen geraten, in denen sie sich fragen müssen: Finde ich mit Blick auf meine Überzeugungen eine noch zu verantwortende Position, für die ich auch eine Mehrheit bekomme? Oder muss ich eine bestimmte Position behaupten, von der ich aber sicher sein kann, dass ich mit ihr in der Minderheit bleibe? Sich auf diese Problematik überhaupt einzulassen, verrät schon eine einigermaßen differenzierte Sicht.

Max Weber hat schon 1919 das Begriffspaar »Gesinnungsethik« und »Verantwortungsethik« eingeführt, um diese beiden Grundorientierungen politischen Handelns zu bestimmen. Vereinfacht gesagt: Soll ein Politiker – gesinnungsethisch – strikt an einer Position festhalten, auch wenn er damit absehbar keinen Erfolg hat? Oder soll der Politiker Abstriche machen, etwa um einer Beteiligung an der Macht willen, die ihm Einfluss und Gestaltungsmöglichkeiten im Sinne seiner Überzeugungen bietet?

Genau, diese Unterscheidung Webers steht im Hintergrund. Aber es gibt eben auch das weitaus pauschalere Vorurteil: Das Ganze, was sich Politik nennt, hat letztlich kein transparentes Regelwerk, agiert nicht nach einer sachgerechten Logik, sondern folgt irgendwelchen Karriere- und Machtinteressen. Das ist zwar keine spezifisch kirchliche Sicht auf die Politik, aber sie ist in der Kirche weit verbreitet. Sie verdankt sich freilich einer großen Vergesslichkeit für die Würdigung und Wertschätzung, die das Zweite Vatikanische Konzil der »Eigengesetzlichkeit der Sachbereiche« gezollt hat. Ich entnehme den Texten des Konzils eine ganz neue Form der Ermutigung zum Dienst des Christen in der Welt – und damit auch im Raum des Öffentlichen, der Politik.

Haben Sie als Politikerin das Gefühl eines »Liebesentzuges« durch Ihre Kirche und deren führende Vertreter?

Nein, überhaupt nicht. Weil jede Wahrnehmung von »Kirche« heute immer nur Facetten eines Gesamtphänomens erfasst. Wenn ich »Kirche« als die globale Institution verstehe, dann ist das Ressentiment gegenüber der Politik nur ein ganz kleiner Ausschnitt, und ich kann als Gegenwahrnehmung sofort die Erinnerung an den Fall der Mauer und an den Weg zur deutschen Einheit nennen. Beides wäre nicht möglich gewesen ohne das politische Engagement vieler Christen in den Ländern Mittel- und Osteuropas. In dem Buch »Urbi et orbi« über »Wegbereiter der Wende« hat der Journalist Joachim Jauer 2009 Persönlichkeiten versammelt, die in ihren Ländern wesentlich zu den damaligen Veränderungen beigetragen haben, darunter eben auch viele Katholiken. Das ist sehr eindrucksvoll. Weiter kann ich auf das politische Engagement und

die gesellschaftlichen Impulse aus den Basisgemeinden Lateinamerikas verweisen. Insofern tun wir als Katholiken in Deutschland heute gut daran, unser Verständnis von Kirche nicht allein
aus unseren aktuellen regionalen Erfahrungen zu speisen.

*Aber Sie haben selbst die Schwierigkeiten als Katholikin in der Poli-
tik erlebt, Ihr Engagement plausibel zu machen, regional zum Beispiel in der Debatte über die Stammzellforschung. Überregional in
den wiederkehrenden Diskussionen mit Rom über die Besonderheiten des deutschen Staatskirchenrechts, ob es nun um die Beteiligung
der Kirche an der staatlichen Konfliktberatung für Schwangere ging
oder um die Frage, welche kirchenrechtlichen und steuerrechtlichen
Folgen ein Austritt aus der Kirche per Erklärung vor dem Amtsge-
richt oder Standesamt hat.*

Ich sage auch nicht, dass regionale und globale Betrachtung einander ausschließende Perspektiven sind. Aber mir als katholischer
Christin ist das Wissen wichtig, zu einer Institution zu gehören,
die tatsächlich weltweit präsent ist – seit Jahrhunderten und nicht
erst, seitdem wir die »Globalisierung« als Determinante unserer
Epoche erkannt haben. Aus dieser globalen Präsenz kommt vieles
an Wissen und Erfahrung, was sonst keine andere Institution vorzuweisen hat. Darum bin auch überzeugt, dass nirgends auf der
Erde so viel Weltwissen vorhanden ist wie im Vatikan.

Es kommt nur darauf an, was man daraus macht.

Die Wahl des Papstes aus Argentinien hat mir noch einmal sehr
klargemacht, wie sehr mein katholisches Selbstverständnis von
dieser weltkirchlichen Warte bestimmt ist. Das ist sozusagen der
große Rahmen. Der schluckt aber nicht einfach das regionale Be-
zugsfeld, in dem ich mich bewege. Im Gegenteil: Ich glaube, in den
kommenden Jahren wird die Einsicht immer wichtiger werden,
dass sich bestimmte Fragen, mit denen sich die Kirche intern und
von außen konfrontiert sieht, nicht im großen universalen und all-

gemeingültigen Rahmen beantworten lassen. Sondern dass es einen differenzierten Bezug auf die regionalen Handlungsfelder braucht.

Können Sie das konkretisieren?
Um nur Ihr eigenes Beispiel aufzugreifen: Als Katholiken in Deutschland – darunter auch ich – auf den Ausstieg der deutschen Bischöfe aus dem staatlichen System der Schwangerenkonfliktberatung im Jahr 1999 mit der Gründung des Beratungsvereins »Donum Vitae« reagiert haben, waren gerade diejenigen von uns, die politisch-parlamentarisch gegen eine Strafrechtsreform mit reiner Fristenlösung gekämpft hatten, überzeugt: Wir haben in Deutschland Rechtsnormen für den Schwangerschaftsabbruch, in denen vieles von dem aufgenommen ist, was der katholischen Kirche und uns als katholischen Christen wichtig ist. Das dient dem Lebensschutz und ist ein starkes Zeichen für den Wert des ungeborenen Lebens. Wenn nun kirchenamtlich ein Handeln nach der Maßgabe dieses Rechts verboten wird, dann mag das von der Warte »globaler Stimmigkeit« aus betrachtet nachvollziehbar sein. Es ist aber nicht nachvollziehbar für uns, die wir im Parlament einen strengeren Lebensschutz erreicht haben als in vielen anderen Ländern, in denen die katholische Kirche mindestens so präsent ist wie bei uns.

Das heißt, Sie würden als Katholikin »Donum Vitae« auch heute wieder gründen?
Ja. Unserer Initiative war vielfach ein schnelles Ende prophezeit worden: Etwas »Katholisches« ohne kirchenamtlichen Segen – wie sollte einem solchen Unterfangen Bestand beschieden sein? Wie sollte das funktionieren, so ganz ohne Rubriken und bischöfliche Agenda? Tatsächlich aber hat sich in Deutschland ein intensives Engagement vieler Christen für den Schutz des Lebens entwickelt. »Donum Vitae« hat nach meiner Überzeugung die

Sensibilisierung für die Würde und den Wert menschlichen Lebens gesteigert und ein Beispiel gegeben für ein Engagement aus dem Raum der Kirche, das ihr viele gar nicht mehr zugetraut hätten. Diakonisches Handeln der Kirche, so der verbreitete Verdacht, könne es überhaupt nur noch geben als institutionell verankertes und abgesichertes Handeln. Wir haben mit »Donum Vitae« gezeigt, dass das nicht stimmt, und wir haben damit ein wichtiges Zeichen für die fortdauernde gesellschaftliche Präsenz und Relevanz des Christentums gesetzt – darin übrigens vergleichbar der Hospizbewegung, die auch auf Basisinitiativen zurückgeht.

Mit dem Ergebnis, dass deutsche Bischöfe einen Politiker wie Hans Maier als Initiator von »Donum Vitae« mit Auftritts- und Redeverbot belegt haben. Das ist das Gegenteil von Anerkennung der Kirche für das von Ihnen als zeichenhaft und wertvoll dargestellte Engagement.
Wir können unser Handeln als Katholiken in Politik und Gesellschaft nicht vom Beifall der Bischöfe abhängig machen. Und es war selbst auf mittlere Sicht auch nicht zu erwarten, dass wir nach einer Frist pflichtschuldiger Verärgerung alsbald Billigung oder gar Anerkennung von der Institution Kirche für einen Schritt erfahren würden, von dem wir ja wussten, dass die Institution ihn falsch findet. Wenn überhaupt, dann braucht so etwas sehr viel Zeit. Am Ende muss es zum Selbstbewusstsein katholischer Laien gehören, nicht für alles von ihren Bischöfen gelobt werden zu wollen.

Der Kompromiss um der Erhaltung von Gestaltungs- und Mitwirkungsmöglichkeiten willen steht immer unter dem Verdacht, das vorgeschobene Argument der Mitläufer zu sein.
Natürlich hat auch der Kompromiss Grenzen. Das gilt etwa dann, wenn sich einem – wie in der NS-Zeit – ein Kompromisspartner anbietet, der Menschenwürde und Menschenrechte mit Füßen tritt. Gleichwohl wird die Kompromissfähigkeit schon deshalb

immer wichtiger werden, weil die Pluralität zunimmt. Und ich wehre mich gegen den Versuch, Kompromiss gegen Überzeugung auszuspielen. Vor jedem Kompromiss steht die Integrität der Überzeugung. Und Überzeugungen zu haben heißt, sie in Entscheidungsprozesse einzubringen in dem Bemühen, so viel davon zu bewahren wie möglich. Die Alternative wäre, erst gar nicht in das Ringen um Entscheidungen einzusteigen. Aber das hält die Überzeugung nicht lebendig, sondern macht sie zur Konserve.

Die Kirche soll auch gar nicht den Kompromiss immer schon vorwegnehmen. Wo sie ihn gleichsam in jeden Satz einpreist, wird sie ihre Botschaft kaum überzeugend verkündigen können. Aber wer die »Kompromiss-Kirche« denunziert, der hat gar nicht verstanden, was durch sie alles möglich geworden ist an kultur- und gesellschaftsprägender Kraft. Hingegen hat gerade der Fall »Donum Vitae« gezeigt, wie der Unwille oder die Unfähigkeit einer Kirchenleitung zum Kompromiss das Wissen und die Erfahrung der Ortskirchen blockiert. Das war für mich seinerzeit im Ringen um die Frage, wie kirchliche Grundüberzeugungen hier und heute angemessen verwirklicht werden können, das eigentlich Deprimierende. Es gab in der Frage der Schwangerenkonfliktberatung ja keinen wirklichen Dissens zwischen »den Laien« und »den Bischöfen« in Deutschland. Vielmehr hielt die Mehrheit sowohl der Laien wie auch der Bischöfe den Weg im staatlichen System für gangbar, während eine Minderheit sich dagegen wandte und für die Durchsetzung ihrer Position die Regelungskompetenz der kirchlichen Zentrale beanspruchte.

Ihr gutes Recht. Ähnlich wie der Instanzenweg im Staat oder in der Justiz.

Aber mit dem Ergebnis, dass der Ortskirche die Möglichkeit genommen wurde, einen für ihre Ebene relevanten Streit über die Legitimität des christlichen Zeugnisses auch auf ihrer Ebene auszutragen und zu lösen. Aus der Vogelperspektive steht damit die grundsätzliche Frage nach dem Verhältnis zwischen Ortskirche und Universalkirche als globaler Gemeinschaft im Raum.

Wie bestimmen Sie das Verhältnis von Kirche und Politik?
Ich habe allein in den 40 Jahren, in denen ich mich politisch engagiere, mindestens drei Phasen erlebt. Die erste Phase war die Zeit nach dem Zweiten Vatikanischen Konzil bis in die 80er Jahre. Ich habe von 1974 bis 1980 Theologie studiert. Die Grundstimmung des akademischen Diskurses damals war: Aufbruch, sich der Welt stellen, die Aufforderung des Konzils annehmen, Gesellschaft und Kultur aus christlichem Geist heraus zu gestalten und zu prägen. Die Priester meiner Kindheit und Jugend waren in ihrem Raum kulturprägende Persönlichkeiten – Männer wie Norbert Feldhoff, der spätere Kölner Generalvikar und Dompropst, um nur einen zu nennen. Sie waren zutiefst davon überzeugt, dass Weltgestaltung ihr Auftrag und der Auftrag der Kirche ist – selbstbewusst, originell, avantgardistisch auch. Nehmen Sie aus dem Bereich der Kultur eine Initiative wie die »Kunststation St. Peter« in Köln. So etwas hat die Eliten der Gesellschaft neugierig gemacht auf Kirche.

Aber warum gab es dann genau in dieser Zeit den eingangs skizzierten Abbruch des natürlichen »Golfstroms« von der kirchlichen Jugend- und Verbandsarbeit in die Politik?
Das sind die typischen Ungleichzeitigkeiten der Epoche. Was ich gerade geschildert habe, ist aus einer kirchlichen Optik heraus gesehen. Parallel dazu vollzogen sich in der säkularen Welt mindestens ebenso rasante Entwicklungen – mit den bekannten Phänomenen von Pluralisierung und Atomisierung. Manch einer hat gesagt, das Konzil habe seinerzeit aus einem Erneuerungsoptimismus heraus eine Bestimmung des Verhältnisses von Kirche und Welt vorgenommen, über die die Gesellschaft in Teilen schon

wieder hinweg war. Aber dennoch: Die Kirche bis hin zu den Pfarrgemeinden gewann durch das Konzil neue Strahlkraft über ihren Binnenraum hinaus. Pfarrgemeinden waren plötzlich attraktiv für interessante Typen, die vorher dort nichts verloren hatten.

Das änderte sich in einer zweiten Phase etwa ab Ende der 1980er Jahre. 1994 habe ich für das Zentralkomitee der deutschen Katholiken (ZdK) den Band »Dialog statt Dialogverweigerung« herausgegeben. Der Titel markiert bereits eine Problemanzeige, die bis heute unbewältigt und unerledigt ist. Mit dem neuen Pontifikat von Papst Franziskus sehe ich nun Phase drei eröffnet.

Wie beschreiben Sie diese Phase?
Ich habe das Gefühl, am Anfang dieser dritten Phase steht ein neuer Auftrag des Papstes an die Kirche, sich weniger auf die eigene Existenz zu konzentrieren und zu glauben, die Kirche könne nur Kraft und Kompetenz zurückgewinnen, wenn sie sich mit sich selbst beschäftigt. Sondern der Weg der Kirche ist auch die Begegnung und die Auseinandersetzung mit dem anderen. So ähnlich wie vor 50 Jahren, als die Katholiken in der Konzilszeit sich neu darüber klar wurden, welche Verantwortung sie in der Welt und für die Welt tragen. »Der Weg der Kirche ist der Mensch«, hat Johannes Paul II. in seiner Antrittsenzyklika »Redemptor hominis« aus dem Jahr 1979 programmatisch formuliert. Der Satz beschreibt einen andauernden Auftrag und bedarf doch zu jeder Zeit einer Übersetzung.

Übersetzen Sie!
Ich möchte dafür einmal von der Begegnung Jesu mit dem reichen Jüngling ausgehen, die in den Evangelien des Matthäus, des Markus und des Lukas geschildert wird.

Ein Text, der Sie schon länger beschäftigt. Es geht um die Frage eines jungen Mannes, wie er das ewige Leben gewinnen könne. Jesus emp-

fiehlt ihm, die Gebote zu halten, und fügt hinzu: »Eines fehlt dir noch: Geh, verkaufe, was du hast, gib das Geld den Armen, und du wirst einen bleibenden Schatz im Himmel haben.« Der reiche Jüngling, heißt es weiter, sei darauf traurig weggegangen. Jesus wendet sich dann an die bestürzten Jünger und sagt die berühmten Sätze: »Meine Kinder, wie schwer ist es, in das Reich Gottes zu kommen! Eher geht ein Kamel durch ein Nadelöhr, als dass ein Reicher in das Reich Gottes gelangt.«

Ich glaube, es geht Jesus hier wesentlich darum, dem Menschen eine neue Lebensmöglichkeit zu eröffnen. Über die Jahre sind mir an dieser Geschichte immer wieder unterschiedliche Impulse aufgefallen. Anfangs fand ich darin den Ruf in die Freiheit. Aber jetzt fällt mir noch mehr die andere Seite der Freiheit auf: Jesus stellt die Frage nach den Bindungen. Woran hängen wir existenziell – als Einzelne und als Kirche? Die Antwort kann für Phase drei der erwähnten Entwicklung durchaus interessant sein. Wie kommt die Kirche aus ihren Grabenkämpfen heraus?

Woran denken Sie dabei in erster Linie?

Die einen reden vom »Dienst in der Welt« und halten die Bedeutung der Institutionen hoch. Die anderen diagnostizieren geistliche Auszehrung und innere Leere. Papst Franziskus deutet in manchen seiner Äußerungen den Wandel an. Etwa wenn er sagt, die Kirche tue immer noch so, als hätte sie von 100 Schafen noch 99 in der Herde und müsse lediglich dem einen verlorenen Schaf nachgehen – in Wirklichkeit habe sie ein Schaf im Stall und 99, die sie nicht suchen gehe, sagt der Papst und warnt im selben Tenor davor, dass der Hirte sich im Stall einschließt und seine Zeit damit verbringt, den Schafen »Löckchen zu drehen«. Ein schönes Bild, das ich so deute: Mit Kosmetik nach innen, mit Einstimmigkeit und einem möglichst geschlossenen Erscheinungsbild kann die Kirche die vielen verlorenen Schafe nicht erreichen, geschweige denn zurückholen. Sondern sie muss das Wagnis der Vielstimmigkeit eingehen, als kulturprägende Kraft auftreten und politisch relevanter Partner sein wollen, ohne sich vereinnahmen zu lassen.

Der Papst selbst hat festgestellt, die Kardinäle hätten ihn aus der entlegensten Ecke der Welt nach Rom geholt. Daraus könnte nun eine weit größere Sensibilität für die Verschiedenheit der Orte folgen, für die Inkulturationen des Glaubens mit ihrem je eigenen Rang. Im Jahr 1900 war jeder fünfte Mensch auf der Welt ein Europäer. 100 Jahre später war es noch jeder zehnte. Und im Jahr 2100 wird nur noch jeder 20. Bewohner der Erde in Europa leben. Angesichts dieser Verschiebung kommt es entscheidend darauf an, was die Europäer noch an Gewicht in die Waagschale zu werfen haben: Was davon ist global gesehen noch bedeutsam für Stabilität, Humanität und Spiritualität der Welt? Darin liegt für die katholische Kirche eine ungeheure Chance, eben weil sie selbst global aufgestellt ist und nicht national oder kontinental. Und das sollte uns als Katholiken im öffentlichen Leben auch noch viel mehr beschäftigen. Jedenfalls sollten wir nicht selbst die Religion zur Privatsache erklären und sagen: »Ach, die Gesellschaft! Die geht ja ohnehin ihren Weg! Lassen wir uns also besser nicht allzu sehr auf sie ein. Sonst laufen wir Gefahr, aus der eigenen Bahn zu fliegen.« Vielleicht bekommt hier gerade die uns schon lange geläufige Rede von der »Option für die Armen« durch die Biografie des neuen Papstes noch einmal einen neuen Klang – und ganz andere provokative Kraft. Biografien von Führungspersönlichkeiten spielen eine viel größere Rolle, als wir manchmal glauben.

Nehmen Sie eine Auszehrung des Katholischen im politischen Raum wahr?
Auch das erlebe ich anders. Es gibt nach wie vor die selbstbewussten Christen in der Politik. Ich kenne in allen Fraktionen des Bundestages Kolleginnen und Kollegen, die in der Kirche engagiert

sind und offen über ihren Glauben sprechen. Dass sie Stimme und Gewicht haben, zeigt sich nicht zuletzt an der Formierung eines Gegengewichts in Gestalt der Laizisten, die jetzt ähnlich selbstbewusst auftreten und sich zu Wort melden. Manche in der Kirche erschreckt das, und sie sehen darin eine Gefährdung angesichts immer größerer Pluralität, ein zusätzliches Moment in der großen Niedergangsgeschichte. Ich sage: Es ist ein Kompliment und zugleich eine große Aufgabe für uns. Wäre das Christentum in der Gesellschaft irrelevant, hätte es eigentlich nichts mehr zu sagen, dann bräuchte es die erklärten Atheisten und Laizisten nicht. Hingegen ist das Ansinnen, die Religion ins Private abzudrängen, nichts anderes als der Reflex auf die bleibende öffentliche Präsenz der Religion. Und hier ist es unsere Sache als christliche Politiker, zu sagen: Das Christentum gehört zu den Wurzeln unserer Kultur, für uns ist Religion kein gefährlicher Faktor, sondern der Schatz ihrer Erfahrung bereichert die Gesellschaft. Religion tut der Gesellschaft gut, und der Laizismus ist der falsche Weg in einer modernen Gesellschaft. Konsequenter Laizismus bedeutet immer ein Stück Unterdrückung.

Sie haben gelegentlich mit vorwurfsvollem Unterton registriert, dass katholische Politiker schärferer Kritik ihrer Kirche ausgesetzt sind als Nichtkatholiken, auch wenn diese weitaus kirchenfernere Politik machen. Gehört das nicht zur Logik jeder Institution, dass sie sich in Konflikten erst einmal an die eigene Mitgliedschaft hält und sie »auf Linie« zu bringen versucht?

Das ist wahr. Die eigenen Leute werden immer schärfer rangenommen. Das ist in jeder Institution so. Darum bringe ich das Argument auch nur dann vor, wenn ich von Kirchenvertretern mit der Klage konfrontiert werde, es schlügen nur noch so wenige Katholiken eine politische Laufbahn ein. Dann nämlich erwidere ich, dass die Kirche sich über die begrenzte Frustrationstoleranz nicht wundern darf. Wer junge Katholiken für die Politik gewinnen möchte, der darf ihnen nicht suggerieren, sie verbauten sich damit den Weg in den Himmel oder bekämen von ihrer Kirche im Zweifelsfall schnell den Stuhl vor die Tür gestellt. Die Zukunft der Kirche in Deutschland entscheidet sich an der Frage: Wo kommen in zehn Jahren die Männer und Frauen her, die bereit sind, sich in ihr und für sie zu engagieren? Und eben nicht nur als Priester und Ordensleute, sondern auch als Laien. Wenn ich dafür junge Leute gewinnen will, dann muss ich ihnen sagen und zeigen, welche Wertschätzung sie für ihr Tun von der Kirche erfahren.

Was empfehlen Sie Ihrer Kirche mit Blick auf die Zukunft?
Für die Kirche entscheidend ist ihr Umgang mit dem Scheitern. In der Aufarbeitung eigener Fehler ist die Kirche noch längst nicht genug eingeübt. Dazu gehören die Einsicht und das Zugeständnis, dass es in ihr genauso menschlich zugeht wie andernorts auch. Die Seelsorger mögen in der geistlichen Begleitung von Menschen in Krisen sehr viel Gutes tun und sehr überzeugend sein. Aber die Kirche ist darüber hinaus auch als Institution gefordert. Es ist heute viel davon die Rede, dass Unternehmen und Organisationen eine »Fehlerkultur« brauchen. Hierfür ist die Kirche alles andere als beispielgebend oder gar vorbildlich und Maßstäbe setzend. Kaum jemand käme auf die Idee zu sagen: »Das ist eine Institution, von der sich eine Fehlerkultur lernen ließe.« Dabei gehörte das zu ihrem »Kerngeschäft«. Zudem achten die Menschen heute, für die nichts mehr zählt als Glaubwürdigkeit und Authentizität, sehr genau darauf, wie die Kirche es bei sich selbst mit dem hält, was sie anderen rät.

Wie hat sich bei Ihnen persönlich der Glaube bewährt in der Zeit Ihrer größten Krise als Politikerin – der Aberkennung des Doktortitels durch die Universität Düsseldorf und dem anschließenden Rücktritt vom Amt als Forschungsministerin?
Der Glaube war und ist die relevante Quelle zur Verarbeitung des-

sen, was ich in dieser Zeit erlebt habe. Ich weiß nicht, wo ich heute wäre ohne die feste Verankerung im Glauben.

Wie ging diese »Verarbeitung« mithilfe des Glaubens vor sich?
Der Glaube begründet meine innere Unabhängigkeit. Ich habe mich in Zeiten des Erfolgs nie vom Applaus abhängig gemacht und wollte mich dann auch nicht von Gezisch und Geschrei abhängig machen. Christen lassen sich nicht vereinnahmen – von nichts und niemandem, nicht einmal von denen, die zerstören wollen. Am Samstag vor Pfingsten 2013 habe ich die Nürnberger Künstlerin Ursula Jüngst in ihrem Atelier besucht. Schon vor zwei Jahren hatte ich dort ein Bild gesehen, von dem ich sehr angetan war. Ich soll damals sogar gesagt haben, was ich selbst aber nicht mehr weiß: »Wenn ich einmal nicht mehr Ministerin bin, kaufe ich dieses Bild.« Jedenfalls habe ich das jetzt getan. Das Bild heißt »Dornbusch« und zeigt eine konzentrierte, gleißend helle Mitte, die zugleich ausstrahlt und anzieht, während darum herum an den Rändern alles dunkel-diffus ist und durcheinanderflirrt. Als ich es das erste Mal gesehen hatte, konnte ich nicht ahnen, wie bedeutsam diese Bildsprache noch für mein Leben werden würde. Der Glaube lässt Neues erkennen, wo alles aus den Fugen gerät.

Sie sagten, es gebe noch weitere Dimensionen.
Ganz praktisch habe ich mich in den Zeiten, in denen mir alles buchstäblich um die Ohren flog, intensiv mit Texten befasst, die Halt geben. Das sind Texte der Bibel, aber auch Texte von Theologen wie Tomás Halíks Buch »Berühre die Wunden« oder die Schriften Karl Rahners – immer wieder und nach wie vor Karl Rahner. Gerade die Bibel-Lektüre nimmt mich hinein in eine lange Tradition der Auseinandersetzung mit Krisen, sie zieht heraus aus dem Kreisen um die immer gleichen Fragen, auf die es sowieso keine Antwort gibt – und sie bewahrt vor Selbstmitleid. Das habe ich als ganz wichtig empfunden: kein Selbstmitleid aufkom-

men zu lassen. Wenn es nämlich erst einmal da ist, dann steigt und steigt der Pegel – so lange, bis man entweder davon berauscht oder darin ertrunken ist.

Was gibt Ihnen noch Halt?
Natürlich die Begegnung mit Menschen, die in so einer Zeit als Freunde präsent sind. Und auch die Regelmäßigkeit des Rosenkranzes. Schließlich bete ich seit Jahren morgens und abends Laudes und Vesper aus dem kirchlichen Stundengebet, wofür die Psalmen des Alten Testaments ein fester tragender Bestandteil sind.

In den Psalmen spiegelt sich immer wieder die Erfahrung der Hilflosigkeit und des Ausgeliefertseins an Umstände, die man nicht beeinflussen kann.
Ja. Selten habe ich das so gespürt wie in den ersten Monaten des Jahres 2013: Du magst noch so felsenfest davon überzeugt sein, dass du dir nichts vorzuwerfen hast und dass du im Recht bist – du kannst nichts gegen ein Spiel machen, das gegen dich läuft. Wer ins öffentliche Leben geht, weiß das eigentlich auch. Wer in seiner politischen Laufbahn nie an einen solchen Punkt kommt, der hat Glück gehabt. Die Regel ist das aber nicht. Man kann sich darauf aber weder vorbereiten noch vorsorglich geeignete Abwehrtechniken antrainieren. Sondern erst wenn der Moment da ist, entscheidet sich, wovon man bisher gelebt, woran man sein Herz gehängt und woraus man Kraft geschöpft hat. Was sind deine Bindungen? Das ist die Frage Jesu nicht nur an den reichen Jüngling. Das ist die Frage, die auch ich in dieser Zeit vernommen habe. Und ich habe gemerkt: Mich hierauf zu besinnen, das hat mir auch in den größten Turbulenzen eine Art innerer Ruhe gegeben. In gewisser Hinsicht ist diese Frage Jesu an mich lebensrettend geworden.

Schlusssteine: Glaubwürdigkeit, Realitätssinn, Bescheidenheit

> *»Ich fürchte, dass die Christen, die nur mit einem Bein auf der Erde zu stehen wagen, auch nur mit einem Bein im Himmel stehen.«*
> Dietrich Bonhoeffer

Auf verschiedenen Wegen ist dieses Buch dem Wagnis einer Kirche nachgegangen, die dem Himmlischen verpflichtet und doch ganz der Erde verbunden ist. Nicht, weil darin etwas sonderlich Tollkühnes läge, sondern weil beides zusammen für die Kirche notwendig ist: Sie braucht eine lebendige Ahnung vom Geheimnis Gottes, damit sie kein selbstgefälliger Verein wird, keine fromme Nicht-Regierungsorganisation. Aber ebenso braucht die Kirche eine bodenständige, nüchterne Diesseitigkeit, damit sie sich nicht überhebt und samt ihrer Botschaft ein abgehobenes Eigenleben führt. Drei Grundmotive bestimmen die Arbeiten auf der Großbaustelle der katholischen Kirche von morgen:

Glaubwürdigkeit

Realitätssinn

Bescheidenheit

Von der **Glaubwürdigkeit** der Kirche war in der jüngsten Vergangenheit so häufig die Rede wie zuletzt vielleicht am Beginn der Reformation vor 500 Jahren. Das hängt mit der Suche nach Echtheit und Authentizität im Zeitalter des Virtuellen zusammen. Wir alle werden von klein auf dazu ermahnt, dem bloßen Anschein zu misstrauen, jede Information auf ihre Herkunft und Verlässlichkeit hin zu befragen. In der Medienerziehung bekommen wir eingebläut, dass auf Wort und Bild in den digitalen Welten des Internets kein Verlass ist und dass wir Begriffe wie Identität, Beziehung oder Freundschaft in den sozialen Netzwerken neu definieren müssen. Die »credibility«, die Glaubwürdigkeit, entscheidet über den langfristigen Erfolg von Personen und Produkten. Was zum Standardrepertoire im Wahlkampf der politischen Parteien oder Werbekampagnen von Unternehmen gehört, ist für die Kirche weit mehr als Marketing. Sie hat nämlich nichts im Angebot, dem eine eigene Produktqualität zukäme, unabhängig vom Produktvertrauen der Kunden und Verbraucher. Weil es in der Kirche um den Glauben geht, ist Glaub-Würdigkeit vielmehr Bestandteil des Produktes selbst. Mit der Glaubwürdigkeit der Kirche steht und fällt der Wert des Glaubens, den sie verkündet.

Anders gesagt: Eine Institution, die in erster Linie Glauben vermitteln will, verfehlt ihr »Kerngeschäft«, wenn sie in wesentlichen Fragen unglaubwürdig ist. Darum hat der Trierer Bischof und Missbrauchsbeauftragte der Deutschen Bischofskonferenz, Stephan Ackermann, recht mit dem, was er auf dem Höhepunkt des Missbrauchsskandals von 2010 formulierte: Nichts trifft die Glaubwürdigkeit der Kirche härter als der Vorwurf der Verlogenheit und Scheinheiligkeit. Insofern – und nur insofern – stimmt dann auch die Rede von einer »Glaubenskrise« als Gegenbegriff zur Klage über eine »Kirchenkrise«: Die Kirche muss in ihrem Erscheinungsbild, in ihrer Kommunikation, mit ihren Strukturen deutlich machen, dass sie Gehör verdient, dass sie »des Glaubens würdig« ist. Interviews und Begleittexte dieses Buches sind der Frage nachgegangen, welche Veränderungen der Kirche wieder zu mehr Glaubwürdigkeit verhelfen können.

Maßgeblich für alle Reformschritte der Kirche ist **Realitätssinn**. Der Wirklichkeitsbezug muss das karitative, soziale und politische Engagement der Menschen im Raum der Kirche ebenso bestimmen wie die kirchliche Selbstwahrnehmung, von der der Essener Bischof Franz-Josef Overbeck im Bild des »Kassensturzes« spricht. Darüber hinaus sind Realitätssinn und Diesseitigkeit und

Weltbezug auch für das geistliche Leben, die Spiritualität, der Kirche von zentraler Bedeutung, wie sich in den Gesprächen über Gottesdienst, Gebet und mystische Erfahrung erwiesen hat. Bonhoeffers Wort über die Erdverbundenheit des Christen gewinnt im Bereich der Spiritualität besondere Bedeutung, und hierin kulminieren gewissermaßen auch die Hoffnungen auf den neuen Papst: dass Franziskus – mit dem schönen Wort des deutschen Chefs von Radio Vatikan, Bernd Hagenkord SJ – als »Enzyklika auf zwei Beinen« nicht nur die Welt im Glauben beschreitet, sondern auch Glaube und Kirche vom Standpunkt der Welt aus neu vermisst.

Wenn in diesem Zusammenhang von **Bescheidenheit** die Rede ist, dann ist damit weit mehr gemeint als der Lebensstil des Papstes, der »Bergoglio-Chic«, von dem der Vatikan neuerdings erfasst ist. Selbstbescheidung und Demut haben mit dem Habitus der Kirche insgesamt zu tun. Wo die Religion gesund ist, »da ist sie etwas Bescheidenes und Wichtiges«, sagt Hans Conrad Zander – ausnahmsweise ohne spöttischen Unterton. Und wirklich wichtig ist die Kirche nur, wenn sie bescheiden ist. Das will scheinbar so gar nicht passen zu grassierenden kirchlichen Verlustängsten, und es klingt paradox nach Jahrhunderten religiöser, gesellschaftlicher und sogar politischer (Über-)Dominanz der Kirche. Aber womöglich war genau das der Fluch ihres spätantiken Erbes: Als in nachkonstantinischer Zeit das politisch-soziale Gefüge des Römischen Reiches zerbrach, sprang die Kirche als Staatsreligion und neue Ordnungsmacht ein. Fortan lebte sie von und mit ihrem Anspruch, das ganze Leben der Menschen bestimmen zu wollen. Als ob sie von vornherein Wesentliches beizutragen hätte zu Politik, Wirtschaft, Berufsleben, zu staatlicher Verwaltung, zu Kultur und Freizeit, zu Sexualität und Partnerschaft, Familie und Erziehung. Von Haus aus stellt sich das anders dar: Nach Auskunft der Evangelien ging Jesus keiner geregelten Arbeit nach, mit Familie hatte er wenig im Sinn. Er war sogar ein ausgesprochener Familienmuffel. Sein Bild der Nachfolge konturierte er im erklärten Kontrast zu allen sozialen Bindungen. Das Urchristentum als prophetische Bewegung bewahrte noch Teile dieses Ideals, um dann aber alsbald vielfältige Verbindungen mit den Kulturen seiner Umwelt einzugehen, etwa mit Philosophie, Recht und Staatsverständnis des Alten Roms.

In der Folge pumpte die Kirche wenige biblische Aussagen Jesu und die winzige Zeitspanne seines öffentlichen Wirkens – ein Jahr, vielleicht auch zwei Jahre – zu einer flächendeckenden Deutung des Lebens auf. Ähnlich wie sie nahe Assisi die unscheinbare Portiunkula-Kapelle des heiligen Franziskus im 16. Jahrhundert mit einem barocken Prunkbau ummantelte und so den franziskanischen Ur-Gestus der Armut zur Architekturreliquie schrumpfen ließ, überwölbte die »Ecclesia triumphans« den Charme ihrer Ursprungsidee mit einem gewaltigen theologischen und moralischen Lehrgebäude. »Ihr seid das Salz der Erde«, sagt Jesus in der Bergpredigt (Matthäus-Evangelium 5,13). Das Salz! Nicht die ganze Mahlzeit. Der Glaube ist Gewürz des Lebens, nicht die Lebenssuppe selbst (Elmar Salmann), er füllt nicht den Magen, sondern gibt den Geschmack.

Mit einer solchen Haltung käme die Kirche ganz neu ins Spiel. Sie müsste sich nicht mehr als Gouvernante aufdrängen, sondern könnte den Menschen gelassen-freundlich Geleit geben: als lebenskluge entfernte Verwandte oder als Sparringspartnerin ihrer Selbstertüchtigung. Noch aber ist die Kirche zu sehr befangen und beschäftigt mit den Folgen ihres epochalen Reichweitenverlusts. Im 16. Jahrhundert verlor sie den Kosmos an die Astronomen, im 19. Jahrhundert die Gesellschaft an die Nationalstaaten und am Anfang des 20. Jahrhunderts die Seele an die Psychologie. So blieb ihr nur noch der Körper des Menschen. Der Grazer Theologe und Pastoralpsychologe Rainer Bucher deutet die Sexualmoral in diesem Sinne als Versuch der Kirche, ein letztes Hoheitsgebiet zu verteidigen, sich einen letzten Einflussraum zu sichern. Vergebliche Liebesmüh, wie sie seit den 1960er Jahren lernen musste. Doch ganz entkommen ist die Kirche ihren eigenen alten Herrschaftslogiken trotzdem nicht.

Das spiegelt sich in den Außenansichten auf die Kirche wider. So auch in diesem Buch: Darin ist der Sexualmoral bei den Perspektiven für das Katholischsein im 21. Jahrhundert nicht unerhebliches Gewicht zugekommen, obwohl Autor und Interviewpartner doch gerade betonen: Die Kirche verfehlt ihre Bestimmung, wenn sie vor allem moralisch auftritt. Eben das aber hat sie so lange und so penetrant getan, dass Öffentlichkeit und Medien immer noch auf alle Themen rund um die Sexualität fixiert sind und damit ihrerseits alte Rollenmuster fortschreiben.

Schon um das zu verändern und damit den Blick für anderes, Wichtigeres freizugeben, lohnt es sich für die Kirche, ein Wort aus protestantischem Geist nicht nur zu zitieren, sondern auch zu beherzigen: Ecclesia semper reformanda. Die Kirche bedarf stets der Erneuerung.

Doch ist es – abschließend gefragt – nicht ein Widerspruch, der Kirche mehr Bescheidenheit zu empfehlen, sie aber dann auf 299 Seiten in den Mittelpunkt zu stellen? Vielleicht ist es damit wie beim Anschieben: Bis das Auto sich in Bewegung setzt, muss man Konzentration und viel Muskelkraft einsetzen. Aber wenn der Fahrer den Gang eingelegt hat und der Motor angesprungen ist, wird das Fahren zur einfachsten, manche sagen: zur vergnüglichsten Sache der Welt.

In einer Kirche, die sich bewegt, lebt es sich leichter, besser – und schöner. Der Theologe Gotthard Fuchs sagt: An Gott glauben wir »mittels, dank und trotz der Kirche«. In dieser Reihenfolge. Wenn dieses Buch die Gewichte ein wenig vom »trotz« zum »dank der Kirche« zu verlagern hilft, hat es seinen Zweck mehr als erfüllt.

Danksagung

Dank ist nun auch das Wort, das ganz am Ende dieses Buches stehen soll: Der Dank an alle, die es ermöglicht und daran mitgewirkt haben.

Alfred Neven DuMont hat als Initiator des Buches sein Entstehen intensiv begleitet und mit der Übernahme der Herausgeberschaft ein Zeichen der Wertschätzung gesetzt. Sabine Cramer als Verlagsleiterin und Tanja Rauch als Lektorin haben der Premiere ihres Autors kompetent und kundig den Weg geebnet. Die Interview-Partnerinnen und -Partner haben mir ihre Zeit, großes Vertrauen und – vor allem – ihre Expertise, ihr Wissen und ihre Erfahrungen geschenkt. Monika Böndel, Silvia Jorichs, Kerstin Otto, Claudia Radomski und Dorothea Schröder haben mich auf vielfältige Weise organisatorisch unterstützt.

Vom Grundriss bis zur Schlüsselübergabe hat Elmar Salmann die Bauarbeiten an meinem »Büchlein« inspiriert und orientiert. Seiner Theologie verdanke ich mein Katholischsein. Meine Familie – Ismene, Joshua und Luzi – ist mit ihrem Verständnis ein unentbehrlicher, liebevoller Rückhalt.

Berührt hat mich, was Tomáš Sedláček in seinem Buch »Die Ökonomie von Gut und Böse« als letzten Satz geschrieben hat: Sein Dank gelte jenem, »dessen Namen ich gar nicht kenne«. Auch wenn ich ihn zu ahnen glaube – ich schließe mich an.

Literatur & Lektüretipps

Allgemein

Bergoglio, Jorge Mario/Papst Franziskus, Mein Leben, mein Weg. El Jesuita. Die Gespräche mit Jorge Mario Bergoglio. Von Sergio Rubin und Francesca Ambrogetti (2010), Freiburg 2013.

Bergoglio, Jorge Mario/Papst Franziskus, Offenes Herz und gläubiger Geist. Biblische Betrachtungen eines Seelsorgers, Freiburg 2013 (Spanische Originalausgabe 2012).

Bonhoeffer, Dietrich und Wedemeyer, Maria von, Brautbriefe Zelle 92: 1943–1945, hrsg. von Ruth-Alice von Bismarck und Ulrich Kabitz, 2., durchgesehene Auflage, München 1993.

Bonhoeffer, Dietrich, Widerstand und Ergebung. Briefe und Aufzeichnungen aus der Haft, hrsg. von Christian Gremmels, Eberhard Bethge u.a. (= Dietrich Bonhoeffer Werke. Band 8), Gütersloh 1998. (Textgleich auch verfügbar als Taschenbuch, Gütersloh 2005.)

Bucher, Rainer, … wenn nichts bleibt, wie es war. Zur prekären Zukunft der katholischen Kirche, Würzburg 2012.

Erbacher, Jürgen, Papst Franziskus. Aufbruch und Neuanfang, München 2013.

Franz von Assisi, Fioretti. Gebete, Ordensregeln, Testament, Briefe, Zürich 2010.

Franz von Assisi, Legenden und Laude, hrsg. und übersetzt von Otto Karrer, 4. Auflage, Zürich 1990.

Hengsbach, Friedhelm, Gottes Volk im Exil. Anstöße zur Kirchenreform, Oberursel 2011.

Hilberath, Jochen und Hünermann, Peter (Hrsg.), Herders Theologischer Kommentar zum Zweiten Vatikanischen Konzil, Bände 1–5, Freiburg, Basel, Wien 2004–2006.

Küng, Hans, Ist die Kirche noch zu retten?, München 2011.

Pesch, Otto Hermann, Das Zweite Vatikanische Konzil. Vorgeschichte,
Verlauf, Ergebnisse, Wirkungsgeschichte, 3. Auflage, Kevelaer 2011.

Rahner, Karl und Vorgrimler, Heribert, Kleines Konzilskompendium.
Sämtliche Texte des Zweiten Vatikanums mit Einführungen und
ausführlichem Sachregister, Freiburg 1966, hier 18. Auflage 1985
(Neuauflage 2008).

Sekretariat der Deutschen Bischofskonferenz (Hrsg.), Apostolische
Reise Seiner Heiligkeit Papst Benedikt XVI. nach Berlin, Erfurt und
Freiburg, 22.–25. September 2011. Predigen, Ansprachen und Gruß-
worte (= Verlautbarungen des Apostolischen Stuhls 189), Bonn 2011.

Sekretariat der Deutschen Bischofskonferenz (Hrsg.), Katholische
Kirche in Deutschland. Zahlen und Fakten 2012/2013 (= Arbeitshilfen
263), Bonn 2013.

Wohlmuth, Josef (Hrsg.), Dekrete der ökumenischen Konzilien.
Conciliorum Oecumenicorum Decreta. Bände 1–3, Paderborn u.a.
1998–2002.

Teile I bis V

Ammicht Quinn, Regina (Hrsg.), »Guter« Sex: Moral, Moderne und die
katholische Kirche. Mit Beiträgen von Rainer Bucher, Joachim Frank
u.a., Paderborn 2013.

Arbeiten in der Kirche. Ämter und Dienste in der Diskussion (= Herder
Korrespondenz Spezial 1/2009), Freiburg 2009.

Benedikt XVI., Licht der Welt. Der Papst, die Kirche und die Zeichen
der Zeit. Ein Gespräch mit Peter Seewald, Freiburg 2012.

Cordes, Paul Josef und Lütz, Manfred, Benedikts Vermächtnis und
Franziskus' Auftrag. Entweltlichung. Eine Streitschrift, Freiburg
2013.

Erbacher, Jürgen (Hrsg.), Entweltlichung der Kirche? Die Freiburger
Rede des Papstes (Theologie kontrovers), Freiburg 2012.

Frank, Joachim, Diese abscheulichen Bilder. Kirche, Gewalt und

Sexualität in den Augen der Öffentlichkeit, in: Ammicht Quinn, Regina (Hrsg.), »Guter« Sex: Moral, Moderne und die katholische Kirche, Paderborn 2013, Seiten 55–73.

Frank, Joachim, Hinter starken Mauern. Vorwort, in: Haller, Kathrin (Hrsg.) und Kaiser, Andree (Fotografie), Barmherzige Schwestern. 25 Nonnen über Liebe, Leid und Leben. Hollenstedt bei Hamburg 2011, Seiten 7–23.

Frank, Joachim, Verlogen und scheinheilig, in: Frankfurter Rundschau vom 14.01.2011. http://www.fr-online.de/missbrauch/missbrauch-in-der-kirche-verlogen-und-scheinheilig,1477336,5637506.html (abgerufen am 10.08.2013).

Fürst, Gebhard (Hrsg.), Katholisches Medienhandbuch. Fakten, Praxis, Perspektiven, Kevelaer 2013.

Grill, Bartholomäus und Hippler, Stefan, Gott, Aids, Afrika. Eine Streitschrift, 2. Auflage, Köln 2007.

Heimbach-Steins, Marianne, Kruip, Gerhard und Wendel, Saskia (Hrsg.), Kirche 2011: Ein notwendiger Aufbruch. Argumente zum Memorandum, Freiburg 2011.

Höhn, Hans-Joachim, Fremde Heimat Kirche. Glauben in der Welt von heute, Freiburg 2012.

Irritierende Schönheit. Die Kirche und die Künste (= Herder Korrespondenz Spezial 1/2012), Freiburg 2012.

Kermani, Navid, Dein Name, München 2011.

Kermani, Navid, Der Schrecken Gottes. Attar, Hiob und die metaphysische Revolte, München 2005.

Kermani, Navid, Gott ist schön. Das ästhetische Erleben des Koran, Sonderausgabe, München 2011.

Kermani, Navid, Wer ist wir? Deutschland und seine Muslime, München 2010.

Körtner, Ulrich H. J., Lehre oder Liebe? Die Morallehre der katholischen Kirche ist heftig umstritten. Warum der Graben zur evangelischen Kirche immer größer wird, in: Publik-Forum 3/2013, Seiten 31–32.

Lenzen, Majella, Das möge Gott verhüten. Warum ich keine Nonne mehr sein kann, Köln 2009.

MDG-Milieuhandbuch 2013. Religiöse und kirchliche Orientierungen in den Sinus-Milieus, im Auftrag der MDG Medien-Dienstleistung GmbH, Heidelberg und München 2013.

Mertes, Klaus, »Schwule Lobby«. Katholischer Klerus und Homosexualität, in: Herder Korrespondenz 67 (8/2013), Seiten 389–392, hier Seite 390.

Mertes, Klaus, Verlorenes Vertrauen. Katholisch sein in der Krise, Freiburg 2013.

Meyer, Hans Joachim, Kirche als kleine Herde. Chancen und Missverständnisse eines biblischen Bildes, in: Herder Korrespondenz 67/ Heft 2, Freiburg 2013, Seiten 73–78.

Mommsen, Wolfgang J., Das Ringen um den nationalen Staat. Die Gründung und der innere Ausbau des Deutschen Reiches unter Otto von Bismarck. 1850–1890 (= Propyläen. Geschichte Deutschlands, hrsg. von Dieter Groh, Band 7/1).

Müller, Wunibald, Sexueller Missbrauch Minderjähriger in der Kirche, in: Goertz, Stephan und Ulonska, Herbert (Hrsg.), Sexuelle Gewalt: Fragen an Theologie und Kirche, Berlin 2010, Seiten 53–66.

Müller, Wunibald, Zerreißprobe. Kirchlicher Dienst zwischen persönlicher Überzeugung und amtlichem Anspruch, Freiburg 2013.

Salmann, Elmar, Geistesgegenwart: Figuren und Formen des Lebens, St. Ottilien 2010.

Salmann, Elmar, Loben. Vom Warten, Lesen und Bewundern, Sankt Ottilien 2012.

Salmann, Elmar, Zwischenzeit. Postmoderne Gedanken zum Christsein heute, Warendorf 2004.

Schavan, Annette, Gott ist größer, als wir glauben. Visionen für Kirche und Welt, hrsg. von Volker Resing, Leipzig, 2010.

Schmidt, Thomas M. und Wenzel, Knut (Hrsg.), Moderne Religion? Theologische und religionsphilosophische Reaktionen auf Jürgen Habermas, Freiburg 2009.

Schockenhoff, Eberhard, Chancen zur Versöhnung? Die Kirche und die wiederverheirateten Geschiedenen, Freiburg 2011.

Sedláček, Tomáš, Die Ökonomie von Gut und Böse, München 2012.

Sellmann, Matthias (Hrsg.), Gemeinde ohne Zukunft? Theologische Debatte und praktische Modelle (= Theologie kontrovers), Freiburg 2013.

Sellmann, Matthias, Zuhören, Austauschen, Vorschlagen. Entdeckungen pastoraltheologischer Milieuforschung, Würzburg 2012.

Stock, Alex, Poetische Dogmatik. Christologie (4 Bände). Gotteslehre (3 Bände). Schöpfungslehre (2 Bände), Paderborn 1995–2013.

Versöhnt verschieden? Perspektiven der Ökumene (= Herder Korrespondenz Spezial 1/2010), Freiburg 2010.

Was die Kirche bewegt. Katholisches Deutschland heute (= Herder Korrespondenz Spezial), Freiburg 2006.

Wenzel, Knut, Partizipation und Dialog in der Kirche, in: Heimbach-Steins, Marianne, Kruip, Gerhard , Wendel, Saskia (Hrsg.), Kirche 2011: Ein notwendiger Aufbruch. Argumente zum Memorandum, Freiburg 2011, Seiten 146–155.

Wie heute Gott feiern? Liturgie im 21. Jahrhundert (= Herder Korrespondenz Spezial 1/2013), Freiburg 2013.

Wolf, Hubert, Politik aus dem Glauben? Ludwig Windthorst und die christliche Demokratie in Deutschland, Veröffentlichung der Ludwig-Windthorst-Stiftung, Lingen 2012.

Zander, Hans Conrad, Der erste Single. Jesus, der Familienfeind, Gütersloh 2010.

Zander, Hans Conrad, Von der Leichtigkeit der Religion. Kleine Katholische Kalorienkunde, Düsseldorf 1999, Seite 105f.

Zander, Hans Conrad, Warum ich unsterblich bin, Gütersloh 2013.

Zwischen Autonomie und Angewiesenheit. Familie als verlässliche Gemeinschaft stärken. Eine Orientierungshilfe des Rates der Evangelischen Kirche in Deutschland (EKD), Gütersloh 2013. Im Internet unter: http://www.ekd.de/download/20130617_familie_als_verlaessliche_gemeinschaft.pdf

Die Gesprächspartner

Barbara Ackerschott, geboren 1957, ist Sozialarbeiterin. Nach dem Abitur begann sie ein Theologiestudium, zog dann aber Sozialarbeit und Sozialpädagogik vor. 1990 gründete sie das »Notel«, eine Notschlafstelle für Drogenabhängige gut 600 Meter vom Kölner Dom entfernt. Es bietet Drogenabhängigen die Möglichkeit, zu übernachten, zu essen, ihre Wäsche zu waschen, zu duschen und auszuruhen. Seit 2008 gibt es für sie auch eine Krankenwohnung. Das Notel verzeichnet jährlich etwa 3300 Übernachtungen. Neben der Leiterin sind acht Mitarbeiter mit halber Stelle hauptamtlich tätig. Dazu kommen 20 ehrenamtliche Mitarbeiter, Studenten und Praktikanten. Der Etat des Notel liegt bei 320 000 Euro im Jahr. Davon stammen 200 000 Euro aus Mitteln der Stadt Köln und des Erzbistums Köln. Der Rest ist spendenfinanziert. Das Projekt wurde mehrfach ausgezeichnet. www.notel-koeln.de

Pater Luís Flávio Cappio, geboren 1946, ist Franziskaner und seit 1997 Bischof von Barra im brasilianischen Bundesstaat Bahia. Der Bischof wurde international bekannt durch seinen Widerstand gegen die Ableitung des São-Francisco-Flusses. In Cappios Diözese Barra engagieren sich die bischöflichen Hilfswerke Adveniat und Misereor. Adveniat förderte seit dem Amtsantritt von Bischof Cappio 1997 mehr als 100 Basis-Projekte mit einer Gesamtsumme von 900 000 Euro. Misereor vergab 670 000 Euro an sechs größere Projekte.

Thomas Frauenlob, geboren 1963, studierte Philosophie und Theologie in München, Tübingen, Israel und Rom. Von 1995 bis 1997 arbeitete er als Kaplan in Garmisch. Neun Jahre lang leitete Frauenlob das Erzbischöfliche Studienseminar St. Michael in Traunstein, ein katholisches Jungeninternat. Gleichzeitig war er Religionslehrer am staatlichen Gymnasium. Als Vorsitzender der Direktorenkonferenz in Bayern sammelte Frauenlob bildungspolitische Erfahrungen. 2006 ging er zur Mitarbeit in der »Kongregation für das Katholische Bildungswesen« zurück nach Rom. Dort erwarb er 2013 an der Päpstlichen Universität Gregoriana den Doktortitel. Seit September 2013 ist Frauenlob Pfarrer des Pfarrverbandes Berchtesgaden.

Schwester Raphaela Händler OSB, geboren 1940, ist Ärztin mit Spezialisierung in Gynäkologie und Geburtshilfe. 1962 trat sie bei den Missions-Benediktinerinnen in Tutzing ein. Bis 1994 war Schwester Raphaela Chefärztin eines großen katholischen Krankenhauses in Tansania, danach war sie elf Jahre lang in Namibia tätig, wo sie bis heute das größte nicht staatliche HIV-Programm des Landes aufbaut. Seit 2005 lebt Schwester Raphaela wieder im Süden von Tansania. Als Priorin war sie bis Juni 2013 zuständig für etwa 40 Schwestern unterschiedlicher Nationalitäten.

Der UNAIDS-Report für Tansania gibt die dortige HIV-Prävalenz-Rate (Prozentsatz der Erwachsenen zwischen 15 und 49 Jahren, die mit dem HI-Virus infiziert sind) mit 5,8 Prozent an. Dieser Wert liegt um mehr als das Sechsfache über dem weltweiten Durchschnitt von 0,8 Prozent (im Jahr 2008). 1,6 Millionen Tansanier sind mit dem HI-Virus infiziert, davon sind 1,3 Millionen Erwachsene ab 15 Jahren. Von ihnen wiederum ist mehr als die Hälfte (760 000) weiblich. An Aids sterben in Tansania jedes Jahr 84 000 Menschen. Im Land leben 1,3 Millionen Aids-Waisen im Alter von 0 bis 17 Jahren.

Margot Käßmann, geboren 1958, hat evangelische Theologie in Tübingen, Edinburgh, Göttingen und Marburg studiert. 1983 wurde sie Vikarin und 1985 Pfarrerin. 1989 promovierte sie an der Universität Bochum. Käßmann war Generalsekretärin des Deutschen Evangelischen Kirchentages und wurde 1999 zur Bischöfin der Landeskirche Hannover gewählt. Sie stand als erste Frau an der Spitze der größten EKD-Mitgliedskirche. 2009 wurde sie auch Ratsvorsitzende der EKD. Nach einer Autofahrt unter Alkoholeinfluss 2010 trat sie von ihren Ämtern zurück. Nach einer Gastdozentinnen-Tätigkeit in den USA übernahm Käßmann für ein Jahr eine Professur an der Universität Bochum. Seit 2012 ist sie Botschafterin der EKD für das Reformationsjubiläum 2017.

Schwester Mary Laurence Kappen, geboren 1935, trat 1954 in die Kongregation des Heiligsten Herzens Jesu (Sacred Heart Sisters) ein, eine 1911 gegründete indische Ordensgemeinschaft. 1959 kam sie für sechs Jahre zum Medizinstudium nach Bonn. Danach arbeitete sie in deutschen Krankenhäusern. 1983 kehrte sie nach Indien zurück, kam ins nordindische Jalandhar (Provinz Punjab) und war dort neben der Arbeit als Chefärztin in dem von ihr gegründeten Sacred-Heart-Hospital für drei Jahre als Provinzoberin tätig. Seit 1995 ist sie Direktorin des Sacred-Heart-Hospitals. Der Herz-Jesu-Kongregation von Kerala gehören rund 3300 Schwestern an. Sie sind außer in Indien auch in Afrika, Amerika und Europa tätig. In Deutschland leben etwa 100 Schwestern.

Navid Kermani, geboren 1967, promovierte nach Studien der Orientalistik in Köln, Kairo und Bonn 1998 mit einer Arbeit über die Sprachästhetik des Korans. Seither befasst er sich in seinem akademischen und literarischen Schaffen intensiv mit Fragen der Religion und der Glaubenspraxis. Als Literat trat Kermani in einen intensiven Dialog mit Christentum und Katholizismus. Ein Text über eine Kreuzesdarstellung hätte ihn fast den Hessischen Kulturpreis 2010 gekostet, weil der Mainzer Kardinal Karl Lehmann als Kopreisträger darin das zentrale Glaubenssymbol der Christen verächtlich gemacht sah. Seit 2007 ist Kermani gewähltes Mitglied der Deutschen Akademie für Sprache und Dichtung. Er erhielt eine Fülle von Preisen, u. a. die Buber-Rosenzweig-Medaille, den Hannah-Arendt-Preis und den Kleist-Preis.

Schwester Jordana Kreibich, geboren 1934, absolvierte eine Ausbildung zur Krankenschwester in der ehemaligen DDR. 1954 folgte sie ihrer Familie illegal in den Westteil Deutschlands. 1957 trat sie in den Orden der Barmherzigen Schwestern vom heiligen Vinzenz von Paul (Vinzen-

tinerinnen) in Freiburg ein. Von 1960 bis 1972 war Schwester Jordana
als OP-Schwester im Mannheimer Theresienkrankenhaus eingesetzt.
Danach hatte sie Leitungsaufgaben in Häusern des Ordens inne. 1994
wurde sie nach Freiburg ins Mutterhaus der Vinzentinerinnen versetzt.
Von Dezember 2007 bis Februar 2009 übernahm sie als Oberin die Leitung im Schwesternhaus St. Ludwig, Heitersheim. Seitdem ist sie dort
Assistentin (Stellvertreterin) der Oberin.

Franz-Josef Overbeck, geboren 1964, absolvierte sein Philosophie-
und Theologiestudium in Münster und Rom. Er war vier Jahre lang als
Kaplan tätig, schloss eine Promotion in Münster an und war von 2000
bis 2007 Ausbildungsleiter für Ständige Diakone und Pastoralreferenten
im Bistum Münster. 2007 wurde er dort Weihbischof. Seit 2009 ist
Overbeck Bischof von Essen. 2011 übernahm er zusätzlich das Amt des
katholischen Militärbischofs. In der Bischofkonferenz ist er u. a. für
das in Essen ansässige Hilfswerk Adveniat zuständig und gehört zu
den Koordinatoren für den mehrjährigen Dialogprozess, mit dem die
Bischöfe auf den Missbrauchsskandal von 2010 reagierten.

Heribert Prantl, geboren 1953 in Nittenau (Oberpfalz), arbeitete nach
Abschluss der juristischen Staatsexamen und Promotion an der Universität Regensburg als Rechtsanwalt, Richter und Staatsanwalt. 1988
wechselte Prantl als politischer Redakteur zur ›Süddeutschen Zeitung‹.
Dort leitet er heute das Ressort Innenpolitik, ist Mitglied der Chefredaktion und Autor von Büchern und Aufsätzen. 2010 ernannte ihn
seine frühere Universität Regensburg zum Honorarprofessor. Prantl ist
Träger zahlreicher Auszeichnungen, darunter sind der Theodor-Wolff-
Preis, der Geschwister-Scholl-Preis, der Kurt-Tucholsky-Preis für litera-
rische Publizistik und der Tübinger Rhetorikpreis.

Elisabeth Rathgeb, geboren 1966, studierte Geschichte und Theologie
für das Lehramt. Anfang der 1990er Jahre arbeitete sie hauptamtlich in
dem neu eingeführten Beruf der »Pastoralassistentin« (in Deutschland

»Pastoralreferentin«) und ging danach in den Schuldienst. 1996 übernahm sie die Leitung des Bildungshauses St. Michael in Innsbruck. Sie war in Österreich die erste Frau an der Spitze einer solchen Bildungseinrichtung auf Diözesanebene. 2004 wurde sie zur Seelsorgeamtsleiterin ernannt. Sie ist Dienstvorgesetzte von 120 Mitarbeiterinnen und Mitarbeitern – Priestern und Laien – in Krankenhäusern, im Gefängnis, in der Telefonseelsorge, in der Familien- und Jugendarbeit, der Unterstützung ehrenamtlicher Dienste und in den Bildungseinrichtungen der Diözese. Als Amtsleiterin gehört Rathgeb den bischöflichen Führungsgremien an und entscheidet über pastorale Konzepte mit.

Pater Elmar Salmann OSB, geboren 1948, ist Benediktiner und war bis zu seiner Emeritierung 2012 drei Jahrzehnte lang Professor für Philosophie und Theologie an der Ordenshochschule Sant'Anselmo in Rom. Dort lehrte er auch an der Päpstlichen Universität Gregoriana. Wenige Monate nach seiner Priesterweihe 1973 trat er in die Benediktiner-Abtei Gerleve/Münsterland ein. Er promovierte 1979 in Münster. Salmann ist einer der versiertesten theologischen Vermittler zwischen »Neuzeit und Offenbarung«, so der Titel seines Hauptwerks, zwischen Kirche und postmoderner Gesellschaft, Mystik und Aufklärung sowie zwischen dem Moment der Erfahrung und dem Mysterium in der Religion. In diesem Geist hat er an Sant'Anselmo zwei Forschungseinrichtungen mitbegründet: ein Institut für Philosophie und Mystik sowie das Institut »Mabillon« zur Geschichte der Theologie.

Annette Schavan, geboren 1955 in Jüchen/Rheinland, ist CDU-Politikerin. Von 1995 bis 2005 war sie Ministerin für Kultus, Jugend und Sport in Baden-Württemberg sowie Bundesministerin für Bildung und Forschung von 2005 bis zu ihrem Rücktritt im Februar 2013. Geprägt vom rheinischen Katholizismus, hat sich Schavan als langjährige Vizepräsidentin des Zentralkomitees der deutschen Katholiken (ZdK) und des Katholischen Deutschen Frauenbundes (KDFB) intensiv an innerkirchlichen Dialogprozessen beteiligt.

Eberhard Schockenhoff, geboren 1953 in Stuttgart, studierte Theologie und Philosophie in Tübingen und Rom. Nach kurzer Seelsorgetätigkeit als Vikar schlug er die wissenschaftliche Laufbahn ein. Seine Habilitation von 1989 verfasste er beim späteren Kardinal Walter Kasper in Tübingen. Von 1990 bis zu seiner Berufung auf den Lehrstuhl nach Freiburg 1994 lehrte er Moraltheologie in Regensburg. Seit 2001 ist er katholisches Mitglied im Deutschen (bis 2008: Nationalen) Ethikrat und war von 2008 bis 2012 dessen stellvertretender Vorsitzender.

Jasmin Schwiers, geboren 1982, hat als Schauspielerin in zahlreichen Kino- und Fernsehproduktionen mitgewirkt (unter anderem in »Kommissar Stolberg« sowie »Tatort«, »Der Alte«, »Polizeiruf 110«, »Danni Lowinski«, »Sesamstraße«) und wurde für ihre Darstellungen mehrfach ausgezeichnet. So erhielt sie die »Goldene Kamera« in der Kategorie Nachwuchs, den »Deutschen Fernsehpreis«, den »Deutschen Comedy-Preis« und einen »Adolf-Grimme-Preis« in der Kategorie Unterhaltung. Sie ist Botschafterin des Deutschen Kinderhospizvereins.

Die musisch-kreativen Werkwochen in Aachen wurden 1965 vom Jesuitenpater Erich Lennartz gegründet. Träger sind die Jugendverbände der »Gemeinschaften Christlichen Lebens« (J-GCL), ein Mitgliedsverband des Bunds der Deutschen Katholischen Jugend BDKJ. Die Werkwochen richten sich an Kinder und Jugendliche von 7 bis 17 Jahren. Junge Erwachsene ab 16 betreuen bis zu 120 Teilnehmer. Seit der Gründung gab es mehr als 500 Werkwochen. www.werkwochen.de

René »Ena« Schwiers, geboren 1979, begann seine Laufbahn als Musiker mit einer zweijährigen Ausbildung zum Kirchenmusiker im Nebenamt. Er studierte danach vier Jahre lang klassisches Klavier und sechs Jahre lang Jazzpiano in Maastricht. Er ist Keyboarder der Kölner Band »Kasalla« (mundartlich für »Krawall«, »Ärger«). Deren Single »Pirate« war einer der meistgespielten Songs der Kölner Karnevalssession 2011/2012. »Kasalla« hat inzwischen mehrere lokale Preise gewonnen. Ihre erste Platte »Et jitt Kasalla« aus dem Jahr 2012 wurde gelobt als

»das Beste, das seit Jahren an kölscher Musik auf eine CD gepresst worden ist« (›Kölner Stadt-Anzeiger‹).

Matthias Sellmann, geboren 1966, hat katholische Theologie und Sozialwissenschaften studiert. Zehn Jahre lang war er stellvertretender Leiter der Katholischen Sozialethischen Arbeitsstelle (KSA) in Hamm, einer Einrichtung der Deutschen Bischofskonferenz. Dort initiierte und koordinierte er die bekannten kirchenbezogenen Sinus-Milieu- und Lebensweltstudien. Sellmann ist Professor für Pastoraltheologie an der Ruhr-Universität Bochum und Gründungsdirektor des »Zentrums für angewandte Pastoralforschung« (www.zap.de). Er berät die Jugendkommission der Bischofskonferenz und ist seit 2013 Mitglied im Zentralkomitee der deutschen Katholiken (ZdK).

Pirmin Spiegel, geboren 1957, war nach dem Theologiestudium zunächst in der Pfarrseelsorge und als Kaplan der Christlichen Arbeiter Jugend (CAJ) in seinem Bistum Speyer tätig. Danach ging von 1990 bis 2003 und später ein zweites Mal von 2010 bis 2012 nach Brasilien. Im nordöstlichen Bundesstaat Maranhão war Spiegel als Pfarrer für 70 Gemeinden in drei Landkreisen zuständig. Zeitweilig war er zur Ausbildung von Laienmissionaren für die kirchlichen Basisgemeinden freigestellt. Zwischen 2004 und 2010 arbeitete Spiegel wieder in Deutschland als Pfarrer. Seit 2012 ist er Hauptgeschäftsführer des bischöflichen Hilfswerks Misereor in Aachen.